Colloquial
Swahili

The Colloquial Series
Series Adviser: Gary King

The following languages are available in the Colloquial series:

* Afrikaans
  Albanian
  Amharic
  Arabic (Levantine)
  Arabic of Egypt
  Arabic of the Gulf and
    Saudi Arabia
  Basque
  Bulgarian
* Cambodian
* Cantonese
* Chinese
* Croatian and Serbian
  Czech
  Danish
* Dutch
* Estonian
* Finnish
  French
  German
  Greek
  Gujarati
* Hindi
* Hungarian
* Icelandic
  Indonesian
  Italian
* Japanese

Korean
* Latvian
* Lithuanian
  Malay
* Mongolian
* Norwegian
  Panjabi
* Persian
  Polish
* Portuguese
* Portuguese of Brazil
* Romanian
* Russian
* Scottish Gaelic
  Slovak
  Slovene
  Somali
* Spanish
* Spanish of Latin America
* Swahili
  Swedish
* Tamil
* Thai
  Turkish
  Ukrainian
  Urdu
* Vietnamese
* Welsh

Accompanying cassette(s) (*and CDs) are available for the above titles. They can be ordered through your bookseller, or send payment with order to Taylor & Francis/Routledge Ltd, ITPS, Cheriton House, North Way, Andover, Hants SP10 5BE, UK, or to Routledge Inc, 29 West 35th Street, New York NY 10001, USA.

COLLOQUIAL CD-ROMs
Multimedia Language Courses
Available in: Chinese, French, Portuguese and Spanish

Colloquial
Swahili

The Complete Course
for Beginners

Donovan McGrath and Lutz Marten

LONDON AND NEW YORK

First published in 2003 by Routledge
11 New Fetter Lane, London EC4P 4EE

Simultaneously published in the USA and Canada
by Routledge
29 West 35th Street, New York, NY 10001

Routledge is an imprint of the Taylor & Francis Group

© 2003 Donovan McGrath and Lutz Marten

Typeset in Times by
Florence Production Ltd, Stoodleigh, Devon

Printed and bound in Great Britain by
Biddles Ltd, Guildford and King's Lynn

British Library Cataloguing in Publication Data
A catalogue record for this book is available from the
British Library

Library of Congress Cataloging in Publication Data
A catalog record for this book has been requested

ISBN 0-415-22161-7 (Book)
ISBN 0-415-221625 (Tapes)
ISBN 0-415-289475 (CD)
ISBN 0-415-221633 (Pack)

This book is dedicated to the memory
of my brother Michael

D. McG.

Contents

Acknowledgements

Special thanks to Ben Rawlence for helping with the audioscripts and Lauren Jeffs for helping with the manuscript and audioscripts.

We would also like to express our thanks to: our teachers Sauda Barwani, Ridder Samsom, Thilo Schadeberg, Farouk Topan, friends, teachers and students at the School of Oriental and African Studies in London, Muhammed Said Ali and his colleagues from the Institute of Kiswahili and Foreign Languages in Zanzibar, lecturers and students from the Department of Kiswahili at the University of Dar es Salaam, in particular Kimizi Moshi and Chambala Mtumwa; Iyola Solanke and students from the Swahili workshop at the Community College Hackney in London, especially David Payne for his comments on early units, and Rukiza Okera for his musical contribution; African Studies lecturer Femi Biko, Yvonne Munnichs, an anonymous reviewer for detailed comments and suggestions, and the editorial and production staff at Routledge's Language Learning section, as well as all those who have helped to make this book possible. Finally, we would like to thank our families and beloved partners, Lauren and Nancy, for their love and support throughout this project.

Donovan McGrath and
Lutz Marten

Introduction

How to use this book

Welcome to Colloquial Swahili! We hope you will enjoy working with this book and its audio material, and that they will help you to feel comfortable and happy to use Swahili – Kiswahili in Swahili – in a number of everyday situations.

In order to make the most of the information offered in this course, you should know how it is structured. The course consists of fourteen units, and each unit is based on three dialogues. The dialogues are the heart of each unit. They describe situations and aspects of East African life from different points of view, and introduce the vocabulary and structures needed to talk about them. At the beginning of each unit, the main points of the unit are summarized. On the audio material you will find the dialogues spoken by Swahili speakers, and the best way to understand natural Swahili and to produce a reasonable copy of it yourself is to listen to the dialogues a number of times. For the first half of the course, up to Unit 7, the dialogues are translated into English. The English translations of the dialogues are meant to help you to understand both the content of the Swahili dialogue and its structure. They may sound strange to the English speaker at times, as we have tried to reveal as much as possible of the structure of the original, and because some Swahili expressions just don't translate very well into English. After Unit 7, you will no longer need translations, as you will easily understand the Swahili dialogues with the help of the vocabulary listed after each dialogue.

Built around the dialogues, each Unit offers further, more detailed information, grouped under the following headings:

Vocabulary

All new words introduced in a dialogue are listed in the accompanying vocabulary section with their English equivalents. In addition, the most important words are included in the Glossary at the end of the book.

Language points

Some words require more explanation than given in the vocabulary, for example an indication of their cultural significance, or in which situation they are used. Information of this kind is given under Language Points.

Language structure

Under this heading you find explanations about the grammatical forms and constructions used in the dialogue. We have tried to make grammar explanations as clear and precise as possible, and to explain technical terminology whenever we use it. The grammar covered in the course is enough to enable you to understand and use a range of constructions found in everyday conversation and to express yourself freely. It also provides you with a solid background for venturing further into the beauty of Swahili structure. To this end, try the more comprehensive treatment of Swahili grammar given in *Swahili Grammar* by E. O. Ashton, first published in 1944 (Longman, London).

Language use

In addition to the words and phrases used in the dialogues, Language Use sections contain useful phrases and expressions for the topics discussed in the unit. They provide easy access to the most important phrases, questions and replies you are likely to use in a given situation.

Exercises

Each unit contains a number of exercises which reinforce the topics introduced in the dialogues. The exercises invite you to put your newly acquired knowledge into practice and we recommend that you go through them carefully before checking for the solutions provided in the answer key at the end of the book.

Readings

From Unit 4 onwards, each unit has a reading passage on a topic related to the one discussed in the dialogues. As the reading passages may contain vocabulary and structures not yet covered at the stage where they are found (although the key vocabulary is given below each reading passage), a full translation is given in the key to the exercises at the end of the book.

At the end of the book, you will find, in addition to the Exercise Key, an index to the topics covered in the Language Structure sections, and two glossaries (Swahili–English and English–Swahili) of the most important words. The glossaries do not, of course, replace a real dictionary and, for a much more detailed source, consider using F. Johnson's *Swahili–English* and *English–Swahili* dictionaries (published by Oxford University Press), the more recent *English–Swahili Dictionary*, published by the Swahili Research Institute of the University of Dar es Salaam (TUKI 1996), or, a bit later, the monolingual *Kamusi ya Kiswahili Sanifu* (TUKI 1981).

The Swahili language

The term 'Swahili', for the purpose of intelligibility in English, refers to:

Kiswahili	=	Name of the language
Mswahili	=	Single member of the Swahili community
Waswahili	=	Swahili people
Uswahili	=	Swahili culture and ways of life
Uswahilini	=	Land inhabited by the Swahili

These 'prefixes' (the letters before the word -swahili) and 'suffixes' (the letters after the word swahili-) that distinguish between the language, the people, the culture and their homeland are a characteristic of Bantu languages, the largest language group in Africa to which Swahili belongs. Some other Bantu languages are Gikuyu (giGikuyu), Luganda (oluGanda), Sotho (seSotho), and Zulu (isiZulu).

Swahili is the first language of the *Waswahili*, the people who inhabit the coast and nearby islands of eastern Africa. Although the number of people who speak Swahili as their first language is estimated at around several million, the number of people who speak it as a second or third language runs into tens of millions.

History and spread of the language

The first significant expansion of the language took place in the ninth and tenth centuries AD which, through the development of shipping and trade, saw Swahili spread from its northern end (the Lamu Archipelago and the present Somalia border of Kenya) southwards along the coast through Kenya, Tanzania and the islands including the Comoros, down as far as northern Mozambique.

The second expansion occurred a thousand years later, in the nineteenth century, with the development of trade routes into the East African interior. This is when Swahili firmly became a language of wider communication, reaching as far as the great lakes and the upper Congo Basin. Christian missionaries, such as Reverend Krapf and Reverend Rebman of Germany, Father Sacleux of France and, later, Bishop E. Steere and Reverend Canon Broomfield of Britain, exploited Swahili's wider communication capabilities to spread their religion.

The missionaries' interests in the Swahili language enabled them to translate the Bible and produce dictionaries and grammar books. During the colonial period, the Germans in Tanganyika (Tanzania) decided to use Swahili for their administration. Under the British administration after the 1914–18 war, language policy saw Swahili used as a medium of instruction in primary schools (English was used in secondary schools). In 1930 the Inter-Territorial Language Committee was set up and Swahili was subsequently standardized, with *Kiunguja*, the dialect of Zanzibar Town, succeeding over *Kimvita*, the dialect of Mombasa. However, much later, through the language policies of the newly independent countries, Swahili

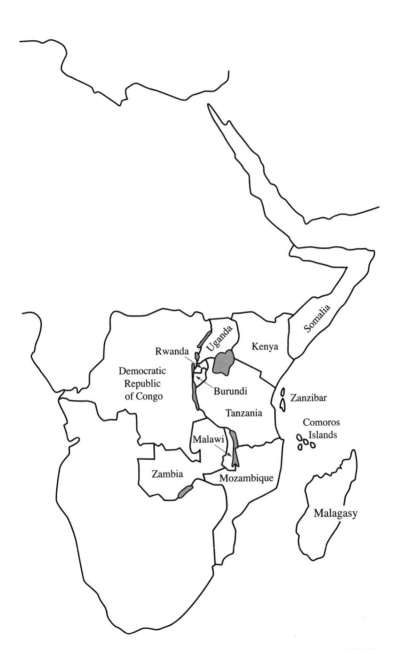

became the national language of Tanzania, and the official language (alongside English) in Kenya. In recent years, Uganda has endeavoured to raise the standard of Swahili by implementing it into the school curriculum.

Aside from Tanzania, Kenya and Uganda, Swahili-speakers may also be found in Burundi, Ethiopia, Malagasy, Malawi, Mozambique, Zambia, Zimbabwe, the Comoros Islands, Rwanda, Somalia, Sudan, and the Democratic Republic of Congo. There are also significant numbers of Swahili-speakers on the Arabian Peninsula, in the countries of Oman and the United Arab Emirates.

Why Swahili?

Spoken by an estimated figure of more than 50 million people, Swahili is one of the most widely spoken languages on the African continent. It is also a popular choice for people who wish to learn an African language. As a language, Swahili presents no serious difficulties for speakers of English who wish to learn it. Using the 'continental' vowel sound system, with some knowledge of the Swahili alphabet, the language is more or less written as it is spoken.

Swahili is constantly being adapted by its speakers, who enlarge the language by including words borrowed from other languages. Arabic, Hindi, Gujerati, Persian and, more recently, English are the most noted contributors. However, there are traces of Portuguese and German, not to mention the contributions made by local languages. This ability to borrow and adapt words from other languages is one of the main reasons why Swahili is so useful and popular. Its flexibility in accommodating new and foreign concepts ensures that Swahili remains a very modern language, developing and changing over time.

The awareness of a rich African cultural heritage has also prompted African Americans to relink with their African linguistic heritage. Pan-Africanists encourage the study of African languages and often use African terms as a way of expressing their ideology. For example, using Swahili terminology, we have: Molefi Asante's *Njia* (the Way), a philosophical outline of an African belief system, and Maulana Karenga's *Nguzo Saba* (Seven Principles) and *Kwanzaa* (First Fruit), an African American holiday which starts on December 26.

In the United States, it was the African Americans who headed the campaign to get African languages introduced into American academia; however, students of all ethnic backgrounds now study African languages. Swahili is currently being taught in universities in Africa, Europe, America and Japan.

People who wish to know more about African culture are learning the language, and in this way the Swahili language forms a bridge in human relations.

Pronunciation

Swahili words are not difficult to pronounce. As a rule of thumb, Swahili vowels are pronounced like continental vowels, as for example in Italian, German or French, while Swahili consonants have approximately the value of their English counterparts. The pronunciation of a word can in most cases easily be seen from the way it is written. The following chart gives you an idea of the sounds you will encounter when learning Swahili. The best way to practise pronunciation is to listen to the Swahili recorded on the audio material, or to listen to Swahili speakers.

The Swahili Alphabet

a	/a/	salama	peace
b	/b/	baba	father
ch	/tʃ/	chache	few
d	/d/	dada	sister
dh	/ð/	dhambi	sin
e	/ɛ/	endelea	continue
f	/f/	fanya	make, do
g	/g/	goli	goal
gh	/ɣ/	ghali	expensive
h	/h/	habari	news
i	/i/	vipi	how
j	/dʒ/	jina	name
k	/k/	kazi	work
l	/l/	lala	sleep
m	/m/	mama	mother
n	/n/	nzuri	fine, well
ny	/ɲ/	nyota	star
ng'	/ŋ/	ng'ombe	cow
o	/ɔ/	toa	take out

p	/p/	**panda**	climb
r	/r/	**ruhusa**	permission
s	/s/	**safari**	journey
sh	/ʃ/	**Shikamoo**	(*Greeting*)
t	/t/	**teksi**	taxi
th	/θ/	**themanini**	eighty
u	/u/	**uhuru**	independence
v	/v/	**vumbi**	dust
w	/w/	**wewe**	you (*sing.*)
y	/y/	**yai**	egg
z	/z/	**zamani**	time, past times

The sounds spelled **dh**, **gh** and **th** occur mainly in words of Arabic origin and there is some variation between Swahili speakers as to how they are pronounced.

The sound **ng'** is a velar nasal like in English *singer* (and not as in *finger*).

Abbreviations

sing.	singular		*e.g.*	for example
pl.	plural		*cf.*	confer
lit.	literally		*v.*	verb
adj.	adjective		*cont.*	continued

1 Karibu!

Welcome!

> **In this unit you will learn:**
>
> - how to initiate a conversation and exchange greetings
> - how to identify people in a conversation using the 'participant markers', **ni-, u-, tu-, m-**
> - about the present tense marker **-na-**
> - how to ask someone their name
> - how to give your name
> - how to ask someone what they are doing and how to say what you are doing
> - how to say goodbye
> - possessives 'my', 'your', 'our', etc.

Dialogue 1

Nick Braun, a German consultant working for the Tanzania–Zambia railway company TAZARA and Kathy Houston, an American overseas student, are both based in the Tanzanian city of Dar es Salaam. The two visitors have decided to take a short break from work and study to go to Zanzibar Island, fifty miles from the coast of Dar es Salaam. After arriving by ferry, they are now approaching the harbour Customs Office

KATHY:	Hodi!
CUSTOMS OFFICER:	Karibu!
KATHY:	(*After entering the office*) Asante. Habari yako bwana?
CO:	Nzuri. Karibuni.
KATHY AND NICK:	Asante.
CO:	Hamjambo?

KATHY AND NICK:	Hatujambo.
NICK:	Na wewe, hujambo bwana?
CO:	Mimi sijambo. Habari zenu?
KATHY AND NICK:	Nzuri.

KATHY:	*May we enter?*
CUSTOMS OFFICER:	*Welcome! Come in!*
KATHY:	(After entering the office) *Thanks. How are things with you, sir?*
CO:	*Fine. Welcome.*
KATHY AND NICK:	*Thanks.*
CO:	*How are you both?*
KATHY AND NICK:	*We are well.*
NICK:	*And how about you sir?*
CO:	*I am well. How are things with you?*
NICK AND KATHY:	*Good.*

Vocabulary

Hodi	*Expression used when asking to enter a house, room, place, etc.*
karibu	welcome, come in
asante	thanks
habari	news
yako	your
bwana	Sir, Mr
nzuri	good, fine, nice (beautiful, pretty)
karibuni	welcome (*to more than one person*)
Hamjambo?	How are you? (*to more than one person*)
Hatujambo	We are fine
na	and (with, by)
wewe	you
Hujambo?	How are you? (*to one person*)
mimi	I, me
Sijambo	I am fine
zenu	your (*pl.*)

This short dialogue, besides being your first ever Swahili dialogue, shows a number of words and phrases which are used when meeting people or when beginning a conversation.

Saying 'Hello'

Jambo (matter)

Hujambo?	How are you? (*to one person; lit.* There is no matter with you?)
Hamjambo?	How are you? (*to two or more people*)
Sijambo	I am fine
Hatujambo	We are fine

Habari (news)

Habari?	How is it?/How are things? (*lit.* News?)
Habari gani?	How are things?/What's going on? (*lit.* News what sort?)
Habari yako?	How are you?/How are things with you? (*lit.* Your news?)
Habari zenu?	How are you? (*to two or more people*)
Nzuri	Good, fine
Njema	Good, fine
Salama	Peaceful
Safi	Great (couldn't be better)

Salama (*lit.* peaceful)

Salama?	How are you?
Salama	I'm fine.

Karibu!

Karibu	Welcome
Karibuni	Welcome (*to two or more people*)
Asante	Thanks
Asanteni	Thanks (*to two or more people*)

Language points

A good answer to **Habari yako?** or **Habari zenu?** is **nzuri**, meaning 'fine', 'well', or 'good'. **Nzuri** can be used by and to one or many persons. **Karibu** and **asante** are used when speaking to one person, whereas **karibuni** and **asanteni** are used when addressing more than one person, as in the English 'Welcome to you all' or 'Thank you all'. **Karibu** and **asante** are used very often and, especially **asante**, are always good words to say. Finally, the correct forms of **-jambo** and **habari** depend on how many people are addressed in the question, and on how many people are speaking in an answer, as shown in the different phrases for **habari** and **-jambo** above.

Listen to the difference between **karibu** and **karibuni** on the audio material. The stress in Swahili is on the last but one vowel, so it is **karíbu**, but **karibúni**. Listen to the difference between **asánte** and **asanténi**.

Exercise 1

Choose the correct reply.

	E.g.	Kathy says and Nick says	**Karibu!** *Asante!*
1	The CO says and Nick and Kathy say	Karibuni!	_____
2	Nick and the CO say and Kathy says	Karibu!	_____
3	Kathy says and Nick and the CO say	Karibuni!	_____
4	Kathy and the CO say and Nick says	Karibu!	_____
5	Kathy, Nick and the CO say and you say	Karibu!	_____

Exercise 2

Choose the correct question.

E.g. Kathy asks *Habari yako?*
and Nick replies **Nzuri.**

The CO and Nick ask *Hujambo?*
and Kathy replies **Sijambo.**

1 CO: _____
Kathy and Nick: Hatujambo.

2 Kathy and Nick: _____
CO: Nzuri.

3 CO: _____
   Kathy and Nick: Nzuri.

4 Nick: _____
   CO: Sijambo.

5 Kathy and Nick: _____
   CO: Asanteni.

Exercise 3

Pretend you are three people (or find two friends). Greet each other using **Habari yako? Habari zenu? Nzuri. Hujambo? Sijambo. Hamjambo? Hatujambo. Karibu. Karibuni. Asante. Asanteni.**

Language structure

Participant markers

The word **jambo** is really a noun, meaning 'matter', 'affair', but in the greetings above, it is used more like a verb because it is combined with **u**, **m**, and **tu**, so-called *participant markers* (functioning as *subject concords*) to show who is saying what to whom. **H(a)-**, the first part of **hujambo**, **hajambo** and **hatujambo**, is a *negative marker*, meaning 'not':

h(a)	+ *participant marker*	+ *jambo*		
h – not	+ **u** – you (one person)	+ **-jambo**	=	**hujambo**
ha – not	+ **m** – you (many)	+ **-jambo**	=	**hamjambo**
ha – not	+ **tu** – we	+ **-jambo**	=	**hatujambo**

So **hatujambo** means literally something like 'Not we (have) matter', or 'There is nothing the matter with us.' In **hujambo,** the **-a-** of **ha-** 'not' disappears because of the following **-u-**. The form for 'I have no matter', **sijambo**, although it also has a 'not' in it, works a bit differently, and we ignore it for the moment. The participant marker for 'I' is in fact **ni-**:

Participant markers

ni-	I	(1st person singular)
u-	you	(2nd person singular)
tu-	we	(1st person plural)
m-	you	(2nd person plural)

These four forms are always combined with tense markers and verbs (hence the little dash). They are called 'participant markers', since they help to identify the participants in a conversation – *me* and *you* and *us* and *you all*. People and things talked about (the topics of a conversation) can be identified in English by using *he, she, they* and *it*. This can be done in Swahili as well, but exactly how this works in Swahili will be explained in the next Unit.

Dialogue 2

While Nick and Kathy are filling out their customs declaration forms another Customs Officer enters the office

1 Which of the four participant markers are used in this dialogue?

CO2:	Hamjambo?
CO1, KATHY AND NICK:	Hatujambo.
NICK:	(*Noticing that this officer is much older and of a higher status than the first officer whom they met earlier*) Shikamoo!
CO2:	Marahaba! (*And then to the first Customs Officer*) Habari za kazi?
CO1:	Nzuri mzee, shikamoo.
CO2:	Marahaba. (*Looks at Nick and says*) Jina lako nani?
NICK:	Jina langu Nick Braun.
CO2:	Habari za safari?
NICK:	Njema.
CO2:	(*Turns towards Kathy*) Na wewe jina lako nani?
KATHY:	Jina langu Kathy Houston.
CO2:	Habari za leo?
KATHY:	Salama.
CO2	Mnafanya kazi hapa?
NICK:	Ninafanya kazi TAZARA huko Dar es Salaam.

KATHY:	Na mimi ninasoma chuo kikuu.
CO2:	Karibuni Unguja.
KATHY AND NICK:	Asante.
CO2:	Kwaherini.
KATHY AND NICK:	Kwaheri.

CO2:	*How are you?*
CO1, KATHY AND NICK:	*We are well.*
NICK:	(Noticing that this officer is much older and of a higher status than the first officer they met) *My respects!*
CO2:	*You're most welcome!* (And then to the first Customs Officer) *How's work?*
CO1:	*Good, elder, my respects.*
CO2:	*You're welcome.* (Looks at Nick and says) *What's your name?*
NICK:	*My name is Nick Braun.*
CO2:	*How's the journey?*
NICK:	*Good.*
CO2:	(Turns towards Kathy) *And you, what's your name?*
KATHY:	*My name is Kathy Houston.*
CO2:	*How are you today?*
KATHY:	*Fine.*
CO2:	*Are you working here?*
NICK:	*I'm working for TAZARA over there in Dar es Salaam.*
KATHY:	*And I am studying at the university.*
CO2:	*Welcome to Zanzibar.*
KATHY AND NICK:	*Thanks.*
CO2:	*Goodbye.*
KATHY AND NICK:	*Goodbye.*

Vocabulary

Shikamoo	My respects! (*A respectful greeting to someone who is older or who is of a higher rank or social status; the historical literal meaning is 'I am touching your feet'*)
Marahaba	Welcome! (*This must be used as a reply to **Shikamoo**: it is an acknowledgement of the respect given to someone who is older or superior*)

kazi	work
mzee	old man, an elder, parent
jina	name (*pl.* **majina**)
lako	your (*in reference to* **jina**)
nani?	who, what person(s)?
langu	my (*in reference to* **jina**)
safari	journey(s)
leo	today
-fanya	do, make
hapa	here
-soma	read, study
Unguja	Zanzibar
ndiyo	yes, that is so, indeed
kwaherini	goodbye (*to more than one person*)
kwaheri	goodbye (*to one person*)

Language structure

The subject concord and verb tense

As you have no doubt noticed, three of the four participant markers are used in Dialogue 2, namely **tu-** and **m-** in ha*tu*jambo and ha*m*jambo, and **ni-** in *ni*nafanya kazi and *ni*nasoma, and **m-** in *m*nafanya kazi hapa? In the latter verbs, the participant markers function as subject concord and are combined with the tense marker **-na-** and the verb stem:

Subject concord	+	*tense marker*	+	*verb stem*		
ni	+	**na**	+	**soma**	=	**ninasoma** (I am reading/studying)
tu	+	**na**	+	**soma**	=	**tunasoma** (we are reading/studying)
m	+	**na**	+	**fanya**	=	**mnafanya** (you *(pl.)* are doing/ making)

The tense marker **-na-** refers to present tense, to indicate that events are taking place now, at the time of speaking. Most Swahili verbs are built in this fashion, by combining a subject concord (either a participant marker or a concord which will be introduced soon), a tense marker and a verb stem. An example of the participant marker for the 2nd person singular is the following:

   Unafanya nini?   What are you doing?

In answering this question, the participant marker **ni-** is used:

   Ninafanya kazi.   I am working.

In colloquial speech, some participant markers can be contracted ('fused together') with a tense marker. Most frequent is the case of **ni + na = na**, so that for example **ninasoma** becomes **nasoma**.

Exercise 4

Fill in the gap.

E.g. **Unafanya nini?**   *N*inafanya kazi.

1 Unafanya nini?   —— nasoma.
2 Mnafanya nini?   —— nafanya kazi.
3 —— nafanya nini?   Tunasoma chuo kikuu.

Language use

Asking someone their name

Jina lako nani?   What's your name?
Jina langu ...   My name is ...

Asking what somebody is doing

Unafanya nini?   What are you doing? (*sing.*)
Ninafanya kazi.   I'm working.

Mnafanya nini?   What are you doing? (*pl.*)
Tunasoma.   We're studying.

Saying goodbye

Kwaheri!   Goodbye. (*sing.*)
Kwaherini!   Goodbye all. (*pl.*)

Language points

Habari za, meaning literally 'news of' is another common form used in polite conversation. Like **habari yako?** it can be used to ask about someone's well-being, but it is more specific. So **habari za kazi?** means literally 'news of the work'. When meeting somebody who is travelling, you can ask **Habari za safari?** 'How is the journey?' The answer to this question is always positive – you can choose **nzuri**, **njema**, **safi**, or **salama**.

The word **nani** means 'who', but in **jina lako nani?** it is better translated as 'what', so the expression reads as 'What is your name?'

Listen to the audio material for the pronunciation of **njema**.

Exercise 5

Choose the correct reply (several answers are sometimes possible; use many different forms).

E.g.	The CO asks and Kathy replies	**Habari za safari?** **Salama.**

1 CO: **Hujambo?**   KATHY: _____
2 CO: **Habari yako?**   KATHY: _____
3 CO: **Habari za safari?** KATHY: _____
4 CO: **Karibu!**   KATHY: _____

5 KATHY: **Hamjambo?**   CO1 AND CO2: _____
6 KATHY: **Habari za kazi?** CO1 AND CO2: _____
7 KATHY: **Asanteni!**   CO1 AND CO2_____

Language point

In Swahili there are many kinds of greetings, which may depend on the relationship between the people involved. For instance, a younger person or a person of a lower rank or status would greet their elder or superior respectfully by using the word **Shikamoo** ('My respects' – just as Nick did in the previous dialogue); the reply is always **Marahaba** ('Welcome'). This is the same form of greeting a student would use to a teacher. People of the same age group would be less formal in their greetings, saying for example, **U hali gani?** ('How's your health/state?'); often the reply is, **Mzima** ('Well/Fine') or **Salama** ('Fine').

Muslims usually greet each other by saying **Salaam aleikum** ('Peace be unto you'), and the reply is always **Aleikum salaam** ('And peace unto you').

Dialogue 3

After leaving the port authorities the visitors encounter a middle-aged man who offers them his services as a taxi driver

NICK:	Shikamoo mzee!
MAN:	Marahaba! Hamjambo?
NICK AND KATHY:	Hatujambo.
NICK:	Na wewe bwana hujambo?
MAN:	Sijambo. Habari za safari?
NICK:	Nzuri tu. Jina lako nani?
MAN:	Jina langu Athumani. Karibuni!
NICK AND KATHY:	Asante.
NICK:	Habari za kazi?
BW ATHUMANI:	Njema.
KATHY:	Je, unafanya kazi gani?
BW ATHUMANI:	Ninafanya kazi ya kuendesha teksi.
NICK:	Tunahitaji teksi. Tunakwenda hotelini.
BW ATHUMANI:	Njooni basi!

NICK:	*My respects elder!*
MAN:	*You're welcome! How are you both?*
NICK AND KATHY:	*We are well.*
NICK:	*And you sir, how are you?*
MAN:	*I'm well. How's the journey?*
NICK:	*Just fine. What is your name?*
MAN:	*My name's Athumani. You are both welcome!*
NICK AND KATHY:	*Thanks.*

Nick:	*How's work?*
Bw Athumani:	*Good.*
Kathy:	*What kind of work do you do?*
Bw Athumani:	*I work as a taxi-driver (lit. I am doing the work of driving a taxi).*
Nick:	*We need a taxi. We're going to the hotel.*
Bw Athumani:	*Well then, come on!*

Vocabulary

gani?	what? what kind of?
ya	of (*in relation to* **kazi**, work)
kuendesha	to drive/driving
teksi	a taxi
-hitaji	need, require (**Tunahitaji**: We need)
(kw)-enda	(to) go, going
hotelini	to/at/by the hotel
njooni	come (*said to more than one person. Also spelt* **njoni**. *The singular is* **njoo**)
basi	so, well

Language point

The word **basi** is frequently used and is capable of conveying different shades of meaning depending on the context in which it is being used: **Njooni basi!**, in the dialogue above can have the meaning of: 'So, come on all of you!', or to put it another way: 'Well then, you all come on!' In other circumstances it is used as a sign of resignation: 'That's enough!', 'That will do!', 'No more!'

Exercise 6

Nick is waiting for Kathy who is looking at postcards outside a shop. After a while he gets impatient and asks her to move on. What does he say?

Language structure

The possessive concord

When asking about somebody's news, **habari yako?** or when asking for somebody's name, **jina lako nani?** you are combining the nouns **habari** and **jina** with a 'possessive marker' – *my* name, **jina** *langu,* is different from *your* name, **jina** *lako.* In Swahili, in contrast to English, the noun comes first and the possessive marker follows. The possessive stems forming possessive markers are shown below:

Possessive stems

-angu	my	**-etu**	our
-ako	your	**-enu**	your (*pl.*)
-ake	his/her	**-ao**	their

The possessive stems 'agree' with the noun with which they are used. That means that a stem is combined with a different consonant depending on the noun with which it is used. For example:

Jina, jambo, and **neno** take **l-** in the singular:

jina l-angu	my name
neno l-ako	your word
jina l-ake	his/her name
jambo l-etu	our affair
jambo l-enu	your (*pl.*) affair
neno l-ao	their word

But their plural forms **majina, maneno,** and **mambo** take **y-**:

majina y-angu	my names
maneno y-ako	your words
majina y-ake	his/her names
mambo y-etu	our affairs
mambo y-enu	your (*pl.*) affairs
maneno y-ao	their words

That is, the singular nouns **jina, neno,** and **jambo** (it's *one* name, *one* word, *one* affair) take **l-**, while the plural nouns **majina,**

maneno, mambo (names, words, affairs) take **y-**. On the other hand, **habari, safari** and **kazi** take **y-** when they are singular, but **z-** when they are in the plural. With these words, you can't tell whether they are singular or plural by just looking at the word – but when used with the possessive, the difference shows:

Habari, **safari**, and **kazi** take **y-** in the singular:

habari y-angu	my news ('one news item')
habari y-ako	your news
safari y-ake	his/her journey
safari y-etu	our journey
kazi y-enu	your (*pl.*) work
kazi y-ao	their work

But **z-** in the plural:

habari z-angu	my news ('many news items')
habari z-ako	your news
safari z-ake	his/her journeys
safari z-etu	our journeys
kazi z-enu	your (*pl.*) work
kazi z-ao	their work

The reason for this is that **jina, neno,** and **jambo** belong to one group ('class') of nouns (the JI-MA class), while **safari, habari** and **kazi** belong to a different group ('class') of nouns (the N class). These classes will be discussed in more detail in Units 4 and 5. We will spend quite some time with the different noun classes in Swahili (there are eight classes in total) in the following units.

For the moment, try to memorize the forms of **jina** and **majina,** and then you just have to remember that **neno** and **jambo** are like **jina** (and **maneno** and **mambo** are like **majina**). Similarly, if you memorize the forms of **safari,** you just have to remember that **habari** and **kazi** are like **safari** (i.e. they are words of the same noun class).

The different consonants are called the *possessive concord,* since they are used with possessive stems. The possessive concord is also used with the '-a of relationship', which we have seen already in **habari** *za* **kazi.** So it is:

neno la Nick	Nick's word (*lit.* word of Nick)
maneno ya Nick	Nick's words

safari ya Nick Nick's journey
safari za Nick Nick's journeys

Exercise 7

Translate into English, and then translate back into Swahili:

1a jina langu	1b majina yangu
2a jina lako	2b majina yako
3a jina lake	3b majina yake
4a jina letu	4b majina yetu
5a jina lenu	5b majina yenu
6a jina lao	6b majina yao
7a habari yangu	7b habari zangu
8a habari yako	8b habari zako
9a habari yake	9b habari zake
10a habari yetu	10b habari zetu
11a habari yenu	11b habari zenu
12a habari yao	12b habari zao

Exercise 8

Supply the correct consonant (**y, z, l**) in the gaps. (2) means that there are two possibilities, in which case give both.

1 habari _ako?/_ako? (2)	7 habari _enu?/_enu? (2)
2 jina _angu	8 jambo _etu
3 habari _a kazi?/_a kazi? (2)	9 mambo _ao
4 majina _enu	10 maneno _angu
5 neno _angu	11 jambo _enu
6 jina _ake	12 safari _angu/_angu (2)

Exercise 9

Translate into Swahili (sometimes more than one answer is possible):

1 Your (*pl.*) affair	11 My word
2 Her words	12 How's work?
3 My journeys	13 Your (*pl.*) names
4 Our affairs	14 My name
5 How's your (*pl.*) news (*pl.*)?	15 How's their news (*pl.*)?

6 How's your (*pl.*) news
(*sing.*)?
7 My journey
8 Our affair
9 Your (*pl.*) words
10 Their affairs

16 How's his news?
17 How's your (*sing.*)
news (*pl.*)?
18 My names
19 Our names
20 Your (*sing.*) name

Exercise 10

Give a little speech in Swahili, using the English version below:

Hello . . . How are you? . . . My name is . . . I need a
taxi to go to the hotel . . . How's the work? . . .
Thanks . . . Goodbye.

2 Unatoka wapi?

Where do you come from?

In this unit you will learn:

- the pronouns 'I', 'you', 'he/she', etc.
- the copula **ni**
- how to say your nationality
- how to say where you come from and ask where someone comes from
- how to ask someone where they were born and to say where you were born
- how to say where you stay/reside/live
- how to say the negative to that which is mentioned above
- how to describe your means of transport

Dialogue 1

Four students, Amos, Kathy, Subira and Leo are getting to know each other on the campus of the University of Dar es Salaam in Tanzania

1 Who are the students from overseas in this conversation?
2 What is their country of origin?

AMOS: Mimi ni Mtanzania. Ninatoka Bukoba. Nyinyi mnatoka wapi?

LEO: Mimi ni Mwingereza. Ninatoka London.

KATHY: Mimi ni Mmarekani. Ninatoka New York.

SUBIRA: Ninatoka Nairobi, kwa hiyo mimi ni Mkenya.

AMOS: Bwana Leo, je, umezaliwa huko Uingereza?

LEO: Ndiyo bwana, nimezaliwa Uingereza. Mimi ni Mwingereza, lakini baba yangu anatoka Afrika Magharibi na mama yangu ni Mwafro-Amerika.

AMOS: Na wewe Bibi Kathy, umezaliwa wapi?
KATHY: Mimi nimezaliwa Los Angeles, lakini siku hizi mimi na familia yangu tunaishi New York.
LEO: Na wewe je, Bibi Subira? Mimi sijui habari zako. Umezaliwa Nairobi?
SUBIRA: Hapana. Sasa ninaishi Nairobi lakini nimezaliwa katika kijiji cha Tigoni.

AMOS: *I'm Tanzanian. I come from Bukoba. Where do you come from?*
LEO: *I'm English. I come from London.*
KATHY: *I'm American. I come from New York.*
SUBIRA: *I come from Nairobi, so I'm Kenyan.*
AMOS: *Mister Leo, were you born over there in England?*
LEO: *Yes sir, I was born in England. I'm an Englishman, but my father comes from West Africa and my mother is African American.*
AMOS: *And you Miss Kathy, where were you born?*
KATHY: *I was born in Los Angeles, however at present my family and I are living in New York.*
LEO: *And you Miss Subira? I don't know anything about you, were you born in Nairobi?*
SUBIRA: *No. Now I live in Nairobi but I was born in Tigoni village.*

Vocabulary

mimi	I, me (*see Language structure*)
ni	am, is, are, it is (**Mimi ni Mtanzania**, I am a Tanzanian)
-toka	come from, out of
nyinyi	you (*pl.*) (*see Language structure*)
wapi?	where?
kwa hiyo	therefore, thus, so
je, ...?	*Clarifies that a question is being asked*
-zaliwa	be born
huko	there, over there
lakini	but, however
baba	father
Afrika (ya) Magharibi	West Africa
mama	mother
bibi	Miss, Mrs, lady (grandmother)

siku hizi	these days
familia	family
-ishi	live, live at
-jua	know (**sijui**, I don't know)
hapana	no
katika	in, at, into
kijiji	village

Language point

In the dialogue you may have noticed that the students address each other as 'Bwana Amos', 'Bibi Kathy', 'Bibi Subira', etc., rather than with just their first names as they probably would in a corresponding English conversation. The use of titles like Bwana and Bibi, or Mzee (introduced in the preceding unit), is much more common in Swahili and they are also used by young people like the students in this dialogue.

Language structure

Pronouns and the copula

The pronouns of Swahili are:

mimi	I	**sisi**	we
wewe	you (*sing.*)	**nyinyi**	you (*pl.*)
yeye	he *or* she	**wao**	they

For saying that I am something, you are something, he is something, etc., the pronouns can be used with the 'copula' **ni**, 'to be', to say **mimi ni**, 'I am', **wewe ni**, 'you are', **wao ni**, 'they are', etc. Examples in the dialogue are **Mimi ni Mtanzania**, **Mimi ni Mwingereza**, **Mimi ni Mmarekani**, and **Mimi ni Mkenya**.

Language use

Saying your nationality

Mimi ni	**Mwafrika**	I am	an African
	Mswidi		a Swede
	Mjapani		a Japanese

Mfaransa	a French person
Mjerumani	a German
Msomali	a Somalian
Mhindi	an Indian

Language structure

The M-WA noun class

When the students say who they are, they all use words beginning with the letter **M**. Amos, for example, is **M-tanzania**, a Tanzanian. Other words in this group are:

mtoto	child
mgeni	guest
msichana	girl
mvulana	boy
mtu	person
mwalimu	teacher
mwanafunzi	student

and of course the words for the nationalities introduced above, e.g. **Mswidi**. When followed by a vowel, the **m-** becomes **mw-**, as in **Mwafrika**, **mwalimu**, or **mwanafunzi**. All these words make their plural by exchanging **M-** for **Wa-**:

Watanzania	Tanzanians
Wajapani	Japanese people
Waafrika	Africans
watoto	children
walimu*	teachers
wanafunzi*	students
Sisi ni wageni.	We are guests.
Nyinyi ni wasichana.	You are girls.
Wao ni watu.	They are people.

*In these two forms the two **a**'s are shortened to one **a**.

The plural 'boys' is thus **wavulana,** and 'people' are **watu**. This class of nouns is the 'human' class, or as we will call it, the 'M-WA class'. There are eight of these classes in Swahili and you will have to learn which noun belongs to which class – not only to make the right plural, but also because other words in the sentence change (slightly) depending on the class of the noun, as we have already seen with the possessive marker in the last unit. The *concord* of the M-WA class is **a-** in the singular, and **wa-** for plural. These are placed before the tense the marker and/or the beginning of the verb:

Mkenya *a*natoka Nairobi.
The Kenyan (he) comes from Nairobi.

Wakenya *wa*natoka Kenya.
The Kenyans (they) come from Kenya.

Msichana anatoka Chicago.
The girl comes from Chicago.

Wasichana wanatoka Mbeya.
The girls come from Mbeya.

When used without a noun, **a-** means simply 'he' or 'she', and **wa-** means 'they' – meaning that whoever exactly is meant, he, she, or they are living beings:

Anaishi Nairobi.
She/he lives in Nairobi.

Wanatoka Ujerumani.
They come from Germany.

The nominal prefix **m-** is a syllable, so it is **M-hindi**, **M-faransa**, etc. Listen carefully to the speakers on the audio material.

There is no expression for 'the' or 'a', known as the 'definite' or 'indefinite article' in Swahili. **Mwafrika**, for example, can mean either *the* African or *an* African.

When used with an M-WA noun, the possessive marker (cf. Unit 1, Dialogue 3) is formed with the possessive concord **w-**, for both singular and plural:

mtoto wangu	my child
mgeni wetu	our guest
mvulana wake	her/his boy
watoto wangu	my children
wageni wenu	your (*pl.*) guests
wavulana wao	their boys

Language use

Saying where you come from

Ninatoka	Uingereza	I come from	England
	Marekani		America
	Uholanzi		Holland
	Ujerumani		Germany
	Ngazija		the Comoros
	Ulaya		Europe
	New York		New York
	London		London
	Ubelgiji		Belgium
	Msumbiji		Mozambique
	Rumi (*or* Roma)		Rome
	Kanada		Canada

Asking where someone comes from

Unatoka wapi?	Where do you (*sing.*) come from?
Mnatoka wapi?	Where do you (*pl.*) come from?
Anatoka wapi?	Where does s/he come from?
Wanatoka wapi?	Where do they come from?

Asking someone where they were born

Umezaliwa wapi?	Where were you born?
Mmezaliwa wapi?	Where were you (*pl.*) born?
Amezaliwa wapi?	Where was s/he born?
Wamezaliwa wapi?	Where were they born?

Saying where you were born

Nimezaliwa	Paris	I was born in	Paris
	Unguja		Zanzibar
	Ujerumani		Germany
	Los Angeles		Los Angeles
	Hong Kong		Hong Kong

Exercise 1

How would you say the following in English?

1 Mimi ni Mwingereza.
2 Ninatoka Uingereza.
3 Nimezaliwa Uingereza.
4 Unatoka wapi?
5 Umezaliwa wapi?

And how would you say the following in Swahili?

6 Amos comes from Bukoba.
7 Leo comes from London.
8 Kathy comes from New York.
9 Where do you (*pl.*) come from?
10 Where do they come from?

Exercise 2

Fill in the gaps with the correct singular or plural form.

    E.g. **Mtanzania**   *Watanzania*

1 Mtoto   _____
2 Mfaransa   _____
3 _____   Waingereza
4 Msichana   _____
5 _____   Wageni

Exercise 3

Habari zako? Give some details about yourself: your name, where you were born and your nationality. Listen again to Dialogue 1. An example is provided in the answer key.

Dialogue 2

As they become better acquainted the students ask each other further details about their lifestyles

1 Who among the students lives off campus?
2 Do any of the students in this conversation share accommodation?

LEO: Bwana Amos, wewe unakaa wapi?
AMOS: Ninakaa Mwenge, nje kidogo ya eneo la chuo kikuu.
LEO: Si mbali na hapa chuo kikuu. Je, unakwenda kwa miguu?
AMOS: La, ninakuja hapa kwa daladala. Na wewe, unakaa wapi?
LEO: Mimi ninakaa hapa hapa chuo kikuu katika Bweni la Nne.
AMOS: Kwa bahati wewe unaweza kufika darasani kwa miguu. Na wewe, Bibi Subira, unakaa wapi?
SUBIRA: Ninakaa hapa chuo kikuu katika Bweni la Tatu. Bibi Kathy pia anakaa Bweni la Tatu.
AMOS: Basi mnaishi pamoja!
KATHY: Hapana. Sisi tunaishi kwenye jumba moja tu.

LEO: *Mr Amos, where do you live?*
AMOS: *I live in Mwenge, just outside the campus.*
LEO: *It's not far from the university. Do you come on foot?*
AMOS: *No. I come here by* daladala. *And where are you staying?*
LEO: *I am staying right here at the university, in Hall Four.*
AMOS: *Fortunately you can come to class on foot. And you, Miss Subira, where are you staying?*
SUBIRA: *I'm staying here at the university in Hall Three. Miss Kathy is also staying in Hall Three.*
AMOS: *So you live together!*
KATHY: *No. We just live in the same building.*

Vocabulary

-kaa	sit, stay, reside at, inhabit
nje	outside
kidogo	a little, a bit
eneo la	region (of), area (of)
chuo kikuu	university
si	it (**Mwenge**) is not

mbali na	far from
hapa	here (**hapa hapa**, right here in this place/spot)
-weza	can, be able, be capable
(kw)-enda	go, walk
miguu	feet, legs (*sing.* **mguu**)
-fika	arrive, come to
la	no (*same as* **hapana** *in replies*)
(ku)-ja	(to) come
daladala	local minibus (*see the following Language point*)
bweni	dormitory/hall of residence (**Bweni la Nne/Tatu** = Hall Four/Three)
bahati	luck, chance, fate (**kwa bahati**, luckily, fortunately)
darasa	classroom, lesson, class period (**darasani**, at/in/to/ from the classroom)
pamoja	together
jumba	building
moja	one
tu	only, just

Language point

Daladala, so-named since at the time they charged a fare of one **dala**, five Tanzanian shillings. These are small, private mini-buses that operate in the large towns in Tanzania. This type of bus service is often found in various African countries and is sometimes given a name, for example, in Kenya these buses are called **matatu**.

Language use

Saying where you stay/reside

Ninakaa **kwenye Chuo kikuu**
I am staying at the university

kwenye jumba kubwa
I am residing in/at a big building

Ninakaa	**katika nyumba nzuri** I am residing in a fine house	
	katika nyumba ndogo I am staying in a small house	
or		
Ninakaa	**hotelini**	I am staying at a hotel
	nyumbani	I am staying at home
	kijijini	I am living in a village
	mjini	I am living in town

Language structure

Talking about locations

Above you will notice that there are two ways of referring to a location: using the preposition **kwenye** ('at, in, on') or **katika** ('at, in, into, inside of'), or the use of the suffix **-ni.** Both mean 'at/near/in/on somewhere', depending on context. **Katika** and **kwenye** are used when the noun is followed by a word modifying it (i.e. giving more information about it), for example a possessive or an adjective:

Ninakaa hotelini.
I am staying at/in a hotel.

Ninatoka hotelini.
I am coming from the hotel.

Ninakaa katika hoteli yake.
I am staying at/in his hotel.

Ninakaa kwenye hoteli nzuri.
I am staying at/in a nice hotel.

As you can see from the third example, **hoteli** is an N-class noun (note the form of the possessive **yake**). Like possessives, adjectives like **nzuri** follow the noun in Swahili.

The ending **-ni** turns nouns into locations. It can be added to almost any noun, with the exception of living creatures. Names of countries, towns and villages do not take the **-ni** ending since the 'locative' meaning is already clear from the noun:

Ninakaa Nairobi.
I live in Nairobi.

Msichana anakaa Uingereza.
The girl lives in England.

Ninatoka Arusha.
I come from Arusha.

Some exceptional, usually borrowed, nouns also do not take **-ni** even if they are used in a locative sense. These include **sinema** and **posta**:

Ninatoka sinema.
I am coming from the cinema.

Ninatoka posta.
I am coming from the post office.

You will find that speakers vary the nouns they use with or without the **-ni**. For example, **hospitali**, 'hospital', and **maktaba**, 'library', (from Arabic) are heard in the locative sense, while other speakers would use **hospitalini** and **maktabani** in these contexts.

As mentioned earlier, the stress in a Swahili word is placed on the last but one (penultimate) vowel. Therefore, with the addition of the **-ni** suffix the stress is moved further along the word, for example (these examples are included on the audio material):

| **hotéli** | → | hotelíni |
| **nyúmba** | → | nyumbáni |

Language use

Saying where you live

Ninaishi	**Mombasa**	I live in Mombasa
	Tanzania	I live in Tanzania
	Marekani	I live in America
	kwenye hoteli	I live in a hotel
	hotelini	I live in a hotel
	kwenye jumba kubwa	I live in a big building
	kwenye nyumba nzuri	I live in a fine house
	nyumbani	I live at home

Describing your means of transportation

Ninakuja	kwa miguu	I come on foot
	kwa daladala	I come by minibus
Ninakwenda	kwa miguu	I travel on foot
	kwa daladala	I travel by minibus
	kwa basi	I travel by bus
	kwa gari	I travel by car
	kwa treni	I travel by train

Exercise 4

Answer these questions in Swahili:

1 Unatoka wapi?
2 Sasa unakaa wapi?
3 Umezaliwa wapi?
4 Mimi ni Mtanzania, wewe ni . . .?
5 Familia yako wanaishi wapi?

Exercise 5

Say in Swahili:

1 A German
2 An African
3 A Japanese
4 I am an American

Exercise 6

Complete the sentences with the appropriate word from the list. The first one has been answered for you.

Mwingereza	Mchina
Waingereza	Wachina
Mfaransa	Mjerumani
Wafaransa	Wajerumani
Mwafrika	Mmarekani
Waafrika	Wamarekani

1 Nimezaliwa Uingereza kwa hiyo mimi ni *Mwingereza.*

2 Amezaliwa Afrika kwa hiyo yeye ni _____
3 Wamezaliwa Uchina kwa hiyo wao ni _____
4 Umezaliwa Ufaransa kwa hiyo wewe ni _____
5 Tumezaliwa Marekani kwa hiyo sisi ni _____
6 Mmezaliwa Ujerumani kwa hiyo nyinyi ni _____

Dialogue 3

It seems that some of the information the students shared among themselves has been forgotten during their conversation, so they need to get things straight

1 Amos is confident that he has not forgotten what he was told, but what does Subira think?
2 Amos is a little concerned about their inability to remember what they have told each other about themselves. Why?

SUBIRA: Eti Bibi Kathy, je, wewe ni Mwingereza?
KATHY: Hapana, mimi si Mwingereza. Mimi ni Mmarekani.
SUBIRA: Samahani. Nimesahau habari zako. Unatoka sehemu gani?
KATHY: Ninatoka New York, lakini nilizaliwa katika jiji jingine, Los Angeles.
SUBIRA: Ndiyo, ndiyo. Sasa ninakumbuka.
AMOS: Hebu Bibi Subira mimi sisahau habari zako. Wewe ni Mkenya, tena umezaliwa Nairobi na sasa unaishi katika kijiji.
SUBIRA: Hapana bwana, siyo! Umeshindwa kukumbuka habari zangu zote. Kweli mimi ni Mkenya lakini sikai kijijini. Nimezaliwa kijijini, lakini siku hizi ninaishi mjini Nairobi.
KATHY: Bwana Leo, wewe na Bwana Amos mnakaa pamoja kwenye Bweni la Nne au siyo?
LEO: Umekosea bibi. Hatuishi pamoja. Mimi ninakaa hapa hapa chuo kikuu, bali mwenzetu, Bwana Amos, anakaa Mwenge.
AMOS: Jamani! Inaonekana kwamba hatukumbuki habari zetu. Ninatumai tunaweza kukumbuka masomo yetu! (*Wote wanacheka!*)

SUBIRA: *Hey there Miss Kathy, are you British?*
KATHY: *No, I'm not British. I am an American.*

SUBIRA:	*I'm sorry. I've forgotten about you. What part do you come from?*
KATHY:	*I come from New York, but I was born in another city, Los Angeles.*
SUBIRA:	*Yes indeed. Now I remember.*
AMOS:	*Hey Miss Subira, I don't forget what you said. You are Kenyan, and what's more you were born in Nairobi, and now you're living in a village.*
SUBIRA:	*No sir, that's not it! You have failed to remember every-thing about me. True, I am Kenyan but I don't live in a village. I was born in a village, but nowadays I live in town, in Nairobi.*
AMOS:	*Thanks a lot for reminding me miss.*
KATHY:	*Mr Leo, aren't you and Mr Amos living together in Hall Four?*
LEO:	*You're wrong there, miss. We don't live together. I am living right here at the university, on the other hand our companion, Mr Amos, is living in Mwenge.*
AMOS:	*My goodness! It seems that we don't remember what we said to each other. I hope we can remember our studies!* (They all laugh!)

Vocabulary

eti	(*to get attention*) listen here
si	am not, are not, isn't (*see Language structure*)
samahani	excuse me, I'm sorry
-sahau	forget
sehemu	part, section, portion
jiji	city (**jiji jingine**, another city)
-kumbuka	remember, recall
hebu	*an expression used to draw attention* (*also* **ebu**, 'Look here!', 'Listen!', 'Hey there!')
siyo	it is not so, no
-shindwa	be beaten, fail
zote	all (*in reference to* **habari**, news)
kweli	true
sikai	I don't live/stay (*from* **-kaa**, live/stay, *see Language structure*)
-kosea	make an error, be mistaken, be wrong
hatuishi	we don't live (*from* **-ishi**, live, *see Language structure*)

siyo?	is it not so?
bali	on the contrary, rather, but, however
Jamani!	'Listen here!', 'Hey there!', 'What a pity!' (*when sad*), 'My goodness!' (*when surprised*)
inaonekana	it seems, it appears
kwamba	that
hatukumbuki	we don't remember (*from* **-kumbuka**, remember)
-tumai	hope, expect (*also* **-tumaini**)
masomo	studies
wote	all
-cheka	laugh

Language use

Saying who you are not

Mimi si	**Mfaransa**	I'm not a French person
	Mwitalia	I'm not an Italian
	Mwislamu	I'm not a Muslim
	Mkristo	I'm not a Christian

Saying where you do not come from

Sitoki	**Marekani**	I don't come from America
	Uingereza	I don't come from England
	Afrika	I don't come from Africa
	Bara Hindi	I don't come from India

Saying where you do not live/stay

Siishi	**Ulaya**	I don't live in Europe
	Ujerumani	I don't live in Germany
	kwenye jiji kubwa	I don't live in a big city
	jijini	I don't live in a city
	kwenye nyumba nzuri	I don't live in a nice house
	nyumbani	I don't live at home

Sikai	**kwenye hoteli kubwa**	I don't stay at a big hotel
	hotelini	I don't stay at a hotel
	kwenye mji mkuu	I don't stay in the capital city
	mjini	I don't stay in town

Language structure

The negative copula and the negative present tense

The negative counterpart of the copula **ni**, 'be', is the negative copula **si**, 'be not'. Like **ni** it can be used with any noun:

Mimi ni Mwafrika.
I am an African.

Wewe si Mwafrika.
You are not an African.

Amos si Mwingereza, ni Mtanzania.
Amos is not an Englishman, he's a Tanzanian.

Kathy na Subira si walimu, ni wanafunzi.
Kathy and Subira are not teachers, they are students.

The *negative present tense*, the counterpart to the present tense in **-na-**, is formed with the negative marker before the subject concord (either a participant marker or a noun class concord) and verb stem, and by changing the final vowel of the verb stem to **-i** (the 1st person singular has a special form for the negative marker, for which see below):

Negative marker	+	*Subject concord*	+	*Verb stem (with -i)*
h	+	**u**	+	**toki**
h	+	**a**	+	**toki**
ha	+	**m**	+	**toki**
ha	+	**tu**	+	**toki**
ha	+	**wa**	+	**toki**

hutoki	you don't come from
hatoki	s/he doesn't come from
hamtoki	you (*pl.*) don't come from
hatutoki	we don't come from
hawatoki	they don't come from

Note that with **-u-** and **-a-** the negative marker is only **h-**.

The negative present tense for the 1st person singular (when a person speaks of herself or himself) is irregular, since the negative marker and subject concord are 'fused' into **si-**:

sitoki	I don't come from

A special set of verbs are verbs of Arabic origin, which do not have a verb stem ending in **-i**. They simply take the negative marker and subject concord. These verbs can generally be spotted by their final vowel; while verbs of Bantu origin end in **-a**, verbs of Arabic origin may end in any vowel. A quick glance at the vocabulary list of Dialogue 3 reveals that there are three verbs of Arabic origin: **-sahau**, **-tumai**, and **-ishi**. They form negatives such as the following:

sisahau	I don't forget
hatusahau	we don't forget
hutumai	you (*sing.*) don't expect/hope
hamishi	you (*pl.*) don't live

Monosyllabic verbs

Another set of exceptional verbs are the so-called monosyllabic verbs. These include **-ja**, 'come', **-la**, 'eat', and **-nywa**, 'drink', as well as **-enda**, 'go, walk', and **-isha**, 'finish'. These verbs are special because they sometimes take a 'stem marker' **-ku-** to form a tensed verb. Thus in the present tense, monosyllabic verbs are formed with **-ku-**, while they do not take **-ku-** in the negative present tense:

Present tense		*Negative present tense*	
ninakula	I am eating	**sili**	I am not eating
tunakunywa	we are drinking	**hatunywi**	we are not drinking
wanakwenda	they are going	**hawaendi**	they are not going
unakuja	you are coming	**huji**	you are not coming

Exercise 7

Match the nationals in the left hand column with their countries in the right hand column.

1 Mholanzi	(a) Marekani
2 Mrusi	(b) Bara Hindi
3 Mkanada	(c) Ugiriki
4 Mreno	(d) Habeshi/Uhabeshi
5 Mhabeshi	(e) Urusi
6 Mgiriki	(f) Uholanzi
7 Mhindi	(g) Ureno
8 Mmarekani	(h) Kanada

Exercise 8

Which three are the odd ones out?

Mkenya	Msichana	Mtanzania	Mwarabu
Mtoto	Mfaransa	Mvulana	Mswidi
Mjapani	Mjerumani	Msomali	

Exercise 9

Fill in the gaps:

SUBIRA: Bwana Leo, unakaa Mwenge?

LEO: Hapana, _____ Mwenge. Ninakaa hapa chuo kikuu.

SUBIRA: Kathy na Amos wanatoka Chicago?

LEO: La, _____ Chicago. Kathy _____ New York, lakini Amos _____ Bukoba.

LEO: Je, Kathy amezaliwa Nairobi, kwa hiyo yeye _____ Mwafrika?

SUBIRA: Hapana, Bwana Amos na mimi _____ Afrika kwa hiyo sisi ni _____ . Bi Kathy hatoki Afrika, kwa hiyo yeye _____ Mwafrika.

3 Familia

The family

In this unit you will learn:

- how to talk about your marital status
- the perfective and negative perfective tense
- the possessive copula **-na**
- how to talk about your children
- how to count
- the names of family members

Dialogue 1

Some people making new acquaintances

1 What is the difficulty being faced by Ibrahim?
2 In this conversation who is married?

IBRAHIM: Je, umeolewa?
MARIAMU: Ndiyo, nimeolewa.
IBRAHIM: Je, mna watoto?
MARIAMU: Ndiyo, tuna watoto watatu; wote ni wavulana. Na
           wewe bwana, umeshaoa?
IBRAHIM: Ndiyo nimeoa, lakini mimi na mke wangu tumeten-
           gana.
MARIAMU: Pole bwana.
IBRAHIM: Asante. Labda tutaweza kurudiana. Mimi sitaki kutoa
           talaka.

(*Ibrahim then turns his attention towards the other person in this
small group, a young woman called Subira*)

IBRAHIM: Eti Bibi Subira, umeshaolewa?

SUBIRA: La, bado sijaolewa bwana, lakini nina mchumba. Anaitwa Yusufu. Ninataka kuolewa baada ya kumaliza masomo yangu.

IBRAHIM: Je, mnategemea kufunga ndoa lini?

SUBIRA: Jamaa zetu wameshafanya mipango yote ya arusi, kwa hiyo tunategemea kufunga ndoa mwishoni mwa mwaka huu Inshallah!

IBRAHIM: *Are you married?*

MARIAMU: *Yes, I am married.*

IBRAHIM: *Do you have any children?*

MARIAMU: *Yes, we have three children, all are boys. And you sir, are you already married?*

IBRAHIM: *Yes, I'm married, but my wife and I have separated.*

MARIAMU: *I'm sorry sir.*

IBRAHIM: *Thanks. Perhaps we'll be able to get back together again. I don't want a divorce (lit. I don't want to issue a divorce).*

(Ibrahim turns to Subira)

IBRAHIM: *Miss Subira! Are you already married?*

SUBIRA: *No, I'm not married, but I have a fiancé. He's called Yusufu. I want to get married after completing my studies.*

IBRAHIM: *When do you expect to get married?*

SUBIRA: *Our families have already made all the wedding arrangements, so we expect to get married at the end of this year. God willing!*

Vocabulary

-olewa	be married
mna	you (*pl.*) have (**m** + **na**)
tuna	we have (**tu** + **na**)
watatu	three (*in reference to children as in* **tuna watoto**, we have three children)
-mesha-	already (*see Language structure below for further explanations concerning this tense marker*)
-oa	marry
mke	wife
-tengana	be separated

pole	my sympathy
-rudiana	reunite with, return to, go back to
sitaki	I don't want
talaka	divorce
bado	not yet (still)
mchumba	fiancé(e)
-itwa	be called
baada ya	after
-tegemea	expect, anticipate, rely on, count on
-funga	tie up, close, lock (imprison, fast from food, win a game, cease child-bearing)
ndoa	marriage (**-funga ndoa**, get married, 'tie the knot')
lini?	when?
jamaa	family, relatives
arusi	wedding (*also* **harusi**)
mwishoni mwa	at the end of
Inshallah!	God willing!

Language point

In Swahili, it is said a man marries and a woman is taken in marriage, that is, a woman is being married, hence we have two slightly different constructions when Ibrahim and Mariamu ask each other about their marital status.

Language use

Talking about your marital status

Nime*oa*	I am married (man)
Nime*olewa*	I am married (woman)
Sija*oa*	I am single (man – *lit.* I have not yet married)
Sija*olewa*	I am single (woman – *lit.* I have not yet been married)
Mimi ni *mtalaka*	I am divorced (man or woman – *lit.* I am a divorced person)

Talking about your partner

Mume wangu jina lake ...	My husband's name is ...
Mke wangu jina lake ...	My wife's name is ...
Mchumba wangu jina lake ...	My fiancé(e)'s name is ...

or

Mume wangu anaitwa ...	My husband is called ...
Mke wangu anaitwa ...	My wife is called ...
Mchumba wangu anaitwa ...	My fiancé(e) is called ...
Mume wangu ni Msomali.	My husband is a Somalian.
Mke wangu ni mwalimu.	My wife is a teacher.

Language structure

The perfective and the negative perfective tense

With the verb **-olewa**, 'be married', Ibrahim uses the tense marker **-me-**:

Subject concord	tense marker	verb stem	
u	**me**	**olewa**	**umeolewa** (you are married)

Maybe you have noticed that **-me-** has already been used with **-zaliwa** in Unit 2. The **-me-** is the marker of the *perfective tense*. The perfective tense indicates that an event has happened in the past, but that the result of that event is still enduring (in English, this is often expressed by the present perfect, e.g. 'I have broken my leg') – thus, a wedding is an event involving preparations, negotiations, relatives, friends and food, the enduring result of which is the state of being married. Thus, **Umeolewa?** means 'Are you married?'

In Unit 2, Leo asks Amos, **Unakwenda kwa miguu?**, meaning whether Amos usually comes to the university on foot, these days. In contrast, **Umefika kwa miguu?** would mean, 'Have you come on foot (to where you are now)?' – the result of arriving is to be somewhere.

The tense marker **-mesha-** (sometimes also **-mekwisha-** is heard) adds 'already' to the meaning of **-me-**: **Nimeshafika** and **Nimekwishafika** both mean 'I have already arrived.'

The opposite of saying that something has already been done is expressed with the tense marker **-ja-** and the negative marker discussed in Unit 2, which together form the *negative perfective tense*:

Negative marker	Subject concord	Tense marker	Verb stem	
	si	ja	fika	**sijafika** (I have not yet arrived)
h	u	ja	fika	**hujafika** (you have not yet arrived)
h	a	ja	fika	**hajafika** (s/he has not yet arrived)
ha	tu	ja	fika	**hatujafika** (we have not yet arrived)
ha	m	ja	fika	**hamjafika** (you have not yet arrived)
ha	wa	ja	fika	**hawajafika** (they have not yet arrived)

With respect to marital status and the bearing of children, Swahili speakers do not usually give a definite negative answer, but rather use the negative perfective with the meaning of 'not yet'. Thus when Subira is asked whether she is married, she replies: **bado sijaolewa**, 'I'm not (yet) married', therefore implying that the action may yet take place – as one is expected to marry and bear children. Likewise, this tense is usually used in all other situations where an action may yet take place, for example, using the verbs **-soma**, 'read', 'study' and **-tengana** 'be separated':

Umesoma?	**Sijasoma.**
Have you read?	I haven't yet read.
Mmetengana?	**Hatujatengana.**
Have you (*pl.*) separated?	We haven't separated yet.

Both answers above imply an expectation that the action may take place at a later time or date. However, if it is clear that the action will not take place, the past negative tense (**-ku-**) is used. The use of this tense will be explained in Unit 7.

The word **bado** is often associated with the negative perfective tense. With a negative verb the word **bado** means 'not yet', as in the conversation above when Subira answers: **bado sijaolewa**, 'No I am not yet married.' On the other hand, **bado** with an affirmative verb has the meaning of 'still', for example: **Bado ninafanya kazi**, 'I am still working.'

Exercise 1

Listen again to Ibrahim in Dialogue 1 talking about his marital status and then tick the right boxes.

Ibrahim ni mtalaka ☐	mume ☐	mchumba ☐
Ana mke ☐	mama ☐	mchumba ☐
Ameolewa ☐	Hajaolewa ☐	Ameshaoa ☐

Exercise 2

How would you say the following in Swahili?

1 My name is Peter. I am single.
2 My wife is called Karen.
3 My husband is called Shabaan.
4 Are you married (to a woman)?
5 Yes, I am married (replied by a woman).
6 I am not yet married (said by woman).

Language structure

The possessive copula

The copula **ni** (see Unit 2, Dialogue 1) and the negative copula **si** (see Unit 2, Dialogue 3) are used for saying that somebody or something is/are something, for example **Ibrahim ni mume**, 'Ibrahim is a husband.' For saying that somebody or something *has* something, the possessive copula is used. It is formed with the subject concord combined with **-na**:

nina	I have	**tuna**	we have
una	you (*sing.*) have	**mna**	you (*pl.*) have
ana	she/he has	**wana**	they have

To say that somebody/something does not have, **-na** is combined with the negative marker and subject concord:

sina	I don't have	**hatuna**	we don't have
huna	you (*sing.*) don't have	**hamna**	you (*pl.*) don't have
hana	she/he doesn't have	**hawana**	they don't have

Thus, **Subira ana mchumba**, but **hana watoto (bado)** – 'Subira has a fiancé, but no children (yet).'

Exercise 3

What were the questions to the following answers?

1 Nimeolewa.
2 Ndiyo, tuna watoto watatu.
3 Tunategemea kufunga ndoa mwishoni mwa mwaka huu.
4 Ndiyo, nimeshaoa.

Exercise 4

Answer **kweli** ('true') or **si kweli** ('false'):

1 Watoto wa Mariamu ni wavulana.
2 Ibrahim anataka talaka.
3 Ibrahim na mke wake hawajatengana.
4 Subira ameshaolewa.
5 Subira ana mchumba.

Exercise 5

Habari Zake

Say in Swahili what Subira says about herself – refer to Dialogue 1 of this unit.

Dialogue 2

A friendship develops between Subira and Mariamu, and some months later Subira decides to invite Mariamu, her husband Juma, and their three sons to her wedding. At the wedding reception the couples are engaged in a conversation

MARIAMU: (*To Subira's husband*) Bwana Yusufu, hawa ni wana wetu watatu. Huyu ni mkubwa, anaitwa Hadji. Ana miaka kumi. Na huyu mwingine ni wa pili, anaitwa Saleh. Ana miaka minane. Na huyu mdogo ni wa tatu, anaitwa Jumanne. Ana umri wa miaka sita tu.

YUSUFU: Ee, Hadji ni mrefu kama baba yake.

JUMA: Ndiyo, lakini yeye na babu yake wanafanana sana.

MARIAMU: Na Saleh yeye anafanana na kaka yangu. Naye Jumanne anafanana na mjomba wangu, lakini ana tabia kama bibi yake.

MARIAMU: (To Subira's husband) *Mr Yusufu, these are our three sons. This one is the eldest, he is called Hadji. He's ten years old. This other one is the second, he is called Saleh. He's eight years old. And this little one is the third, he's called Jumanne. He's just six years of age.*

YUSUFU: *I see, Hadji is tall like his father.*
JUMA: *Yes, but he and his grandfather look very much alike.*
MARIAMU: *And Saleh looks like my brother. As for Jumanne, he looks like my maternal uncle but he has his grandmother's personality.*

Vocabulary

hawa	these (persons)
wana	one's own children (*sing.* **mwana**)
watatu	three (*in reference to* **wana wetu**, our three children)
mkubwa	big, large; elder, superior (**m** + **kubwa**)
huyu	this (person)
miaka	years (*sing.* **mwaka**)
mwingine	other (person) (*also:* **mwengine**)
wa pili	the second, next
mdogo	little, small: young (**m** + **dogo**)
wa tatu	the third
umri	age
mrefu	tall, long (**m** + **refu**)
babu	grandfather
-fanana	be alike, be similar
sana	very, very much
kaka	elder brother
naye	and he (**na** + **ye(ye)**)
mjomba	maternal uncle
tabia	nature, character
bibi	grandmother (Mrs, Miss, Lady)

Language use

To say you have children

Nina mtoto/mwana	I have a child
Tuna watoto/wana	We have children

To say how many children you have

Nina mtoto mmoja	I have one child
Nina watoto wawili	I have two children
Tuna watoto watatu	We have three children
Tuna watoto wanne	We have four children

To say you don't have any children

Sina watoto	I don't have children
Hatuna watoto	We don't have children

Saying someone's age

Ana mwaka mmoja
S/he is one year old (*lit.* s/he has one year)

Ana miaka minane
S/he is eight years old

Ana umri wa mwaka mmoja
S/he is one year of age

Ana umri wa miaka minane
S/he is eight years of age

Mwana wangu ana umri wa miaka mitatu
My child is three years of age

Wana wetu wana miaka mitatu na minane
Our children are three and eight years old

Numbers

Numbers 0–20

0	**sifuri**			
1	**moja**	6	**sita**
2	**mbili**	7	**saba**
3	**tatu**	8	**nane**
4	**nne**	9	**tisa**
5	**tano**	10	**kumi**

11	kumi na moja	16	kumi na sita
12	kumi na mbili	17	kumi na saba
13	kumi na tatu	18	kumi na nane
14	kumi na nne	19	kumi na tisa
15	kumi na tano	20	ishirini

Numbers 21–30

21	ishirini na moja	26	ishirini na sita
22	ishirini na mbili	27	ishirini na saba
23	ishirini na tatu	28	ishirini na nane
24	ishirini na nne	29	ishirini na tisa
25	ishirini na tano	30	thelathini

You will notice that the numbers in the dialogue differ slightly from the ones here. The **m-** or the **wa-** prefixes show adjective agreement relating to the words **mtoto** and **watoto**, while the **m-** and **mi-** prefixes show agreement with **mwaka** and **miaka** in **mwaka mmoja** or **miaka minane**. Numbers, and adjective agreement more generally, will be dealt with in Units 4, 5, and, in greater detail, Unit 6.

More numbers

Numbers ascending in tens

10	kumi	60	sitini
20	ishirini	70	sabini
30	thelathini	80	themanini
40	arobaini	90	tisini
50	hamsini		

Hundreds, thousands, millions

100	mia	100,000	laki
1000	elfu	1,000,000	milioni

Exercise 6

Write these numbers in Swahili:

10, 12, 22, 33, 46, 59, 61, 70, 87, 94, 101

Language structure

The N noun class

The N class has already been mentioned in Unit 1. **Habari, safari,** and **kazi** are nouns belonging to the N class. There are more N-class nouns in the preceding dialogues, for example, **arusi, talaka,** and **tabia**. As pointed out in Unit 1, the possessive concord for the N class is **y-** for the singular and **z-** for the plural. The concord for the N-class used with verbs is **i-** in the singular, and **zi-** in the plural. With a verb stem such as **-pendeza**, 'to be pleasant, to please', N class nouns adopt the following forms (recall that N-class nouns don't change between singular and plural):

Arusi *i*napendeza.
The wedding is pleasant.

Arusi *z*inapendeza.
The weddings are pleasant.

Tabia yake ha*i*pendezi.
His character doesn't please.

Safari za Nick ha*zi*pendezi.
Nick's journeys don't please.

The name of the class results from the fact that many N-class nouns historically had a nominal prefix **n-**, which however has been largely lost. Some N-class words beginning in **n-** are:

ngoma	drum, dance	**njia**	road
njaa	hunger	**ndege**	bird, *also* aeroplane
ndizi	banana		

In other cases, the prefix is **m-**, **ng'-**, or **ny-**:

mvua	rain	**ng'ombe**	cow
mbegu	seed	**nyumba**	house

Remember that the initial sound in **ng'ombe** is one sound.

In addition, there are many loanwords in the N class. These do not have a nominal prefix:

barua	letter	**sabuni**	soap
kalamu	pen	**motokaa**	car
kofia	hat, cap	**treni**	train
saa	hour		

N-class nouns denoting living beings such as words for animals and family relationships take the concord of the M-WA class:

simba	lion		
kuku	chicken		
samaki	fish		
bibi	grandmother	**amefika**	has arrived
mama	mother	**wamefika**	have arrived
ndugu	brother		
rafiki	friend		

There are different rules for the possessive concord with these nouns. Words denoting animals usually have **w-** in the singular (as the M-WA class), but **z-** in the plural (as the N class). Words for humans mostly take N class possessive concord with possessive stems, but M-WA concord with the **-a** of relationship:

simba wangu	my lion
simba zangu	my lions
mama yangu	my mother
mama zetu	our mothers
mama wa watoto	the children's mother (or mothers)

Dialogue 3

Subira's sister, Amina, who is pregnant, now joins the group

SUBIRA: Huyu ni dadangu. Jina lake Amina.
JUMA AND
  MARIAMU: Karibu Bibi Amina!
AMINA: Asanteni!
MARIAMU: Eti Bibi Amina, unategemea kuzaa lini?
AMINA: Ninategemea kuzaa baada ya mwezi mmoja hivi.

MARIAMU:	Je, atakuwa mtoto wako wa kwanza?
AMINA:	Ndiyo, atakuwa wa kwanza. Je, mna watoto wangapi?
MARIAMU:	Tuna watoto watatu; wavulana hawa.
AMINA:	Je, hamna watoto wa kike?
MARIAMU:	Bado. Tuna watoto wa kiume tu.
SUBIRA:	*This is my sister. Her name is Amina.*
JUMA AND	
MARIAMU:	*Welcome Miss Amina!*
AMINA:	*Thanks!*
MARIAMU:	*I say Miss Amina, when's the baby due?*
AMINA:	*I hope to give birth in about a month.*
MARIAMU:	*Will it be your first child?*
AMINA:	*Yes, it will be the first. How many children do you have?*
MARIAMU:	*We have three children; these boys.*
AMINA:	*Don't you have any girls?*
MARIAMU:	*Not yet. We only have boys.*

Vocabulary

dadangu	my sister
-zaa	give birth, bear fruits (**kuzaa**, to give birth, to bear fruits)
lini?	when?
baada ya	after
mwezi	month, moon
hivi	approximately (thus, so)
atakuwa	s/he will be (a + ta + **kuwa**, *see Unit 4, Dialogue 1*)
wa kwanza	the first
wangapi?	how many (children)?
watoto wa kike	girl-children
watoto wa kiume	boy-children

Language point

Dadangu is a contraction of two words, **dada** ('sister') and the possessive stem **-angu** ('my'). Names of close relatives are often combined in this manner with possessives, hence we saw in the previous unit the combination of **mwenzi** + **wetu** in its contracted form of **mwenzetu** meaning 'our companion'. Below is a list of some combinations which are often heard:

mwanangu	**mwana + wangu**	my child
wanetu	**wana + wetu**	our children
mwenzangu	**mwenzi + wangu**	my companion
mwenzako/mwenzio	**mwenzi + wako**	your companion
mwenzake/mwenziwe	**mwenzi + wake**	his/her companion
mwenzetu	**mwenzi + wetu**	our companion
mwenzenu	**mwenzi + wenu**	your (*pl.*) companion
wenzangu	**wenzi + wangu**	my companions
wenzako/wenzio	**wenzi + wako**	your companions
wenzake/wenziwe	**wenzi + wake**	his/her companions
wenzetu	**wenzi + wetu**	our companions
wenzenu	**wenzi + wenu**	your (*pl.*) companions
mumeo	**mume + wako**	your husband
mumewe	**mume + wake**	her husband
mkeo	**mke + wako**	your wife
mkewe	**mke + wake**	his wife
mamangu	**mama + yangu**	my mother
mamako	**mama + yako**	your mother
mamake/mamaye	**mama + yake**	his/her mother
mamaetu	**mama + yetu**	our mother
mamaenu	**mama + yenu**	your (*pl.*) mother
babangu	**baba + yangu**	my father
babako	**baba + yako**	your father
babake/babaye	**baba + yake**	his/her father
babaetu	**baba + yetu**	our father
babaenu	**baba + yenu**	your (*pl.*) father
nduguyo	**ndugu + yako**	your sister/brother
nduguye	**ndugu + yake**	his/her sister/brother
nduguzo	**ndugu + zako**	your sisters/brothers
nduguze	**ndugu + zake**	his/her sisters/brothers
rafikiyo	**rafiki + yako**	your friend
rafikiye	**rafiki + yake**	his/her friend
rafikizo	**rafiki + zako**	your friends
rafikize	**rafiki + zake**	his/her friends

Other family members

kaka	older brother (**kaka**, brother, and **dada**, sister, are used playfully and colloquially as terms of endearment by men and women)
mpwa	niece/nephew (**mpwa wa kike/mpwa wa kiume**)
baba wa kambo	stepfather
mama wa kambo	stepmother (**mama**, mother, is used to address an older woman respectfully)
baba mkwe	father-in-law
mama mkwe	mother-in-law
amu/ami	paternal uncle, father's brother
shangazi	paternal aunt, father's sister
baba mdogo (bamdogo)	paternal uncle, younger brother of the father
baba mkubwa (bamkubwa)	paternal uncle, older brother of the father
mama mdogo (mamdogo)	maternal aunt, younger sister of the mother
mama mkubwa (mamkubwa)	maternal aunt, older sister of the mother
mtoto wa ami/ binamu	cousin (*lit.* child of paternal uncle)

Exercise 7

Translate into Swahili:

1 My brother
2 Her sisters
3 Our children
4 My father
5 His mother
6 His elder brother
7 Her elder sister
8 His maternal uncle
9 My child
10 A girl-child
11 A boy-child
12 A girl
13 Our boys
14 His grandmother
15 Her grandfather

Exercise 8

Match the people in column A with their opposite in column B.

E.g. **Mama   Baba**

A	B
Mtoto wa kiume	Bibi
Dada	Bamdogo
Mama	Mvulana
Mume	Wavulana
Msichana	Kaka
Mamdogo	Baba
Babu	Mtoto wa kike
Wasichana	Mke

4 Kusafiri

Travelling

In this unit you will learn:

- the future tense **-ta-**
- how to travel by train
- how to ask/say the time and date in Swahili
- how to describe periods of the day/week
- the object concord

Dialogue 1

Leo and Victoria are at the booking office at the TAZARA Railway Station to buy some tickets for their journey

1 What time of the year do they wish to travel?
2 How many tickets do they want to buy?

LEO:	(*To the clerk at the station booking office*): Shikamoo!
KARANI:	Marahaba!
LEO:	Habari za asubuhi?
KARANI:	Salama tu. Karibuni!
LEO AND VICTORIA:	Asante.
LEO:	Tunataka kusafiri kwenda Zambia.
KARANI:	Mtakwenda lini?
LEO:	Tutakwenda wakati wa Pasaka, mwezi wa nne.
KARANI:	Mnataka kukata tiketi ngapi?
LEO:	Tunataka kukata tiketi nne, lakini hatuna pesa leo. Tutarudi na pesa kesho au Jumanne.
LEO:	(To the clerk at the station booking office): *My respects!*

CLERK: *Your respects are most welcome!*

LEO: *How's the morning?*

CLERK: *Just peaceful. Welcome!*

LEO AND
  VICTORIA: *Thanks.*

LEO: *We want to travel to Zambia.*

CLERK: *When will you be going?*

LEO: *We'll go during Easter, in April.*

CLERK: *How many tickets do you want to buy?*

LEO: *We want to buy four tickets. However, we don't have any money today. We'll return with some money tomorrow or on Tuesday.*

Vocabulary

TAZARA	TAnzania–ZAmbia RAilway
karani	clerk
-safiri	travel (**kusafiri**, to travel)
wakati	time
Pasaka	Easter
mwezi	month (*also* moon)
wa nne	fourth (of month, *lit.* of four)

-kata	cut (*idiomatic:* **-kata tiketi**, buy tickets)
-ngapi?	how much?/many? (*in reference to* **tiketi**)
pesa	money
leo	today
-rudi	return, come back
kesho	tomorrow
Jumanne	Tuesday

Language use

Days of the week

Jumamosi	Saturday (*lit.* first day)
Jumapili	Sunday (*lit.* second day)
Jumatatu	Monday (*lit.* third day)
Jumanne	Tuesday (*lit.* fourth day)
Jumatano	Wednesday (*lit.* fifth day)
Alhamisi	Thursday (*also* **Alhamis**)
Ijumaa	Friday

Months of the year

Januari	*or*	**Mwezi wa Kwanza** (*lit.* first month)	January
Februari	*or*	**Mwezi wa Pili**	February
Machi	*or*	**Mwezi wa Tatu**	March
Aprili	*or*	**Mwezi wa Nne**	April
Mei	*or*	**Mwezi wa Tano**	May
Juni	*or*	**Mwezi wa Sita**	June
Julai	*or*	**Mwezi wa Saba**	July
Agosti	*or*	**Mwezi wa Nane**	August
Septemba	*or*	**Mwezi wa Tisa**	September
Oktoba	*or*	**Mwezi wa Kumi**	October
Novemba	*or*	**Mwezi wa Kumi na Moja**	November
Desemba (*also* **Disemba**)	*or*	**Mwezi wa Kumi na Mbili**	December

Language structure

The future tense

When talking about events in the future, the tense marker **-ta-** is used. As usual, it is combined with the subject concord and the verb stem. Monosyllabic verbs take the stem marker **-ku-**:

Subject concord	Tense marker	Verb stem	
ni	**ta**	**kwenda**	**nitakwenda** (I will go)
m	**ta**	**soma**	**mtasoma** (you (*pl.*) will read/ study)
i	**ta**	**fika**	**itafika** (it will arrive (*of an inanimate N-class noun such as* **treni**))

The corresponding negative future tense is formed with the negative marker:

Negative marker	Subject concord	Tense marker	Verb stem	
ha	**tu**	**ta**	**kwenda**	**hatutakwenda** (we will not go)
h	**u**	**ta**	**soma**	**hutasoma** (you (*sing.*) will not read/study)
	si	**ta**	**safiri**	**sitasafiri** (I will not travel)
ha	**zi**	**ta**	**fika**	**hazitafika** (they will not arrive (*of an inanimate N-class plural noun*))

Exercise 1

Translate the following sentences into English:

1 Tunataka kwenda Zambia kwa treni.
2 Hamtakwenda Malawi?

3 Hatutakwenda Malawi.
4 Je, utarudi?
5 Sitarudi mimi. Bwana Leo atarudi kesho.

Exercise 2

You have planned a trip to Mombasa, travelling by train. You will leave on Wednesday and return on Friday. Today, Monday, you meet Amos on the bus. He asks you the following questions which you duly, in Swahili, answer:

1 Bibi/Bwana! Habari yako?
2 Je, utakwenda Nairobi?
3 Utakwenda kesho?
4 Utarudi lini?
5 Haya safari njema!

Dialogue 2

Before completing their travel arrangements the students decide to seek additional information

1 The students ask for tickets for which class of travel?
2 What is the price for each of these tickets?
3 What days of the week does the train not run?

LEO:	Tiketi ni bei gani?
KARANI:	Bei ya tiketi ya daraja la kwanza ni shilingi elfu thelathini na tatu, na bei ya tiketi ya daraja la pili ni shilingi elfu ishirini na tano. Mnataka tiketi za daraja gani?
LEO:	Tunataka tiketi za daraja la pili. Je, treni itaondoka lini?
KARANI:	Siku za Jumatatu, Alhamisi na Jumamosi, treni itaondoka saa tano kamili asubuhi. Siku za Jumanne na Ijumaa, treni itaondoka saa kumi na moja kasoro dakika tano jioni.
VICTORIA:	Safari hii itachukua muda gani?
KARANI:	Itachukua muda wa masaa arobaini na mawili hivi.
VICTORIA:	Loh! Ni safari ndefu sana!

LEO:	*What price are the tickets?*
CLERK:	*The price for a first-class ticket is thirty-three thousand shillings and the price for a second-class ticket is twenty-five thousand shillings. What class of tickets do you require?*
LEO:	*We want second-class tickets. When will the train leave?*
CLERK:	*On Mondays, Thursdays and Saturdays, the train will depart at precisely eleven o'clock in the morning. On Tuesdays and Fridays, the train will depart at five minutes to five in the evening.*
VICTORIA:	*How long will this journey take?*
CLERK:	*It will take about forty-two hours.*
VICTORIA:	*Gosh! It's a very long journey!*

Vocabulary

bei	price
gani?	what?, what sort of?, which?
daraja	rank, position, class
kwanza	first, firstly
pili	second, secondly, next
-ondoka	leave, depart
siku	day(s)
saa	hour(s), clock(s), watch(es)
kamili	exactly (perfect(ly), complete(ly))
kasoro	less (minus)
dakika	minute(s)
jioni	evening
safari	journey(s), (occasion(s), time(s))
muda	time, period of time, a while
masaa	hours (*pl.*)
Loh!	expression of surprise
ndefu	(*adj.*) long, tall (*in reference to* **safari**)

Exercise 3

Translate the following Swahili sentences into English:

1 Tutakwenda Kenya.
2 Mtaondoka leo?

3 Hapana, hatutaondoka leo. Tutaondoka mwezi wa tatu.
4 Mtakata tiketi ngapi?
5 Tutakata tiketi nne.

Language points

Time

The Swahili day runs from dawn to sunset, i.e. 7 a.m. to 6 p.m. and then from sunset to dawn, i.e., 7 p.m. to 6 a.m.; not from midnight to midday. The Swahili numbering of the hours is in accordance with twelve hours of daylight and twelve hours of darkness; thus the Swahili day starts after the first hour of sunrise **saa moja** (7 a.m.), the second **saa mbili** (8 a.m.) and so on. It is the same with the hours of darkness: thus the night begins after the first hour after sunset **saa moja** (7 p.m.), **saa mbili** (8 p.m.), **saa tatu** (9 p.m.), and so on. In other words there is a six-hour time difference between what is shown on the Swahili clock and what is known as 'standard time': 12 o'clock standard time is 6 o'clock on the Swahili clock. From the standard time system Swahili time can be calculated in the following manner:

1 From 7 a.m. to 12 noon, and from 7 p.m. to midnight, subtract 6 from the standard time to get the corresponding Swahili time.

   e.g. $7 - 6 = 1$ **saa moja**

   $8 - 6 = 2$ **saa mbili**

   $9 - 6 = 3$ **saa tatu**, etc.

2 From 1 p.m. to 6 p.m., and from 1 a.m. to 6 a.m., add 6 to get the Swahili time.

   e.g. $1 + 6 = 7$ **saa saba**

   $2 + 6 = 8$ **saa nane**

   $3 + 6 = 9$ **saa tisa**

You may find it easier to note that Swahili time is the number on the clock face opposite standard time, e.g. 1 is opposite 7, 2 is opposite 8, etc.

Exercise 4

Give the Swahili times shown by these clocks:

(a)   (b)   (c)

(d)   (e)   (f)

Language use

Asking the time

Saa ngapi?	What's the time? (*lit.* How many hours?)
Ni saa ngapi?	What's the time? (*lit.* It is how many hours?)
Saa ngapi sasa? *or*	
Sasa ni saa ngapi?	What time is it now?
Ni saa ...	The time is ...
Sasa ni saa ...	The time now is ...
Sasa ni saa moja usiku.	The time now is seven o'clock in the evening.
Sasa ni saa sita mchana.	The time now is twelve o'clock in the daytime (noon).

Asking the date

Leo ni tarehe gani?
What is the date today? (*lit.* Today is which date?)

Leo ni tarehe ngapi?
What is the date today? (*lit.* Today is how many dates?)

Leo ni tarehe . . .
Today's date is . . .

**Leo ni tarehe kumi na sita, mwezi wa kumi na moja
(/mwezi wa Novemba)**
Today is the sixteenth of November

Periods of the day

alfajiri	dawn (Muslim First Prayer) (about 4 a.m.)
asubuhi	morning (6 a.m. to 10 a.m.)
mchana	daytime (11 a.m. to 4 p.m.)
adhuhuri	noon (noon to 2 p.m.)
alasiri	late afternoon (3 p.m. to 5 p.m.)
magharibi	sunset (*also means* west)
jioni	evening (5 p.m. to 8 p.m.)
usiku	night (*also means* at night)
siku	day (24 hours)
kutwa	all day (the whole day)
kucha	all night (the whole night)

Exercise 5

Read the passage below and replace the European time shown in the brackets with the appropriate Swahili time, including the period of the day. For example:

Treni itaondoka Dar es Salaam saa (*6 a.m.*) kufika Pugu saa (*11 a.m.*).

Treni itaondoka Dar es Salaam saa *kumi na mbili asubuhi* kufika Pugu saa *tano mchana.*

(6 a.m.) is during the morning period **asubuhi** (i.e. from 6 a.m. to 10 a.m.).

(11 a.m.) is during the daytime period **mchana** (i.e. from 11 a.m. to 4 p.m.).

Safari za familia

Leo ni tarehe kumi na tano Juni. Bwana na Bibi Ali pamoja na watoto wao, Rashid na Rehema, wataondoka Tanzania kwenda Uingereza. Watasafiri kwa ndege kutoka Dar es Salaam mpaka Maskat, halafu watasafiri kwa ndege nyingine kwenda London. Ndege itaondoka saa (*3 p.m.*). Itafika Maskat saa (*8 p.m.*). Ndege ya pili itaondoka Maskat saa (*11 p.m.*). Watasafiri usiku kucha na kufika London saa (*6 a.m.*).

Language use

Times of the week

leo	today
jana	yesterday
juzi	day before yesterday, recently
juzijuzi	the other day
zamani	long time ago
kesho	tomorrow
kesho kutwa	day after tomorrow (*also* **keshokutwa**)

Hours, minutes, seconds

saa	hour(s), clock(s), watch(es)
masaa	(*pl.*) many hours
dakika	minute(s)
sekunde	second(s)
robo	quarter
nusu	half
kasoro	less
kasorobo	less a quarter (*cf.* **kasoro robo**; *also* **kasrobo, kasarobo**)
saa tano na nusu	half past eleven (*alternatively* **saa tano u nusu**)

saa tatu na robo	quarter past nine
saa tatu kasorobo	quarter to nine
saa kumi na moja	seven minutes past five
na dakika saba	

Exercise 6

Write in English:

1 Treni kutoka Dodoma itafika saa moja na nusu jioni.
2 Treni kwenda Mbeya itaondoka saa saba kasorobo mchana.
3 Treni kutoka Tabora itafika saa tatu na dakika tano usiku.
4 Treni kwenda Morogoro itaondoka saa nne kasoro dakika kumi asubuhi.
5 Treni kutoka Moshi imeshafika saa moja na nusu asubuhi.

Exercise 7

Your turn to be at the booking office. You and a friend want to buy rail tickets to go to Tanga. Below is a dialogue between the station clerk and yourselves. Translate the dialogue into Swahili:

YOU:	How are you this morning?
CLERK:	Just fine. You are welcome.
YOUR FRIEND:	Thanks. We want to go to Tanga. What price are the tickets?
CLERK:	The price for a first-class ticket is five hundred shillings. How many tickets do you want?
YOUR FRIEND:	We want two tickets.
CLERK:	The price is one thousand shillings.
YOU:	What time will the train leave?
CLERK:	The train will leave at 10 o'clock in the morning.
YOU AND FRIEND:	Thank you. Goodbye.
CLERK:	Goodbye. Have a nice trip!
YOU AND FRIEND:	Thanks a lot.

Exercise 8

Write the times below in Swahili time:

1 9 a.m.; 10 a.m.; 11 a.m.; 3 p.m.; 4 p.m.; 5 p.m.
2 1.30, 2.45, 7.15
3 1 hour, 2 minutes and 3 seconds

Dialogue 3

Leo and Victoria are now discussing travel arrangements with fellow students, Subira and Trevor, who will accompany them on the journey

1 The students will visit how many countries and in what order?
2 Approximately how long will the journey take?
3 Who offers to take the passports to the embassy?

TREVOR: Je, treni ina behewa la kulia chakula?
VICTORIA: Ndiyo, ina behewa la kulia chakula.
SUBIRA: Katika safari yetu, tutapitia nchi ngapi?
LEO: Tutapitia nchi nne: ya kwanza Zambia, ya pili Zimbabwe, halafu tutapita Msumbiji bila ya kusimama kuelekea Malawi. Baada ya kukaa Malawi, tutarudi Tanzania. Safari nzima itachukua muda wa karibu wiki nne.
TREVOR: Bila shaka safari kama hiyo itatupa elimu zaidi kuhusu mambo ya Afrika Mashariki.
LEO: Kuingia nchi hizo tutahitaji viza. Tutaweza kupata viza kwenye ubalozi. Kesho nitazichukua pasi kwenye ubalozi.
VICTORIA: Haya, tutakupa pasi.
TREVOR: Mimi ni Mkanada, kwa hiyo nina pasi ya Kanada.
SUBIRA: Nilizaliwa Kenya, kwa hiyo pasi yangu ni ya Kenya. Bibi Victoria, una utaifa gani?
VICTORIA: Mimi ni Mghana. Nina pasi ya Ghana. Bwana Leo, una utaifa gani?
LEO: Taifa langu ni Uingereza. Basi! Kanada, Kenya, Ghana na Uingereza sisi sote tunasafiri pamoja. Tutajiita 'Umoja wa Mataifa!'

TREVOR: *Does the train have a dining car?*
VICTORIA: *Yes, it has a dining car.*
SUBIRA: *How many countries will we visit during our trip?*
LEO: *We'll visit four countries: the first, Zambia, the second, Zimbabwe, and then we will pass non-stop through Mozambique on to Malawi. After staying in Malawi, we'll return to Tanzania. The complete journey will take a period of nearly four weeks.*
TREVOR: *Without doubt a trip like this will give us more knowledge about East Africa.*

LEO: *To enter these countries we'll need visas. We will be able to get the visas at the embassy. Tomorrow I'll take the passports to the embassy.*

VICTORIA: *Okay, we'll give you the passports.*

TREVOR: *I'm Canadian, so I have a Canadian passport.*

SUBIRA: *I was born in Kenya, so my passport is Kenyan. Miss Victoria, what nationality are you?*

VICTORIA: *I'm Ghanaian. I have a Ghanaian passport. Mister Leo, what is your nationality?*

LEO: *My nationality is British. Well then! Canada, Kenya, Ghana and England, all of us travelling together. We shall call ourselves the 'United Nations!'*

Vocabulary

behewa	train compartment or carriage
-lia	eat with or in (*cf.* **-la**, eat)
chakula	food (*so,* **behewa la kulia chakula**, carriage for eating food in)
-pitia	pass by/at/near, pay a passing visit
nchi	country(ies)
bila (ya)	without
-simama	stop, stand, stand up
-elekea	be headed for/going to, be facing (seem, appear, feel inclined)
karibu	nearly, near, nearby (**karibu na**, near to) (*cf.* **Karibu!** Welcome!)
shaka	doubt (**bila shaka**, without doubt. **Hapana shaka** *is sometimes heard, meaning* 'No doubt')
-pa	give (*used either with the stem marker* **ku-**, *or with an object concord, discussed in Language structure below*)
elimu	education
-ingia	enter
-hitaji	need
viza	visa(s)
-pata	get
ubalozi	embassy
-chukua	carry, take away
pasi	passport(s)
utaifa	nationhood
taifa	nation (*pl.* **mataifa**)

sisi sote	all of us
Umoja wa	the United Nations
Mataifa	

Language structure

The JI-MA noun class

Taifa and **behewa** are, like **jina**, **neno**, and **jambo**, encountered in Unit 1, nouns belonging to the JI-MA noun class. The plural nominal prefix is **ma-**, so that nouns in this class in the plural begin with **ma-**, as for example **mabehewa**, 'carriages' and **mataifa**, 'countries'. However, not all singular nouns in this class begin in **ji-** (as one would expect from the name of the class). In fact, only a few nouns do – mostly those with monosyllabic stems, that is nouns which consist of one syllable only if the nominal prefix is subtracted.

Singular	*Plural*	
behewa	**mabehewa**	carriage
neno	**maneno**	word
taifa	**mataifa**	nation, nationality
yai	**mayai**	egg
jicho	**macho**	eye

With some nouns, the plural becomes **me-**, when the vowels **a** and **i** fuse together to form **e**:

jino	**meno**	tooth
jiko	**meko**	stove, kitchen

These slightly irregular pairs also belong here:

jina	**majina**	name
jambo	**mambo**	matter

Some JI-MA nouns do not have a singular, they are only found in the plural:

maziwa	milk
mafuta	oil
maji	water

The possessive concord of the JI-MA class is of course **l-** and **y-**, already familiar from Unit 1. The concord for this class is **li-** in the singular and **ya-** in the plural.

Behewa *l*angu *l*inapendeza.
My carriage is pleasant.

Mabehewa *y*angu *y*anapendeza.
My carriages are pleasant.

Yai *l*iko wapi?
Where is the egg?

Mayai *y*ako jikoni.
The eggs are in the kitchen.

Language structure

The object concord

By now you have become quite familiar with the subject concord, which indicates which participant, person, or thing is the subject of the verb. The participant, person, or thing towards which an action is directed is called the object, and the object can be expressed in Swahili by the object concord, which precedes the verb stem:

Subject concord	Tense	Object concord	Verb stem	
ni	**ta**	**zi**	**chukua**	**nita*z*ichukua** I will carry them (*of an inanimate N-class plural noun*)
tu	**ta**	**ku**	**pa**	**tuta*ku*pa** we will give you (*sing.*)

As can be seen from the examples above, the object concord follows the tense marker and precedes the verbal base. When the object is a participant or human, the object concord is generally used, while for non-human objects, the object concord is possible, but not necessary.

The object concords for participants are given below:

ni	me	**tu**		us
ku	you (*sing.*)	**ku . . . ni**		you (*pl.*)
		or **wa . . . ni**		
		or just **wa**		

For example with the verb **-ona**, 'see':

ali*ni*ona	he saw me
wali*tu*ona	they saw us
nita*ku*ona	I will see you (*sing.*)
nita*ku*one*ni*	I will see (*each of*) you (*pl.*)
nita*wa*one*ni*	I will see (*all of*) you (*pl.*)
nita*wa*ona	I will see (*all of*) you (*pl.*)

The post-final **-ni** changes the final vowel (which is now strictly speaking no longer final) from **-a** to **-e-**. This is the same **-ni** as we have seen in Unit 1 in **Asanteni**. There are three forms for the object concord for 'you (*pl.*)'. The first one, **ku . . . ni**, is more often used to refer to individuals in a group, while the second one, **wa . . . ni**, often refers to the group as a whole. The third one is identical to the plural object concord of the M-WA class:

nita*wa*ona	*can mean*	I will see (*all of*) you (*pl.*)
		or I will see them.

For these forms, the context makes clear what is meant.

For the singular of the M-WA class, the object concord is **-m-** (or, when followed by a vowel, **-mw-**); for all other classes, the concord is used, so that the object concord has the same shape as the subject concord. The object concord can be used with all tenses:

Nili*mw*ona mwenzangu.
I saw my friend.

Nita*zi*kata tiketi hizi.
I will buy these tickets.

Uta*mw*oa Mzambia mzuri.
You will marry a beautiful Zambian.

Hawaja*mw*ita.
They have not yet called her/him.

Mme*ya*kumbuka.
You (*pl.*) have remembered them (*of a JI-MA plural noun*).

A special object concord **-ji-** exists for reflexive meanings, where an action is performed by somebody with reference to themselves:

Tuta*ji*ita Umoja wa Mataifa.
We will call ourselves United Nations.

Ali*ji*kata.
S/he cut herself/himself.

When used with monosyllabic verbs, the object concord replaces the stem marker:

Niliz*i*la.
I ate them (*of an N-class noun*).

Watay*a*nywa.
They will drink them (*of an JI-MA noun*).

Ana*m*pa habari.
He/she is giving him/her news.

Exercise 9

Put the correct object marker into the gap in the sentences. Object markers: **zi**, **li**, **i**, **m**, **wa**:

1 Asha ali__kata tiketi moja.
2 Nita__pata habari za ubalozi kesho.
3 Je, ume__ona watoto?
4 Wanafunzi wame__pa Amos pasi zao.
5 Asha ali__ona behewa la kulia.

Exercise 10

1 How do you ask someone the time?
2 How do you ask someone the date?
3 How do you say the time is 3:25 p.m.?
4 How do you say the date is Tuesday, 18 January?

Exercise 11

Write in English:

Ninakaa Marekani. Leo ninakwenda kukata tiketi ya kusafiri kwa ndege. Ninataka kwenda Afrika. Zamani baba yangu alikwenda Afrika. Alikwenda Uganda na Kenya. Jana nilipata viza yangu kwenda Tanzania. Kesho nitakwenda kwa baba yangu kupata habari zake kuhusu kusafiri Afrika. Ndege itaondoka kesho kutwa.

Reading

TAZARA

TAZARA ni reli kuu ya kuunganisha Dar es Salaam (Tanzania) na Kapiri Mposhi (Zambia), kupitia mpaka wa Tanzania–Zambia kati ya Tunduma na Nakonde. TAZARA inapitia sehemu ya mbuga ya wanyama ya Selous. Njia hiyo ya reli ilijengwa na Jamhuri ya Watu wa China katika miaka ya sitini. Vilevile kulikuwa na ujenzi wa stesheni mia moja na arobaini na saba, zaidi ya daraja mia tatu na mashimo ya kupenya ndani ishirini na matatu. Njia hiyo ya reli ni njia muhimu kuliko zote kwa nchi ya Zambia kufika pwani.

Vocabulary

reli	railway, rails
kuu	great, big, important
-unganisha	merge, connect, link
mipaka	borders (*sing.* **mpaka**)
kati ya	(in) between
njia	road
-jengwa	be built
jamhuri	republic
ujenzi	building construction, architecture
daraja	bridge(s)
mashimo	holes, pits, cavities (*sing.* **shimo**)
-penya	penetrate (**mashimo ya kupenya ndani**, tunnels *lit.* holes of penetrating inside)
pwani	coast

5 Safarini

On the move

In this unit you will learn:

- how to make requests
- how to order food and drink
- how to give orders using the imperative form of the verb
- how to express wishes or desirable states using the optative form of the verb
- adjectives
- how to say you are hungry/thirsty/satisfied

Dialogue 1

Leo and Subira are in the dining-car, ordering their evening meal

1 What type of fish is on the menu?
2 Leo asks for a food item that was not listed by the waiter. What is that food item?

MHUDUMU:	Hamjambo?
LEO AND SUBIRA:	Hatujambo.
MHUDUMU:	Karibuni!
LEO AND SUBIRA:	Asante!
MHUDUMU:	Mnataka chakula gani?
SUBIRA:	Sijaiona orodha ya vyakula. Kuna chakula gani?
MHUDUMU:	Kuna wali na maharagwe, wali na kuku, wali na nyama, chipsi na kuku, chipsi na mayai, ugali na nyama.
LEO:	Ndizi zipo?
MHUDUMU:	Zipo.
LEO:	Naomba ndizi na nyama.

SUBIRA:	Kuna samaki?
MHUDUMU:	Hakuna. Kuna nyama na kuku tu.
SUBIRA:	Tafadhali nipe chipsi na kuku.
MHUDUMU:	Nilete vinywaji?
LEO:	Ndiyo. Kuna vinywaji gani?
MHUDUMU:	Kuna chai, kahawa, soda, na pombe.
SUBIRA:	Kuna soda gani?
MHUDUMU:	Kuna 'coke', 'fanta', 'sprite' na tangawizi.
SUBIRA:	Tafadhali lete coke.
LEO:	Naomba chai ya rangi.

WAITER:	*How are you?*
STUDENTS:	*We are well.*
WAITER:	*Welcome!*
STUDENTS:	*Thanks!*
WAITER:	*What food do you want?*
SUBIRA:	*I haven't seen the menu. What sort of food is there?*
WAITER:	*There's rice and beans, chicken and rice, meat and rice, chicken and chips, egg and chips, meat and 'ugali'.*
LEO:	*Are there any bananas?*
WAITER:	*Yes there are.*
LEO:	*I'd like meat and bananas.*
SUBIRA:	*Is there any fish?*
WAITER:	*There isn't any. There's just meat and chicken.*
SUBIRA:	*Please give me chicken and chips.*
WAITER:	*Should I bring some drinks?*
VICTORIA:	*Yes. What drinks are there?*
WAITER:	*There's tea, coffee, soda and beer.*
SUBIRA:	*What soft drinks do you have?*
WAITER:	*There's coke, fanta, sprite and 'tangawizi'.*
SUBIRA:	*Please bring a coke.*
LEO:	*I would like a black tea.*

Vocabulary

mhudumu	waiter, attendant
chakula	food (*pl.* **vyakula**)
-ona	see
orodha	list, catalogue (**orodha ya vyakula**, menu)
wali	cooked rice

maharagwe	beans (*sing.* **haragwe**)
kuku	chicken(s)
nyama	meat
ugali	cooked maize meal
ndizi	banana(s) (savoury or sweet)
-omba	ask for, request, plea, pray for
samaki	fish(es)
tafadhali	please
-leta	bring
vinywaji	drinks, beverages
chai	tea (**chai ya rangi**, *lit.* 'tea of colour', i.e. tea without milk)
kahawa	coffee
pombe	beer
tangawizi	ginger, ginger tea, ginger beer

Language use

Making orders and requests

-omba	ask for, (beg, pray (for), appeal (to))
-agiza	order
Naomba msaada	I'd like some assistance
Naomba radhi	I beg forgiveness, I apologize
Naagiza chakula	I'd like some food
Naagiza kinywaji	I'd like a drink
tafadhali	please
Tafadhali nipe kinywaji	Please give me a drink
Tafadhali lete chakula	Please bring some food

Exercise 1

Translate:

1 Je, unaomba msaada?
2 Msichana anaagiza kinywaji.
3 Sisi tunaomba orodha ya vyakula.
4 Je, mnaagiza vyakula gani?
5 Watalii wote wanaagiza chai.

Exercise 2

Write these questions and requests in Swahili:

1 I would like a drink.
2 Please bring a soda.
3 We would like some tea.
4 Do you (*pl.*) want some fruit?
5 The tourist would like a pen (**kalamu**) and paper (**karatasi**).
6 Do you want a newspaper (**gazeti**)?

Exercise 3

The verbs in column A are the opposites of those in B. Which verb in A is the opposite of the one in B?

A	B
-ondoka	-rudiana
-ingia	-chukua
-tengana	-simama
-kaa	-toka
-leta	-rudi
-kwenda	-fika

Language structure

Orders and the imperative form of the verb

In Swahili orders are given by using the *imperative* form of the verb, which is the verb stem or, in the case of monosyllabic verbs, the verb plus stem marker:

Soma!	Read!
Chukua!	Take!
Ondoka!	Leave!
Kumbuka!	Remember!
Sahau!	Forget!
Kula!	Eat!
Kunywa!	Drink!

There are three irregular forms:

Njoo!	Come!	(*from* **kuja**)
Nenda!	Go!	(*from* **kwenda**)
Lete!	Bring!	(*from* **leta**)

When addressing many people, the *plural* form of the imperative is made by adding **-ni** (remember **Asanteni**?) to the singular form and changing final **-a** into **-e-**:

Someni!	Read!
Chukueni!	Take!
Ondokeni!	Leave!
Kumbukeni!	Remember!
Sahauni!	Forget!
Kuleni!	Eat!
Kunyweni!	Drink!

Njooni!	Come!	(*often spelt* **njoni**)
Nendeni!	Go!	
Leteni!	Bring!	

Exercise 4

Translate into Swahili:

1 Come!
2 Go to school!
3 Drink some tea!
4 Order some coffee!
5 Eat!

Language structure

Wishes and the optative form of the verb

The *optative* form of the verb is used to express wishes or desirable states. You form the optative by using the verb stem, changing the final **-a** to **-e**, and placing the appropriate participant marker or subject concord before it:

Subject concord	Verbal base	Final	
ni	**som**	e	that I may/should read
wa	**chuku**	e	that they may/should take
ya	**jengw**	e	that they (*of a JI-MA class noun*) may/should be built

Like other tenses, the optative can be used with the object concord:

Subject concord	Object concord	Verbal base	Final	
a	**mw**	**on**	e	that s/he may see him/her

In contrast to the imperative, monosyllabic verbs do not take the stem marker in the optative:

Subject concord	Verbal base	Final	
ni	**l**	e	so that I may/should eat
a	**l**	e	so that he may/should eat

The optative form is used very frequently, and may have a range of meanings as the examples below illustrate.

It is used for polite requests, rather than the imperative. In this use, the subject concord can be left out:

Tafadhali usome orodha, *or* **Tafadhali some orodha.**
Please read the list.

It is used for commands which involve an object marker:

Umwite! *or* **Mwite!**	Call him/her!
Isome!	Read it (e.g. **orodha**)!
Nipe!	Give me!

It is used to express intention or purpose:

Alileta pasi tuichukue ubalozi.
She brought her passport so that we could take it to the embassy.

Walitupa viza tuingie.
They gave us visas so that we could enter.

Waite nisome nao.
Call them so that I may study with them.

After some verbs of saying, e.g. **kuambia** (to tell), **kusema** (to say):

Aliniambia nije.
She told me to come.

Je, walisema twende leo?
Did they say we should go today?

After 'modal' words, expressing that something is better or necessary, such as the following:

Afadhali **twende kwa basi.**
It is better that we go by bus.

Lazima **waende nyumbani.**
They must go home.

Heri **niende sasa.**
I'd better go now.

Inabidi **tukate tiketi.**
We have to buy tickets.

The *negative optative* is formed by placing the negation marker **-si-** after the participant marker or subject concord:

niende	I should go	**nisiende**	I shouldn't go
uende	you should go	**usiende**	you shouldn't go
mwende	you *(pl.)* should go	**msiende**	you *(pl.)* shouldn't go

Usisahau	Don't forget!
Msikumbuke	Don't remember (you all)!

Exercise 5

Replace the Swahili words written in the brackets with English.

The students who were without pens, [**mwalimu wao waliwaambia waende**] her office. Whilst in the office, the teacher searched inside her desk and later found some pens. Then [**aliwapa kalamu**]. The students took the pens and thanked her. She told them that [**lazima warudi darasani**] immediately as they had to finish their written test before the end of the class period. In the classroom one of the students told the teacher that her friend was too afraid to return to the class because she was afraid of taking the written test. The teacher said, [**'Mwite nimwone.'**] When the girl returned to the class the teacher calmed her down and said, [**'Afadhali ufanye**] the test today because the next test may be even more difficult.' The student wrote her test and passed.

Exercise 6

Translate these sentences into English:

1 Nenda nyumbani. Mwite kaka yako. Mwambie aje hapa.
2 Njooni shuleni kila siku. Msisahau.
3 Afadhali twende nyumbani.
4 Waambie wasiende. Lazima wakae hapa.
5 Usile mayai yangu! Kula yako!

Dialogue 2

Travelling on from Zimbabwe, the rest of the journey is completed on the road. After passing through Mozambique, the students have a short stay in Lilongwe, the capital of Malawi, then later they spend the last few remaining days resting by the lake at Nkata Bay. From there they take a bus to Karonga and then hitch a lift to the Malawi–Tanzania border. Leo and Victoria have already been questioned by an Immigration Official, now it's Subira and Trevor's turn

1 What does Subira say she is doing in Tanzania?
2 How many countries in East Africa has Trevor been to?

OFISA UHAMIAJI:	(*After checking Subira's passport*) Karibu tena Tanzania.
SUBIRA:	Asante! Shikamoo!
OFISA UHAMIAJI:	Marahaba! Je, unafanya nini hapa Tanzania?
SUBIRA:	Mimi ni mwanafunzi wa Chuo Kikuu cha Dar es Salaam.
OFISA UHAMIAJI:	Kabla ya kurudi Tanzania, umekwenda wapi?
SUBIRA:	Nimekwenda Zambia, Zimbabwe, Malawi na Msumbiji kabla ya kurudi hapa Tanzania.
OFISA UHAMIAJI:	Habari za huko?
SUBIRA:	Safi tu! Zambia ni nchi kubwa. Mji mkuu wa Zimbabwe, Harare, una majumba mapya mengi. Malawi ni nchi ndogo, lakini ina ziwa kubwa. Sijui habari za Msumbiji, tuliipita tu.

(*Now Trevor is being asked some questions*)

OFISA UHAMIAJI:	Je, unajua Kiswahili?
TREVOR:	Ndiyo bwana, ninajua Kiswahili.
OFISA UHAMIAJI:	Karibu!
TREVOR:	Asante!
OFISA UHAMIAJI:	Je, unafanya nini hapa Tanzania?
TREVOR:	Ninajifunza Kiswahili huko 'Mlimani'.
OFISA UHAMIAJI:	Je, unasafiri peke yako?
TREVOR:	La, ninasafiri pamoja na wanafunzi wenzangu.
OFISA UHAMIAJI:	Habari za safari?
TREVOR:	Njema. Sasa nimefika nchi tano za Afrika Mashariki; zote ni nzuri. Sasa ninataka kwenda nchi nyingine za Afrika Mashariki.

IMMIGRATION OFFICER:	(*After checking Subira's passport*) *Welcome again to Tanzania.*
SUBIRA:	*Thanks! My respects!*
IO:	*Respects welcome! What are you doing here in Tanzania?*
SUBIRA:	*I'm a student at the University of Dar es Salaam.*
IO:	*Prior to returning to Tanzania, where have you been?*
SUBIRA:	*I've been to Zambia, Zimbabwe, Malawi and Mozambique, before coming back to Tanzania.*
IO:	*What's it like over there?*
SUBIRA:	*Just great! Zambia is a big country. The capital city of Zimbabwe, Harare, has many new buildings. Malawi is a small country, but it has a big lake. I really don't know anything about Mozambique, we just passed through it.*

(Now Trevor is being asked some questions)

IO:	*Do you know Swahili?*
TREVOR:	*Yes sir, I know Swahili.*
IO:	*Welcome!*
TREVOR:	*Thanks!*
IO:	*What are you doing in Tanzania?*
TREVOR:	*I'm studying Swahili over there at the University.*
IO:	*Are you travelling by yourself?*
TREVOR:	*No, I'm travelling with some student companions.*
IO:	*How's the trip?*

TREVOR: *Good. Now I have gone to five East African countries, all are beautiful. Now I want to go to other countries in East Africa.*

Vocabulary

-kubwa	(*adj.*) big, large (important, elder, superior)
mji mkuu	capital city
majumba	buildings, mansions (*sing.* **jumba**)
mapya	(*adj.*) new (*in reference to* **majumba**, buildings)
mengi	many (*in reference to* **majumba**, buildings)
ndogo	(*adj.*) little, small (*in reference to* **nchi**, country)
ziwa	lake
-pita	pass (make a turn)
-jifunza	learn
peke yako	by yourself
nyingine	(*adj.*) some, another (*in reference to* **nchi nyingine za Afrika Mashariki**, other East African countries)

Language point

Mlimani literally means 'on the mountain/hill'. The University of Dar es Salaam is situated on Observation Hill outside the city centre, thus '**Mlimani**' is a nickname for the university.

Language structure

Adjectives

Like possessives and numbers, adjectives agree with the noun they refer to. In general, the adjective concord is the same as the nominal prefix which is found at the beginning of the word to show which class it belongs to. Adjectives usually express a quality or state of the noun they modify. Some adjective stems are given below:

-kubwa	big	**-dogo**	small
-pana	wide	**-embamba**	narrow, thin
-refu	tall, long	**-fupi**	short

-zuri	good, pretty	**-baya**	bad, ugly
-pya	new	**-gumu**	hard, difficult
-kuu	big, important		

These adjectival stems are used with nouns from the noun classes discussed so far as shown below:

M-WA

mtu mkubwa
a big man

watu wakubwa
big people

Mzambia mzuri
a beautiful Zambian

Wazambia wazuri
beautiful Zambians

N

treni kubwa
a big train

treni kubwa
big trains

habari fupi
a short news item

habari fupi
short news

But note:

rafiki mfupi
a short friend

rafiki wafupi
short friends

JI-MA

behewa kubwa
a big carriage

mabehewa makubwa
big carriages

jina zuri
a beautiful name

majina mazuri
beautiful names

As a general rule, the adjective stem takes a prefix whenever the noun takes a prefix, as for example in the M-WA class and the plural of the JI-MA class. On the other hand, there is no adjective agreement with those nouns which do not have a prefix: the N class and the singular of the JI-MA class.

Some exceptions to this pattern are found with (1) vowel initial stems, (2) the monosyllabic adjective stem **-pya**, and (3) with some adjective stems in the N class. Most exceptions are very similar to those also found with nouns.

Vowel initial stems

The first important exception concerns adjective stems beginning with a vowel. The most important of these stems are given below:

-ingine	other, different	**-ekundu**	red
-ingi	many	**-eupe**	white
-ema	good, well	**-eusi**	black
-embamba	narrow, thin		

The prefix changes due to the following vowel:

M-WA

mtu mwingine
a different man

watu wengine
other people

Mzambia mwembamba
a thin Zambian

Wazambia wembamba
thin Zambians

N

treni nyingine
a different train

treni nyingine
different trains

treni nyekundu a red train

treni nyekundu red trains

But:

habari njema
a good news item

habari njema
good news

JI-MA

behewa jingine
a different carriage

mabehewa mengine
different carriages

jina jema
a good name

majina mema
good names

The rules are that **m-** becomes **mw-**, **wa-** combines with **-i** or **-e** to form **we-**, N-class nouns take **ny-**, and JI-MA nouns take **j-** in the singular (sometimes **l-** is heard instead of **j-**), and have **me-** in the plural. Note the exception of **-ema** with N-class nouns: it is **njema**.

The stem -pya

The second exception is found with monosyllabic adjective stems. In classes where adjective stems do not normally take a prefix, some short (monosyllabic) stems do. Of the stems we have here, this exception affects only **-pya**, 'new' when agreeing with a singular JI-MA noun or with an N-class noun:

Jino jipya	a new tooth
Safari mpya	a new journey/new journeys

As can be seen from the examples, **-pya** takes a **ji-** prefix with JI-MA singular nouns, and an **m-** prefix in the N class.

Adjective stems in the N class

The third exception concerns only adjectives agreeing with N-class nouns. In the N class, stems beginning in **d**, **g**, **z**, or **r** take, in contrast to other stems, an **n-** prefix:

safari ndogo	a small journey
safari nzuri	a beautiful journey
safari ngumu	a hard, difficult journey
safari ndefu	a long journey (*from* **-refu**: **-r-** *changes to* **-d-**)

With all other stems, there is no adjective agreement in the N class (except, of course, for vowel initial stems and **mpya**).

A number of adjectives, mostly those which have entered the Swahili language more recently, do not agree with their head noun. For example, **buluu**, 'blue', **muhimu**, 'important', or **maalum**, 'special', are used with any noun without changes:

behewa buluu	blue carriage
mtu muhimu	important person
mwalimu buluu	blue teacher
treni maalum	special train

Exercise 7

Replace the adjective written in English in the passage below with the appropriate Swahili equivalent:

Wanafunzi *four* wanakwenda Zambia kwa treni. Treni hii ni *big* yenye mabehewa *many*. Rangi ya treni hiyo ni *red* na *white*. Ni safari *long*. Katika treni, Mzambia *tall* na mke wake *short* wanazungumza na wanafunzi. Wanafunzi wanapata habari *important* kuhusu nchi ya Zambia.

Exercise 8

Match the nouns in column A with the appropriate adjective in column B:

A	B
safari	weusi
jina	mweupe
mtu	jipya
mabehewa	ndefu
watu	nzuri
habari	mengi

Dialogue 3

Travelling on from the border, the bus to Dar es Salaam stops periodically at stations and refreshment centres. It is at these places where local people, mainly women and children, sell snacks and light refreshment to the bus travellers

1 What food items do the students buy?
2 How much does each item cost?
3 What does Subira do with the items she bought?

MWUZAJI WA 1:	Maandazi! Maandazi!
MWUZAJI WA 2:	Machungwa matamu hapa! Machungwa matamu hapa!
MWUZAJI WA 1:	Soda baridi! Soda baridi!
MWUZAJI WA 2:	Mifuko ya miwa! Mifuko ya miwa!
VICTORIA:	Naona njaa. Maandazi ni shilingi ngapi?
MWUZAJI WA 1:	Shilingi mia moja.
VICTORIA:	Naomba manne. Chukua pesa hizi, shilingi mia nne.
MWUZAJI WA 1:	Asante!
VICTORIA:	Je, machungwa haya ni matamu kweli?
MWUZAJI WA 2:	Ndiyo, ni matamu sana. Onja hili.
VICTORIA:	Mmm, ni tamu. Nipe sita basi. Bei gani?
MWUZAJI WA 2:	Sita ni shilingi mia tatu.
LEO:	Naona kiu. Kijana! Lete soda hapa!
MWUZAJI WA 1:	Unataka soda ngapi?
LEO:	Nataka nne. Baridi sana.

Mwuzaji wa 1:	Chukua hizi, zote baridi. Ni shilingi mia nane kwa jumla.
Leo:	Haya, shukrani.
	Je, mfuko mmoja wa miwa ni bei gani?
Mwuzaji wa 2:	Shilingi mia moja tu.
Leo:	Haya, lete moja. Asante!
	Subira, Trevor na Victoria chukueni soda.
Subira, Trevor and Victoria:	Asante!

Seller 1:	*Doughnuts! Doughnuts!*
Seller 2:	*Sweet oranges here! Sweet oranges here!*
Seller 1:	*Cold drinks! Cold drinks!*
Seller 2:	*Bags of sugarcane! Bags of sugarcane!*
Victoria:	*I feel hungry. How much are the doughnuts?*
Seller 1:	*A hundred shillings.*
Victoria:	*I want four. Take this money, four hundred shillings.*
Seller 1:	*Thanks!*
Victoria:	*Are these oranges really sweet?*
Seller 2	*Yes, they are very sweet. Taste this one.*
Victoria:	*Mmm, it is sweet. Well then, give me six. What's the price?*

SELLER 2:	*Six is three hundred shillings.*
LEO:	*I feel thirsty. Hey youth! Bring some soft drinks here!*
SELLER 1:	*How many drinks do you want?*
LEO:	*I want four. Very cold (ones).*
SELLER 1:	*Take these, all are cold. They are eight hundred shillings all together.*
LEO:	*OK, thanks. What price is one bag of sugarcane?*
SELLER 2:	*Only one hundred shillings.*
LEO:	*OK, bring one. Thanks! Subira, Trevor and Victoria, take a soda.*
SUBIRA, TREVOR AND VICTORIA:	*Thanks!*

Vocabulary

maandazi	doughnuts, pastries (*sing.* **andazi**)
baridi	(*adj.*) cold, cool (mild)
mifuko	bags, sacks (pockets, purses; *sing.* **mfuko**)
njaa	hunger (famine, starvation, **Naona njaa**, I feel hungry)
-onja	taste
kiu	thirst
kijana	youth (*pl.* **vijana**)
shukrani	thanks, gratitude

Language use

You feel hungry/thirsty/satisfied

-ona	see, feel
-sikia	hear, feel
Ninaona njaa, Ninasikia njaa Nina njaa	I feel hungry, I'm hungry
Naona kiu, ninasikia kiu	I feel thirsty, I'm thirsty
Nimeshiba	I'm satisfied, I've had enough food/drink, I'm full

Exercise 9

You have just entered a shop and you want to buy some goods. Here is a conversation that takes place between yourself and a shopkeeper. Answer by changing the English in the brackets into Swahili:

MWUZAJI: Karibu!
MIMI: Asante! [*I want some oranges and bananas.*]
MWUZAJI: Unataka machungwa mangapi na ndizi ngapi?
MIMI: Nataka [*twelve oranges and twelve bananas*].
MWUZAJI: Je, unataka vitu vingine?
MIMI: [*Yes*], nataka maji ya kunywa, soda, [*tea and coffee*].
MWUZAJI: [*What sort of soda do you want?*]
MIMI: [*Please give me one fanta and two sprite. How much is it?*]
MWUZAJI: [*The price is*] shilingi elfu moja na mia tisa [*in total*].
MIMI: [*Take this money.*] Asante!
MWUZAJI: [*OK*] Karibu tena. [*Goodbye!*]
MIMI: Kwaheri!

Reading

Jiografia ya Tanzania

Tanzania ni nchi kubwa; iko Afrika Mashariki. Nchi hiyo ipo kusini kidogo tu ya Mstari wa Ikweta. Katika mashariki ya nchi hiyo ipo Bahari ya Hindi. Nchi zilizo jirani na Tanzania ni Kenya, Uganda, Rwanda, Burundi, Jamhuri ya Demokrasia ya Kongo (iliyoitwa Zaire), Zambia, Malawi na Msumbiji. Visiwa vya pwani ni Unguja na Pemba (Zanzibar). Kuna maeneo muhimu mawili ya jiografia ndani ya nchi ya Tanzania. Moja ni Mlima Kilimanjaro ambao ni mlima mrefu kuliko yote iliyomo Afrika. Mlima Kilimanjaro ni mnara wa Afrika na urefu wake toka usawa wa bahari ni futi 19,340. Eneo jingine muhimu ni lile Bonde la Ufa linalopita sehemu nyingi za Afrika Mashariki hadi Asia.

Vocabulary

mashariki	east
kusini	south
mstari	line

Bahari ya Hindi	the Indian Ocean
jirani	neighbour
pwani	coast
maeneo	regions, areas
mnara	tower
Bonde la Ufa	the Rift Valley

6 Shambani

In the countryside

In this unit you will learn:

- the demonstratives 'this', 'that', 'these' and 'those'
- more about numbers
- how to make comparisons

Dialogue 1

Amos has decided to go and visit his family who live in Bukoba, Lake Victoria, close to the Tanzania-Uganda border. The American student Kathy has expressed her interest to see as much of Tanzania as possible, and so he has invited her to accompany him on this trip. After a very long journey (more than 40 hours!), Amos is now introducing his family to Kathy

1 Mzee Kiaruzi has a preference. What is it?
2 Kathy has a preference. What is it?

Amos:	Huyu ni babangu, Mzee Kiaruzi.
Kathy:	Shikamoo Mzee!
M. Kiaruzi:	Marahaba! Karibu sana.
Kathy:	Asante.
Amos:	Huyu ni mamangu, Bibi Zakia.
Kathy:	Shikamoo mama!
Bi. Zakia:	Marahaba! Karibu kwetu.
Kathy:	Asante sana.
M. Kiaruzi:	*(To Amos)* Jamani! Mgeni huyu anajua Kiswahili.
Amos:	Ndiyo, anajua sana. Yeye anajifunza Kiswahili chuo kikuu.
M. Kiaruzi:	*(To Kathy)* Karibu shambani.

KATHY: Asante. Ni pazuri hapa.

M. KIARUZI: Ndiyo. Hapa ni mazingira ya kupendeza. Pana mandhari nzuri yenye milima, mito na maziwa. Tofauti kabisa na mandhari ile ya miji yenye magari na mavumbi. Mimi napenda maisha ya shambani kuliko maisha ya mjini. Je, umewahi kuliona Ziwa Victoria?

KATHY: Kwa mbali tu.

M. KIARUZI: Jioni mke wangu atakupikia samaki wanaotoka katika ziwa hilo. Bila shaka utawapenda.

BI. ZAKIA: Je, unapenda ndizi?

KATHY: Ndiyo, nazipenda kuliko wali.

BI. ZAKIA: Kuna migomba mingi hapa Bukoba, kwa hiyo watu wa hapa wanakula ndizi karibu kila siku. Basi nitapika ndizi vilevile.

AMOS: *This is my father, Elder Kiaruzi.*

KATHY: *My respects Elder!*

M. KIARUZI: *Respects taken! You are most welcome!*

KATHY: *Thanks.*

AMOS: *This is my mother, Mrs Zakia.*

KATHY: *My respects mother!*

BI. ZAKIA: *Respects taken! You are welcome to our home.*

KATHY: *Many thanks.*

M. KIARUZI: (To Amos) *My goodness! This foreigner knows Swahili.*

AMOS: *Yes, she knows a lot. She is studying Swahili at the university.*

M. Kiaruzi: (To Kathy) *Welcome to the countryside.*
Kathy: *Thanks. It's beautiful here.*
M. Kiaruzi: *Indeed. This place is a nice environment. There's beautiful scenery with mountains, rivers and lakes. Entirely different from the scenery of the towns with their vehicles and dust. I like life in the countryside more than life in town. Have you managed to see Lake Victoria?*
Kathy: *Only from a distance.*
M. Kiaruzi: *In the evening my wife will cook some fish for you which come from that lake. No doubt you will like them.*
Bi. Zakia: *Do you like bananas?*
Kathy: *Yes, I prefer them to cooked rice.*
Bi. Zakia: *There are many banana plants here in Bukoba, so people from here eat bananas nearly every day. Well then, I shall also cook some bananas.*

Vocabulary

kwetu	at our place, at us
mgeni	visitor, guest, foreigner, stranger, new person
-jua	know
pazuri	nice, fine, beautiful (**pa** + **zuri** *in reference to a place*)
mazingira	environment
-a kupendeza	pleasing, charming, attractive
pana	there is
mandhari	scenery
yenye	having, with (*in reference to* **mandhari**)
milima	mountains (*sing.* **mlima**)
mito	rivers (*sing.* **mto**)
maziwa	lakes, ponds (*sing.* **ziwa**)
magari	cars, vehicles (*sing.* **gari**)
mavumbi	dust (*sing.* **vumbi**)
-wahi	manage, reach, be on time for
kwa mbali	from a distance, afar
-pikia	cook for (*from* **-pika**, cook)
samaki	fish
-penda	like, love
ndizi	bananas
kuliko	than (*in comparison*)
migomba	banana plants (*sing.* **mgomba**)
karibu	near, nearby, nearly

Language structure

Demonstratives: 'this', 'that', 'these' and 'those'

There are three kinds of demonstratives in Swahili, two of which point to something near and far, and a third kind for something which has already been mentioned, or been 'referred to', and is thus known to the speaker and the person who is spoken to.

We have already seen demonstratives in previous units and there are a number of demonstratives in Dialogue 1 of this unit. For example, the Dialogue opens with Amos saying: **Huyu ni babangu ... Huyu ni mamangu ...** '*This* (person) is my father ...' '*This* (person) is my mother ...'. Later Amos's father, Mzee Kiaruzi says: **Mgeni *huyu* anajua Kiswahili.** '*This* guest/foreigner knows Swahili.' These are instances of a demonstrative referring to a person (an M-WA noun) near the speaker.

Later on in the dialogue Mzee Kiaruzi says to Kathy: **Jioni mke wangu atakupikia samaki wanaotoka katika ziwa *hilo.*** 'In the evening my wife will cook some fish for you which comes from *that* lake (*already referred to*).' Because he has already mentioned Lake Victoria, Kathy knows what he is referring to. Later, Mzee Kiaruzi uses the demonstrative 'that' when he says: **Tofauti kabisa na mandhari *ile* ya miji.** 'Completely different from *that* town environment.'

In Swahili the demonstrative must agree with the noun it qualifies. All three types of demonstrative are formed with the concord, as can already be seen from the examples in the text – **huyu** includes the M-WA singular marker **yu-**, while the **i-** in **ile** and the **-lo** in **hilo** are formed from the N-class and the JI-MA class singular concords.

Demonstratives showing 'nearness': 'this', 'these'

All begin with **h-** and end with the appropriate concord. Between the two, the same vowel present in the concord is repeated. Thus in the above examples we get **huyu** for 'this (person)'.

Demonstratives showing 'farness': 'that', 'those'

All begin with the concord and end with **-le**. So, the above example **mandhari ile**, 'that scenery', is made up of the N-class singular concord **i** and the demonstrative marker for 'farness' **le**, **i** + **le** = **ile** 'that'.

Demonstratives of reference: 'that', 'those (referred to)'

All begin with **h-** and end with **-o**, as in the above example **. . . ziwa hilo**, '. . . that lake (referred to)'.

The following table shows the three demonstratives for the three classes we have introduced so far:

Singular	*Plural*
M-WA Class	
mtu huyu this person	**watu hawa** these people
mtu yule that person	**watu wale** those people
mtu huyo that person (referred to)	**watu hao** those people (referred to)
JI-MA Class	
tunda hili this fruit	**matunda haya** these fruits
tunda lile that fruit	**matunda yale** those fruits
tunda hilo that fruit (referred to)	**matunda hayo** those fruits (referred to)
N Class	
nyumba hii this house	**nyumba hizi** these houses
nyumba ile that house	**nyumba zile** those houses
nyumba hiyo that house (referred to)	**nyumba hizo** those houses (referred to)

Reduplication

Any of the demonstratives outlined above may be repeated. This
then intensifies the meaning, e.g.

mtu huyu huyu	this very same person
mtu yule yule	that very same person
mtu huyo huyo	that same person (mentioned)

Exercise 1

Write the Swahili equivalent of the word in brackets:

E.g. **Mtu** (*that*) **yule Watu** (*these*) **hawa**

1 mtu (*this*)
2 watu (*those*)
3 mgeni (*referred to*)
4 tunda (*referred to*)
5 watu (*those very same
    people mentioned*)

6 nyumba (*this*)
7 nyumba (*these*)
8 mtu (*this very same person*)
9 matunda (*those*)

Exercise 2

Fill in the gaps then translate the sentences into English:

E.g. **Mtoto *huyu* ni wangu.**   This child is mine.

1 Nyumba i . . . ni nzuri.
2 Nyumba z . . . si nzuri.
3 Wageni h . . . wanajua Kiswahili.
4 Wageni h .o hawajui Kiswahili.
5 Mmarekani y . . . anaondoka leo.
6 Mwingereza h . . . ataondoka kesho.

Dialogue 2

*The following day, Amos takes Kathy for some sightseeing close to
the lake*

KATHY: Jamani! Ziwa Victoria ni kubwa mno kama bahari.
AMOS: Ndiyo. Watu wengi wanapata riziki zao kutokana na ziwa
        hilo. Kuna mabaharia, wavuvi na wasaidizi wao. Watu

wengine wanafanya kazi si mbali na hapa, pale masham-
bani. Watu hao wanalima kahawa, pamba, matunda na
mboga. Katika shamba letu tumepanda miti mingi.
Vilevile tunalima mboga za aina mbalimbali.

KATHY: Je, shamba lenu lina miti mingapi?

AMOS: Lina michungwa kumi na miwili, milimao kumi, miembe
minane, michikichi sita, minazi mitano na mfenesi mmoja
tu.

KATHY: Hakuna migomba?

AMOS: Kuna migomba mingi na mimea mingine, lakini sijui
mingapi hasa. Je, unataka kwenda shambani?

KATHY: Ndiyo, twende!

KATHY: *My goodness! Lake Victoria is vast like the sea.*

AMOS: *Yes. Many people get their daily needs from the lake (lit.
as a result of the lake). There are sailors, fishermen and
their helpers. Other people work not far from here in the
fields. These people cultivate coffee, cotton, fruit and
vegetables. In our field we've planted many trees. We are
also cultivating various kinds of vegetables.*

KATHY: *How many trees does your field have?*

AMOS: *It has twelve orange trees, ten lemon trees, eight mango
trees, six palm oil trees, five coconut palms and just one
jackfruit tree.*

KATHY: *There are no banana plants?*

AMOS: *There are many banana plants and other crops, but I don't
know how many exactly. Do you want to go to the field?*

KATHY: *Yes, let's go!*

Vocabulary

mno	much too much, to excess
bahari	sea, ocean
riziki	daily needs, God's blessings
kutokana na	as a result of
mabaharia	sailors (*sing.* **baharia**)
wavuvi	fishermen (*sing.* **mvuvi**)
wasaidizi	assistants, helpers (*sing.* **msaidizi**)
mashamba	fields (*sing.* **shamba**, *also means* the countryside)
-lima	cultivate
pamba	cotton, cotton wool

mboga	vegetable(s) (*also* some meat as a side dish, *or* a pushover, someone who is easy to fool)
-panda	plant, sow

Language structure

The M-MI noun class

A number of words in the dialogue belong to a new noun class (the fourth discussed so far), the M-MI class.

Singular	*Plural*	
mti	**miti**	tree
mchungwa	**michungwa**	orange tree
mnazi	**minazi**	coconut palm
mgomba	**migomba**	banana plant

This class is sometimes called the 'tree class', but a number of other nouns belong here as well:

mlima	**milima**	mountain, hill
mto	**mito**	river
mji	**miji**	town

When followed by a vowel, singular nouns begin with **mw-**:

mwembe	**miembe**	mango tree
mwaka	**miaka**	year
mwezi	**miezi**	month, moon

The M-MI class has the following agreement:

		Concord	*Possessive concord*	*Adjective concord*	*Demonstratives*		
Sing.	**u-**		**w-**	**m-**	**huu**	**ule**	**huo**
Pl.	**i-**		**y-**	**mi-**	**hii**	**ile**	**hiyo**

Mti wangu huu unapendeza.
This tree of mine pleases.

Miti yako mizuri inapendeza.
Your beautiful trees please.

Language structure

In Swahili the numbers 1, 2, 3, 4, 5, and 8 are treated just like other adjectives, that is, they agree with the noun they qualify. In general counting, the numbers of the N class are used (as already introduced in Units 3, 4, and 5):

1	**-moja**	11	**kumi na -moja**
2	**mbili (-wili)**	12	**kumi na mbili (-wili)**
3	**-tatu**	13	**kumi na -tatu**
4	**-nne**	14	**kumi na -nne**
5	**-tano**	15	**kumi na -tano**
6	**sita**	16	**kumi na sita**
7	**saba**	17	**kumi na saba**
8	**-nane**	18	**kumi na -nane**
9	**tisa**	19	**kumi na tisa**
10	**kumi**	20	**ishirini**

In the case of **mbili** (2) this changes to **-wili** when the noun is not of the N class. For example, in Dialogue 2 Amos tells Kathy that the family plot has **mi**chungwa kumi na **mi**wili, 'twelve orange trees'. **Mi-** is the marker for a plural noun of the M-MI class (the singular is **m-**), and so with the pattern of agreement **-wili** takes the **mi-** prefix. The chart shows how this works in the classes introduced so far:

Noun	1	2	3	4	5	8
mtu	**m**moja					
watu		**wa**wili	**wa**tatu	**wa**nne	**wa**tano	**wa**nane
mti	**m**moja					
miti		**mi**wili	**mi**tatu	**mi**nne	**mi**tano	**mi**nane
neno	moja					
maneno		**ma**wili	**ma**tatu	**ma**nne	**ma**tano	**ma**nane
nyumba	moja					
nyumba		mbili	tatu	nne	tano	nane

This is a good time to mention word order. In Swahili the noun is followed by the adjective, then the number and, lastly, the demonstrative (generally this is the opposite of the word order in English, but this is liable to change with emphasis). For example:

Watoto wadogo wanne hawa
These four small children
(*lit.* Children small four these)

Minazi mikubwa kumi na mmoja hii
These eleven big coconut palms
(*lit.* Coconut palms big ten and one these)

Exercise 3

Translate these sentences into English.

E.g. **Watoto kumi na wawili hawa**   These twelve children

1 Mtoto mmoja ni wangu na mtoto mmoja ni wake.
2 Watu wawili wale wanatoka Dar es Salaam.
3 Miti mitatu hii ni yangu na miti kumi na miwili ile ni yako.
4 Soma majina matano haya.
5 Nyumba sita hizi ni mpya.
6 Watu saba hawa walifika jana.
7 Watoto wanane hao wako shuleni.
8 Je, wavuvi tisa hawa wanafanya kazi leo?
9 Mabaharia kumi hao wako baharini.

Exercise 4

Translate into Swahili:

E.g. These three little girls   **Wasichana wadogo watatu hawa**

1 This big person
2 Those three tall people and that short person
3 One wide tree
4 Two narrow trees
5 Eleven pretty girls
6 These twelve bad boys and that one good boy
7 These eight tall houses and that small house

Dialogue 3

While on their way to the family plot, Amos and Kathy meet Mwesi, Amos's younger brother, who is on his way home from working in the field

MWESI: Hamjambo?

AMOS AND
   KATHY: Hatujambo.

AMOS: Na wewe hujambo?

MWESI: Mimi sijambo sana. Shikamoo!

AMOS: Marahaba! Vipi kazi?

MWESI: Kazi nzuri. Na yako?

AMOS: Kazi yangu inaendelea bila taabu.

KATHY: Bwana Amos, wewe hufanyi kazi. Unasoma tu.

AMOS: Bibi Kathy, kusoma ni kugumu sawa na kulima.

MWESI: Ndiyo kweli. Kazi ya kutumia kichwa na kazi ya kutumia mikono ni tofauti, bali kila moja ina matatizo yake yenyewe.

(Kathy then changes the conversation)

KATHY: Bwana Amos ingawa wewe una umri mkubwa zaidi kuliko ndugu yako, yeye ni mrefu kuliko wewe.

AMOS: Kwa hakika yeye ni mrefu zaidi kuliko mimi, lakini baba yetu ni mfupi kama mimi. Baba yetu ana busara zaidi ya wote, yaani, busara inazidi kwa umri sio kwa urefu.

MWESI: *(To Kathy)* Je, unayapenda maisha ya mjini kuliko maisha ya kijijini?

KATHY: Mimi sijui jibu la swali hilo. Huko Marekani nilizaliwa jijini na hadi sasa sijapata nafasi ya kuishi kijijini. Mwulize kaka yako, Amos.

MWESI: *(To Amos)* Je, unapenda kukaa mjini au kijijini?

AMOS: Kwangu kukaa mjini ni bora kuliko kukaa kijijini.

MWESI: Kwa nini?

AMOS: Kwa sababu pale mjini kuna mambo mengi ya kufanya. Kuna klabu, mikahawa, makumbusho, na kadhalika.

KATHY: Lakini jamaa zako hawapo.

MWESI: Haya basi! Twende nyumbani tukale chakula cha mama.

AMOS: Ndiyo. Chakula chake ni kitamu kuliko vyote.

MWESI:	*How are you?*
AMOS AND	
KATHY:	*We're fine.*
AMOS:	*And how are you?*
MWESI:	*I'm very well. My respects!*
AMOS:	*Your respects are welcome! How's work?*
MWESI:	*Work is fine. How about yours?*
AMOS:	*My work is going without problems.*
KATHY:	*Mister Amos, you don't work. You just study.*
AMOS:	*Miss Kathy, studying is as hard as cultivating.*
MWESI:	*It's the truth. Working with the head and working with the hands are different, but each has its problems.*

(Kathy then changes the conversation)

KATHY	*Bwana Amos, although you're older than your brother, he's taller than you.*
AMOS:	*Certainly he's taller than me, but our father's as short as me. Our father is wisest – so wisdom increases with age not with height.*
MWESI:	*(To Kathy) Do you like life in the town more than life in the village?*
KATHY	*I don't know the answer to that question. Over there in America I was born in the city and until now I've not had the opportunity to live in a village. Ask your brother, Amos.*
MWESI:	*(To Amos) Do you like to stay in the town or the village?*
AMOS:	*For me, living in the town is better than living in the village.*
MWESI:	*Why?*
AMOS:	*Because in the town there are many things to do. There are clubs, restaurants, museums, etc.*
KATHY:	*But your family is not there.*
MWESI:	*OK that's enough! Let's go home and eat some of mother's food.*
AMOS:	*Yes. Her food is the best of all.*

Vocabulary

bila	without
taabu	problem(s), trouble(s)
-tumia	use
kichwa	head

mikono	hands or arms (*sing.* **mkono**)
busara	wisdom
-zidi	increase
jibu	answer
swali	question
hadi	until, up to
bora	best, excellent
kwa sababu	because (*lit.* for the reason)

Language structure

The KI-VI noun class

The KI-VI class is the fifth class we encounter. The word for 'head', **kichwa** belongs in this class:

Kichwa hiki kizuri kinapendeza.
This beautiful head pleases.

Vichwa hivi vizuri vinapendeza.
These beautiful heads please.

As can be seen clearly, the singular nominal prefix of the KI-VI class is **ki-**, and so is the concord, while both the nominal prefix and the concord of the plural are **vi-**. Further KI-VI words are (all of them make their plural by exchanging **ki-** for **vi-**):

kitu	thing	**kisima**	well
kitabu	book	**kisiwa**	island
kikombe	cup	**kikapu**	basket
kibanda	hut	**kitanda**	bed
kiti	chair		

Some KI-VI nouns (often those with a stem beginning with a vowel) have **ch-** and **vy-** instead of **ki-** and **vi-**:

choo	toilet	**vyoo**	toilets
chakula	food	**vyakula**	food (*pl.*)
cheo	status	**vyeo**	status (*pl.*)

The possessive concord is always **ch-** and **vy-**, while for the adjective concord, stems beginning with **e-** take **ch-** and **vy-**, and stems beginning with **i-** take **k-** and **v-** (in other words, they take **ki-** and **vi-** and one **i** is dropped). All other adjective stems take **ki-** and **vi-**.

	Concord	Possessive concord	Adjective concord	Demonstratives		
Sing.	**ki-**	**ch-**	**ki-/ch-**	**hiki**	**kile**	**hicho**
Pl.	**vi-**	**vy-**	**vi-/vy-**	**hivi**	**vile**	**hivyo**

chakula changu
my food/dish

vyakula vyangu
my dishes

kitanda cha Leo
Leo's bed

vitanda vingi
many beds

kisiwa cheupe
white island

visiwa vyema
good islands

kiti kingine
another chair

viti vyako vizuri
your beautiful chairs

Language use

Making comparisons

To show equality: **sawa na** the same as, equal to (as . . . as)

or **kama** like (as . . . as)

E.g. **Kusoma ni kugumu *sawa na* kulima.**
Reading is *as* hard *as* cultivating.

Baba yetu ni mfupi *kama* mimi.
Our father is *as* short *as* myself'.

To show inequality: **kuliko** than

or **zaidi kuliko** more than

E.g. **Yeye ni mrefu *kuliko* wewe.**
He is tall*er than* you.

Una umri mkubwa *zaidi kuliko* ndugu yako.
You are old*er than* your brother.
(*lit.* You have a greater age.)

To show the highest degree: **-ote** 'all' is used after **kuliko** or **zaidi ya**

   E.g. **Chakula chake ni kitamu** *kuliko* **vyote.**
     Her food is the *best of all*.
     (*lit.* Her food is the sweeter than all [food].)

NB: **-ote** agrees with the noun and, in this case, is used in the plural. Another example is:

   Baba yetu ana busara zaidi ya wote.
   Our father is wisest.
   (*lit.* Our father has more wisdom than all [people].)

Exercise 5

Translate into Swahili:

1　You are bigger than me, but he is taller than you.
2　She is the prettiest girl.
3　That old man is the wisest.
4　Kilimanjaro is the highest mountain in Africa.
5　This is the best book.
6　He is older than you.
7　A city is bigger than a town but a town is bigger than a village.
8　Mother's food is best.
9　My field is bigger than yours, but that person's field is the biggest.
10　This house is the same as that house.

Reading

Elimu na Kujitegemea

Wakati wa ukoloni ule uchumi na elimu ya Tanganyika (Tanzania) vilikuwa vinapuuzwa na Waingereza wakoloni (wakati wa uhuru kulikuwa na wahitimu 120 katika nchi nzima). Kwa sababu hiyo Azimio la Arusha lilifanyika mwaka 1967. Sera za kijamaa zilitekelezwa na serikali kuendesha uchumi na elimu ya nchi hiyo. Rais Nyerere alitambua kwamba Tanzania ilikuwa ni nchi ya kilimo, yaani wananchi wengi walikuwa wanafanya kazi mashambani ili wapate riziki zao. Kwa sababu hiyo walimu, wafanyakazi wengine, wanafunzi, na hata wafanyakazi wa serikali walikuwa wanashawishiwa wawe wakulima pia. Mbali na vijiji, mashule na vyuo pia vilikuwa vinashauriwa na serikali kuwa na mashamba yao wenyewe. Maneno 'kazi' na 'kujitegemea' yalikuwa yanasikika katika vijiji na miji.

Nyakati zimebadilika, na baadhi ya sera hizo vilevile zimebadilika, hata hivyo Watanzania wote wanaukumbuka umuhimu wa kushirikiana wakati wa sikukuu ya kitaifa ya Sabasaba (tarehe 7 Julai), ambayo pia inajulikana kama 'Siku ya Wakulima'.

Vocabulary

elimu	education
kujitegemea	self-reliance
ukoloni	colonialism
uchumi	economics
-puuzwa	be disregarded
wakoloni	colonialists
uhuru	independence, freedom
wahitimu	graduates
azimio	declaration (intention, resolution)
sera	policy
-a kijamaa	socialist
-fanyika	be made
-tekelezwa	be implemented
serikali	government
-endesha	manage, run a business (drive a vehicle)
-tambua	realize, recognize
-a kilimo	agricultural
wananchi	the people/folk, fellow countrymen
wafanyakazi	workers
-shawishi	urge, persuade (tempt)
wakulima	cultivators, farmers
-shauriwa	be advised
-sikika	be heard
nyakati	times (*sing.* **wakati**)
-badilika	be changed
umuhimu	importance
-a kitaifa	national
-julikana	be known

7 Ugonjwa na matibabu

Sickness and medical treatment

In this unit you will learn:

- how to say that you are unwell
- to describe the parts of the body
- the past tense
- the passive form of the verb
- to express warnings and prohibitions

Dialogue 1

The Duty Doctor at the Muhimbili Medical Centre is in the process of examining a patient

1 When did the patient become ill?
2 What did the patient do?
3 The patient was told to apply the prescribed medicine how many times daily?

MGONJWA: Mimi ni mgonjwa.
DAKTARI: Umekuwa mgonjwa tangu lini?
MGONJWA: Tangu jana. Niliyagusa macho kwa mikono na baadaye kidogo macho yalianza kuniwasha. Leo asubuhi niliamka mapema na macho yamekuwa mekundu na kuvimba.
DAKTARI: Hebu! Nikuangalie macho ... Jana ulifanya nini?
MGONJWA: Jana nilikwenda sokoni kununua vitambaa. Halafu nilikwenda dukani kununua sabuni.
DAKTARI: Je, unatumia sabuni usoni?
MGONJWA: Ndiyo.
DAKTARI: Je, ulitumia sabuni mpya?

MGONJWA: Hapana, sikutumia sabuni mpya. Nilitumia sabuni ya kawaida.

DAKTARI: Huko sokoni ulibadilishana pesa na watu wengi?

MGONJWA: Ndiyo, nilinunua vitambaa. Vitambaa hivyo vilitoka kwa wauzaji wengi mbalimbali.

DAKTARI: Bila shaka umepatwa na ugonjwa unaoitwa 'Macho Mekundu'. Chukua maelezo haya ya matumizi ya dawa, halafu nenda kwenye duka la madawa kupata dawa hii ya kupaka. Paka dawa hiyo machoni mwako mara mbili kila siku, kwa muda wa wiki nzima. Je, umeelewa?

MGONJWA: Nimeelewa. Asante!

DAKTARI: Karibu!

MGONJWA: Kwaheri!

DAKTARI: Kwaheri ya kuonana!

PATIENT: *I'm sick.*

DOCTOR: *How long have you been you sick?*

PATIENT: *Since yesterday. I touched my eyes with my hands, soon after they started to itch. This morning I got up early and my eyes have become red and swollen.*

DOCTOR: *Well then! Let me look at your eyes . . . What did you do yesterday?*

PATIENT: *Yesterday I went to the market to buy some cloth. Then I went to a shop to buy some soap.*

DOCTOR: *Do you use soap on your face?*

PATIENT: *Yes.*

DOCTOR: *Did you use a new soap?*

PATIENT: *No, I didn't use a new soap. I used my usual soap.*

DOCTOR: *Over there at the market, did you exchange money with many people?*

PATIENT: *Yes, I bought fabric. These fabrics came from many different sellers.*

DOCTOR: *Without doubt you have an illness which is called 'Red Eyes'. Take this prescription, then go to the pharmacy to get this ointment. Apply this medicine to your eyes twice each day, for a period of a whole week. Do you understand?*

PATIENT: *I understand. Thanks!*

DOCTOR: *You're welcome!*

PATIENT: *Goodbye!*

DOCTOR: *Goodbye, see you again!*

Vocabulary

mgonjwa	sick person, patient (*pl.* **wagonjwa**)
-gusa	touch
-washa	itch (light, ignite, kindle)
-amka	wake up
mapema	early
-vimba	swell
-angalia	look at
soko	market (*pl.* **masoko**)
-nunua	buy
vitambaa	fabric, material (*lit.* cloths, *sing.* **kitambaa**)
duka	shop (*pl.* **maduka**)
sabuni	soap(s)
-tumia	use, utilize, apply
-badilishana	change, exchange with
ugonjwa	illness
maelezo ya matumizi ya dawa	medical prescription (*lit.* explanation for the use of medicine)
duka la madawa	pharmacy
-paka	apply, smear
mara	times (**mara mbili**, two times, twice)
-onana	see each other (**kuonana**, to see each other)
kwa heri ya kuonana	Goodbye until we meet again

Language use

To say you are ill

mimi ni mgonjwa	I am sick (*lit.* I am a sick person)
nina homa	I have a fever
nina mafua	I have a cold
naumwa	I'm in pain
ninaumwa na tumbo/kichwa *or* **naumwa tumbo/kichwa**	I have a stomachache/ headache
kichwa kinauma	the head aches
kichwa kinaniuma	my head aches (*lit.* the head aches me)

To say you how you feel

-sikia	hear, feel
-ona	see, feel
-hisi	feel
baridi	cold
joto	heat
ninaona baridi	I feel cold
ninahisi joto	I feel hot

The body
Mwili (mi)

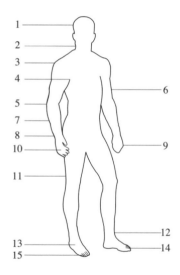 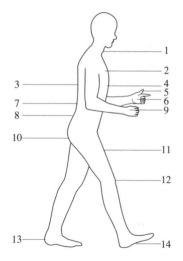

Parts of the body
Sehemu za Mwili

A			B		
1	**kichwa** (vi)	head	1	**koo** (N)	throat
2	**shingo** (N)	neck	2	**kifua** (vi)	chest
3	**bega** (ma)	shoulder	3	**mgongo** (mi)	back
4	**kwapa** (ma)	armpit	4	**tumbo** (ma)	stomach
5	**kiwiko** (vi)	elbow	5	**kidole gumba** (vi)	thumb

6 **mkono** (mi)	arm	6 **kiganja** (vi)	palm of hand
7 **kigasha** (vi)	forearm	7 **kiuno** (vi)	waist
8 **kifundo cha mkono** (vi)	wrist	8 **unyonga**	hip (*pl.* **nyonga**)
9 **mkono** (mi)	hand	9 **ngumi** (N)	fist
10 **kidole/chanda** (vi/vy)	finger	10 **matako**	buttocks (*sing.* **tako**)
11 **mguu** (mi)	leg	11 **paja** (ma)	thigh
12 **nguyu** (N)	ankle(s)	12 **goti** (ma)	knee
13 **mguu** (mi)	foot	13 **kisigino** (vi)	heel
14 **kidole cha mguu** (vi)	toe	14 **wayo**	sole of foot (*pl.* **nyayo**)
15 **ukucha**	nail (*pl.* **kucha**)		

The face
Uso (nyuso)

1 **nywele**	hair (*sing.* **unywele**)	8 **shavu** (ma)	cheek
2 **paji** (ma)	forehead	9 **masharubu** (*pl.*)	moustache
3 **nyusi**	eyebrows (*sing.* **usi**)	10 **taya** (ma)	jaw
		11 **mdomo** (mi)	lip, mouth
4 **kope** (N)	eyelid(s)/ eyelash(es)	12 **jino** (ma)	tooth (*pl.* **meno**)
		13 **kinywa** (vi)	inner mouth
5 **jicho** (ma)	eye (*pl.* **macho**)	14 **ulimi**	tongue (*pl.* **ndimi**)
6 **sikio** (ma)	ear	15 **ndevu** (N)	beard
7 **pua** (N)	nose	16 **kidevu** (vi)	chin

Exercise 1

Write the numbers shown in the brackets in Swahili. (Remember
that some numbers take the adjective concord. The first one has
already been written):

Mtu ana kichwa (1 **kimoja**), mikono (2 _____) na
miguu (2 _____). Kichwani ana macho (2 _____),
masikio (2 _____) na pua (1 _____). Katika kila mkono
ana vidole (4 _____) na kidole gumba (1 _____), na
vidole vya miguu (5 _____) katika kila mguu.

Exercise 2

Write the Swahili word in place of the missing word in English
(the first one has already been written):

A man sees with his **macho**, hears with his _____, smells
with his _____ and tastes with his _____. He smiles with
his _____ and bites with his _____. He waves with his
_____, sits on his _____, kneels on his _____ and
stands on his _____.

Language structure

The past tense -li- *and the negative past tense* -ku-

This tense works in the same way as the present tense **-na-**, i.e. it
is inserted after the subject concord. It expresses something that
took place in the past. For example, using the verb **-fika**:

Concord	Past tense	Verb		
ni	li	fika	nilifika	I arrived
u	li	fika	ulifika	you arrived
a	li	fika	alifika	he/she arrived
tu	li	fika	tulifika	we arrived
m	li	fika	mlifika	you arrived

wa	**li**	**fika**	**walifika**	they arrived
i	**li**	**fika**	**ilifika**	it arrived (*e.g.* **treni**, train)
ya	**li**	**fika**	**yalifika**	they arrived (*e.g.* **mabehewa**, carriages)

An example of the past tense with an object concord is **niliyagusa macho**, said by the patient to the doctor in Dialogue 1. The form **nilikwenda**, found a bit further on in the dialogue, shows that **kwenda** keeps the stem marker, as do all monosyllabic verbs in the past tense.

In the negative the past tense is **-ku-**:

Negative marker	*Concord*	*Negative past tense*	*Verb*	
	si	**ku**	**fika**	**sikufika** I did not arrive
h	**u**	**ku**	**fika**	**hukufika** you did not arrive
h	**a**	**ku**	**fika**	**hakufika** he/she did not arrive
ha	**tu**	**ku**	**fika**	**hatukufika** we did not arrive
ha	**m**	**ku**	**fika**	**hamkufika** you did not arrive
ha	**wa**	**ku**	**fika**	**hawakufika** they did not arrive
ha	**zi**	**ku**	**fika**	**hazikufika** they did not arrive (*e.g.* **treni**, trains)
ha	**li**	**ku**	**fika**	**halikufika** it did not arrive (*e.g.* **behewa**, carriage)

Monosyllabic verbs drop their stem marker in the negative past tense:

si	**ku**	**la**	**sikula** I did not eat

h	a	ku	fa	**hakufa**
				he/she did not die
ha	**wa**	**ku**	**nywa**	**hawakunywa**
				they did not drink

The past tense of the copula is formed with the verb **kuwa**, to be, in the past tense:

Mimi ni mwanafunzi.   I am a student (*present*).
Nilikuwa mwanafunzi.   I was a student (*past*).

Sometimes the copula **ni** is used together with **kuwa**:

Walikuwa ni wagonjwa.   They were sick people.

The negation of the preceding sentiment is formed usually with the past tense plus negative copula:

Walikuwa si wagonjwa.   They were not sick people.

However, the negative past tense of **kuwa** is also possible:

Hawakuwa wagonjwa.   They were not sick people.

The verb **kuwa** is also used when the copula is used in any other tense:

Watakuwa wagonjwa.   They will be sick people.
Wasiwe wagonjwa.   They shouldn't be sick people.

Exercise 3

Fill in the word or letters which have been left out in the pyramids below:

A

mwanafunzi
mwanafunzi mgonjwa
mwanafunzi _____ alifika
mwanafunzi mgonjwa _____ fika hospitali
mwanafunzi mgonjwa _____ hospitali kubwa
mwanafunzi mgonjwa alifika _____ kubwa mapema
mwanafunzi mgonjwa alifika hospitali _____ mapema sana

B

wanafunzi
wanafunzi wagonjwa
wanafunzi _____ hawakufika
wanafunzi wagonjwa _____ hospitali
wanafunzi wagonjwa _____fika hospitali kubwa
wanafunzi wagonjwa hawakufika _____ kubwa mapema
wanafunzi wagonjwa hawakufika hospitali _____ mapema sana

Exercise 4

Write these sentences in Swahili:

1 Yesterday I was sick.
2 And Leo was sick.
3 But Subira wasn't sick.
4 The patients did not arrive yesterday.
5 The doctor arrived early.
6 When did you reach the hospital?
7 I arrived yesterday.
8 You (*pl.*) didn't arrive early.
9 The patient didn't arrive early.

Exercise 5

Habari zako?

Write some short sentences in Swahili about things you did or didn't do in the past. (An example is given in the exercise key.)

Dialogue 2

The next patient has very different symptoms

1 What are these symptoms?
2 What was the test result?
3 What form of medication was prescribed for the patient?

MGONJWA: Jana nilikuwa mgonjwa sana. Sikuweza kufika hapa zahanati.
DAKTARI: Ulipatwa na nini?

MGONJWA: Nilipatwa na homa kali na kichwa kiliuma sana. Tena mwili ulitetemeka usiku kucha.
DAKTARI: Unaona vipi leo?
MGONJWA: Leo nimepata nafuu kidogo lakini naumwa tumbo. Siwezi kula sana.
DAKTARI: Inaonekana umepatwa na malaria. Inabidi uende chini ili upimwe na mwuguzi.

(*Later on* ...)

DAKTARI: Nimepata matokeo ya upimaji wako; bila shaka umepatwa na malaria. Nimekuandikia maelezo ya matumizi ya dawa. Meza vidonge hivi vinne, na baada ya masaa sita umeze vidonge viwili vingine. Halafu meza vidonge viwili kila siku kwa wiki nzima. Rudi hapa kama hujapata nafuu.
MGONJWA: Asante! Nashukuru sana. Kwaheri!
DAKTARI: Kwaheri ya kuonana!

PATIENT: *Yesterday I was very sick. I couldn't get to the dispensary.*
DOCTOR: *What did you come down with?*
PATIENT: *I had a severe fever and my head hurt me a lot. Also my body trembled all night long.*
DOCTOR: *How do you feel today?*
PATIENT: *Today I feel a little better but my stomach hurts. I can't eat much.*
DOCTOR: *It seems you've come down with malaria. You must go downstairs so that you can be tested by the nurse.*

(Later on ...)

DOCTOR: *I have your test results; without doubt you have malaria. I've written you a prescription. Swallow these four tablets, and after six hours take another two. Then swallow two tablets each day for a whole week. Come back here if you don't feel any improvement.*
PATIENT: *Thanks. I'm very grateful. Goodbye.*
DOCTOR: *Goodbye, see you again!*

Vocabulary

zahanati	dispensary
-patwa na	come down with, be stricken with
homa	fever
-tetemeka	tremble, shake, vibrate
nafuu	improvement
usiku kucha	all night long
-bidi	be necesarry (**inabidi**, it is necessary)
chini	down, downstairs (under, below)
-pimwa	be tested, examined, assessed
mwuguzi	nurse (*pl.* **wauguzi**)
matokeo	results/outcome
upimaji	assessment
-meza	swallow something
vidonge	pills, tablets (*sing.* **kidonge**)
kama	if
-shukuru	be grateful/thankful

Language structure

The passive form of the verb

The dialogue above contains a number of verbs in the so-called 'passive form'. The passive form is generally formed by inserting a **-w-** just before the final vowel. The passive form can be used to highlight who did what to whom, as in the second example below:

Mwuguzi alipima mgonjwa.
The nurse tested the patient.

Mgonjwa alipimwa (na mwuguzi).
The patient was tested (by the nurse).

In the sentences above, **-pima** is the base (or 'active') form of the verb, from which the passive form **-pimwa** is derived by inserting a **-w-** (the 'passive extension'). In these examples, the passive form is used to say that it was the patient who was tested without necessarily saying that it was the nurse who did the testing. In grammatical terms, we can say that the function of the passive is to make the object of the base form into the subject of the passive form. Other examples are:

Active		*Passive*	
-kata	cut	**-katwa**	be cut
-ita	call	**-itwa**	be called
-pata	get	**-patwa**	be got
-penda	love, like	**-pendwa**	be loved
-panda	plant	**-pandwa**	be planted
-lima	cultivate	**-limwa**	be cultivated
-tumia	use	**-tumiwa**	be used

Verbs ending in two vowels (especially those ending in **-aa**, **-ua**, or **-oa**) are often an exception to the rule of passive formation, since they insert **-liw-** or **-lew-**, rather than simply **-w-**, before the final vowel, e.g. **-nunua** 'buy', **-nunuliwa** 'be bought':

Mwanafunzi alinunua vitambaa.
The student bought the cloth.

Vitambaa vilinunuliwa na mwanafunzi.
The cloth was bought by the student.

The choice of the vowel (**-lew-** with **e**, or **-liw-** with **i**) depends on the vowel of the base form, and is governed by the rules of vowel harmony: **-lew-** is chosen for verbs whose stem vowel is either **e** or **o**, while **-liw-** is chosen for all others, that is those whose stem vowel is **a**, **i**, or **u**. We sometimes write '**I**' to mean 'either **e** or **i**', so that the long passive extension can be described as **-IIw-** as shorthand for 'either **-liw-** or **-lew-**'.

Another example of the passive can be seen in Unit 3 (Dialogue 1) in the different expressions used by men and women to say that they are married:

-oa	marry (*active* – used when referring to a man)
-olewa	be married (*passive* – used when referring to a woman)

Another class of exceptional verbs are those whose final vowel is not **-a** (these are verbs of Arabic origin ending in **-i**, **-u**, or **-e**), which take **-iwa** and **-ewa** instead of the final vowel:

-jibu	ask	**-jibiwa**	be asked
-samehe	forgive	**-samehewa**	be forgiven

Monosyllabic verbs also take either **-iwa** or **-ewa**:

-pa	give	**-pewa**	be given
-la	eat	**-liwa**	be eaten
-nywa	drink	**-nywewa**	be drunk

The passive form of the verb is just one of a number of verb forms which are derived by combining base forms with an extension. Other extensions which we will encounter in the course of following units include the 'Causative' and the 'Applicative' extension.

Exercise 6

Change these passive sentences into their active counterpart:

    E.g. **Wauzaji walipewa pesa na mwanafunzi.**
       to **Mwanafunzi aliwapa wauzaji pesa.**

1 Wagonjwa walipewa maelezo na daktari.
2 Maelezo ya matumizi dawa yalitolewa na daktari.
3 Chakula kililiwa na wanafunzi.
4 Pesa zilitolewa na wagonjwa.
5 Mgonjwa alipatwa na homa kali.

Exercise 7

Give the passive forms of these sentences:

    E.g. **Mwuguzi alimpima mgonjwa.**
       to **Mgonjwa alipimwa na mwuguzi.**

1 Mwanafunzi alinunua vitambaa.
2 Mwanafunzi alitumia sabuni usoni.
3 Daktari aliandika maelezo ya matumizi ya dawa.
4 Mgonjwa alimeza vidonge viwili.
5 Mgonjwa alimpa daktari pesa.

Exercise 8

Translate the paragraph below into English:

Jana nilikuwa mgonjwa sana. Niliumwa tumbo na kichwa. Nilikwenda hospitali kumwona daktari. Baada ya kupimwa na daktari huyo, nilipewa dawa. Niliambiwa na daktari huyo kumeza vidonge viwili kila siku kwa muda wa wiki moja. Leo naona nafuu kidogo.

Dialogue 3

Amos and Leo discuss ailments they have each suffered in the past

1 What was Amos unable to do when he became ill?
2 What was he prevented from doing after he was admitted to hospital?
3 What was Leo warned against doing prior to his accident?

AMOS: Zamani nilikuwa na taabu kooni. Sikuweza kumeza chochote.

LEO: Ulisumbuliwa na nini?

AMOS: Nilisumbuliwa na findo, zilivimba sana. Daktari alisema lazima zikatwe. Basi nilifika hospitali nikalazwa kitandani. Nilikatazwa nisile chochote wala nisinywe chochote. Halafu nilipasuliwa na daktari mpasuaji.

LEO: Uliogopa?

AMOS: Ndiyo, niliogopa. Lakini operesheni hiyo haikuwa ya muda mrefu.

LEO: Mwaka 1983 niligongwa na gari. Mamangu alinionya nisicheze barabarani lakini sikumsikiliza, na kwa sababu ya ujinga, nilipata majeraha mengi. Mguu ulivunjika, mkono na bega vilevile. Nililazwa kitandani kwa muda wa miezi mitatu hivi. Kwa sababu ya matibabu mazuri sana, nilipona kabisa.

AMOS: *A long time ago I had trouble with my throat. I couldn't swallow anything.*

LEO: *What were you troubled with?*

AMOS: *I was troubled by my tonsils, they were very swollen. The doctor said that they had to be removed. So I went to the hospital and was put in bed. I was forbidden to eat or drink anything. Then I was operated on by a surgeon.*

LEO: *Were you afraid?*

AMOS: *Yes, I was afraid. But the operation didn't take very long.*

LEO: *In 1983 I was hit by a car. My mum warned me not to play in the street, but I didn't listen, and out of foolishness, I suffered many injuries. My leg was broken, as was my arm and my shoulder. I had to stay in bed for about three months. Due to very good treatment, I was completely healed.*

Vocabulary

zamani	some time/a long time ago
taabu	trouble, distress, difficulty(-ies)
findo	tonsil(s)
-katwa	be cut (*passive of* **kata**, cut)
-lazwa	be laid (*passive of* **laza**, lay down, put down)
-pasuliwa	be split, torn open; operated on (*passive of* **pasua**, split)
daktari mpasuaji	surgeon
-ogopa	be afraid
-gongwa	be hit, rammed into (*passive of* **-gonga**, hit, knock)
-onya	warn
-sikiliza	listen to
ujinga	foolishness, ignorance, inexperience
majeraha	injuries (*sing.* **jeraha**)
-vunjika	be broken
matibabu	medical treatment
-pona	be cured, get well, recover (escape harm)
kabisa	definitely, absolutely

Language point

Warnings and prohibitions

In this dialogue you can see some typical examples of how to express warnings and prohibitions, as for example when Leo's mother warns him not to play on the road, or when Amos in hospital is not allowed to eat or drink anything. Prohibitions like these are formed in Swahili with the negative optative (see Unit 5, Dialogue 1) following verbs expressing warning, prevention, prohibition etc.:

Nilikatazwa nisitumie sabuni mpya.
I was forbidden to use new soap.

Walionywa wasinunue vitambaa vingi.
They were warned not to buy (too) much cloth.

Tulimzuia asifike hapa.
We prevented him/her from arriving here.

Typical verbs used in this construction are:

-onya	warn
-kataza	forbid
-zuia	prevent
-komesha	stop, prevent

Language structure

U-class nouns

In this dialogue we find a number of nouns which belong to yet another noun class, namely the U class. U-class nouns begin with **u-** (or sometimes with **w-**), and can roughly be divided into two groups:

1 those nouns which refer to abstract ideas such as 'beauty' or 'truth', including also names for countries; these do not form a plural, and
2 those nouns which denote concrete, often long or mass objects; these often have a corresponding plural form of the N class.

Some examples are:

ugonjwa	illness	(*cf.* **mgonjwa**, sick person)
ujinga	foolishness	
Ufaransa	France	
Uholanzi	Holland	
uzuri	beauty	(*from the adjective* **-zuri**, beautiful)
ukweli	truth	(*from the adjective* **kweli**, true)
uzazi	parenthood	(*cf.* **wazazi**, parents, *and* **-zaa**, bear, give birth)

U-class nouns with corresponding N-class plural (see Unit 4 on the N class for the changes of the prefix):

ubao	board	**mbao**	boards
ulimi	tongue	**ndimi**	tongues (*note that here* **l** *becomes* **d** *after the nasal prefix*)
ukuta	wall	**kuta**	walls

ufagio	broom	**fagio**	brooms
ufunguo	key	**funguo**	keys
upanga	sword	**panga**	swords
upande	side	**pande**	sides

U-class nouns beginning with **w-** make their plural in **ny-**:

wembe	razor	**nyembe**	razors
wakati	time	**nyakati**	times
wimbo	song	**nyimbo**	songs

Monosyllabic stems keep their **u-** prefix and make a plural in **ny-**:

uso	face	**nyuso**	faces
ua	courtyard	**nyua**	courtyards

The agreement for the U class is easy to learn: U-class nouns take the same agreement marker as the singular of the M-MI class:

Upanga wangu mkubwa umeanguka.
My big sword has fallen.

Uzuri wake ulipendeza.
Her beauty was pleasing.

The plural U-class nouns take plural N-class agreements:

Panga zangu kubwa zimeanguka.
My big swords have fallen.

Exercise 9

Replace the word written in English with the appropriate Swahili noun.

Daktari aliuangalia (*face*) wa mgonjwa. Halafu aliuangalia (*tongue*) wake. Baadaye kidogo wagonjwa wengi zaidi wamefika kwa daktari. Daktari vilevile aliziangalia (*faces*) zao na (*tongues*). Mgonjwa mmoja alisema kwamba (*face*) wake ulikatwa kwa (*sword*). Mgonjwa mwingine alisema kwamba (*tongue*) wake ulikatwa kwa (*razor*). Nje ya hospitali watu wengi wanakaa (*on a wall*). Wanasubiri kumwona daktari. Watu hawa vilevile walikatwa kwa (*swords*) (*on faces*) na kwa (*razors*) (*on tongues*).

Kila mtu anataka kuwa na afya nzuri lakini mara kwa mara atapatwa na (*illness*). Ni muhimu sana mgonjwa apewe (*treatment*). Katika nchi nyingi duniani inabidi wagonjwa walipe pesa kwa (*treatment*) zao. Bali, katika nchi nyingine wagonjwa wanaweza kupata (*treatment*) bila kulipa pesa. Serikali za nchi hizo zinawasaidia wagonjwa wao.

Reading

Huduma za Tiba

Kituo cha Afya cha Chuo Kikuu cha Dar es Salaam kinatoa huduma za tiba kwa wanafunzi, wafanyakazi na familia zao (yaani mume, mke na wana wao). Kuna Duka la Madawa, Maabara, Mahali pa Kupima na Kutibu Macho, Uzazi wa Majira na Huduma za Magari ya Wagonjwa.

Tena hicho Kituo cha Afya kinatoa Elimu ya Afya. Kuna mipango kuhusu kuzuia na kukinga maradhi na Ukimwi. Kuna kuarifu kuhusu ugonjwa wa akili, kuzuia kutumia madawa ya kulevya na elimu ya siha. Wapo wanafunzi walio washauri wanaotoa mashauri juu ya mambo yanayohusu elimu na huduma za mawasiliano juu ya afya ya uzazi.

Kama mtu hawezi kutibiwa na Kituo cha Afya atapelekwa Hospitali ya Wilaya ya Mwananyamala au Kituo cha Afya cha Muhimbili.

Kabla ya kuingia Chuo Kikuu, kila mwanafunzi lazima apimwe kuhakikisha kuwa ana afya nzuri. Wafanyakazi wa Chuo Kikuu na wanafunzi wanashawishiwa mara kwa mara waende wakapimwe afya.

Vocabulary

huduma	service(s)
-a tiba	medical
Kituo cha Afya	Health Centre
maabara	laboratory
-tibu	treat medically
Uzazi wa Majira	Family Planning, Birth Control, Planned Parenthood
Magari ya Wagonjwa	Ambulances
Elimu ya Afya	Health Education

kuzuia	prevention
kukinga	protection
Ukimwi	acronym for AIDS: *U*kosefu wa *ki*nga *mwi*lini (Lack of protection in the body)
ugonjwa wa akili	mental illness
madawa ya kulevya	drugs, narcotics
elimu ya siha	hygiene
washauri	advisers, counsellors
mashauri	advice, consultations
mawasiliano	communication
Hospitali ya Wilaya ya Mwananyamala	Mwananyamala District Hospital
Kituo cha Afya cha Muhimbili	Muhimbili Medical Centre
-shawishiwa	be persuaded, encouraged (*passive of* **shawishi**)

8 Kutembelea

Visiting

In this unit you will learn:

- when to use the locative copulas **-ko**, **-po**, and **-mo**
- how to ask for the location of a person, place, or thing
- how to reply when asked for the location of a person, place, or thing
- useful vocabulary for directions to a place or particular location

Dialogue 1

The Canadian student, Sandra, is very happy to receive the news that her parents will come to visit her in Tanzania. Her roommate, Leila, is the first person to hear about this

1 When will Sandra's parents arrive?
2 Have they previously been to Tanzania?
3 How long do they expect to stay?

SANDRA: Wazazi wangu wanakuja kunitembelea.
LEILA: Lini watafika hapa?
SANDRA: Watafika mwishoni mwa mwezi huu.
LEILA: Safi sana! Watakaribishwa vizuri. Je, wameshawahi kufika Tanzania?
SANDRA: Hapana. Itakuwa mara yao ya kwanza kufika Tanzania. Kwa kweli itakuwa mara yao ya kwanza kufika bara la Afrika.
LEILA: Wanategemea kukaa Tanzania kwa muda gani?
SANDRA: Watakaa hapa kwa muda wa wiki tatu tu.
LEILA: Hata mimi nitatembelewa na mama na baba yangu. Watafika mwanzoni mwa mwezi ujao.

(It is now the end of the month, and Sandra's parents have arrived. Sandra tells Leila about her parents' arrival)

LEILA: Wazazi wako wamefika salama?
SANDRA: Ndiyo, namshukuru Mungu.
LEILA: Wako wapi sasa?
SANDRA: Wako mjini. Wanakaa *Palm Beach Hotel.* Nitarudi pale
           baadaye.
LEILA: Je, watatembelea sehemu nyingine za Tanzania?
SANDRA: Ndiyo. Baba yangu alisema kwamba anataka kufika
           Arusha apande Mlima Kilimanjaro, lakini mama yangu
           alisema kwamba baba atapanda mlima huo peke yake
           kwa sababu, kwa upande wake, bila shaka mama
           atashindwa.

Vocabulary

wazazi	parents (*sing.* **mzazi**)
-tembelea	visit (someone)
mwishoni mwa	at the end of (**mwisho**, end, + **ni**, at, *and* **mwa**, of)
Safi sana!	Great!
-karibishwa	be welcomed, be received/invited (*passive of* **-karibisha**)
mara	time(s)
kwa kweli	in fact, in truth, to be true
bara	continent, mainland, interior
-tembelewa	be visited (*passive of* **-tembelea**, visit)
mwanzoni	in the beginning (**mwanzo**, beginning/start, + **ni**, at, in)
mwezi ujao	next month (*lit.* the month which comes)
salama	safely, securely, peacefully, calmly (*also a noun*: peace, safety)
-shukuru	be thankful, grateful
Mungu	God
wako	they are in/at (*see Language structure after Dialogue 2 below for the use of the locative copula*)
pale	there (*see Language structure below for this place class demonstrative*)
baadaye	later on, afterwards
sehemu	part, section, portion
nyingine	another, some (other)
-panda	climb, mount, board, go up

peke	alone (*used with possessive marker*: **yangu, yako, yake, yetu**, *etc.*, by myself, by yourself, by his/herself, by ourselves, *etc.*)
upande	side (**kwa upande wake**, on his/her side, as far as s/he is concerned)
kwa sababu	because (*lit.* for the reason)
-shindwa	be overcome, be beaten, fail (*passive of* **-shinda**)

Language structure

The *PA-KU-MU* class (or place class)

This new noun class is a very special class because it has only one member. The only 'real' noun in the place class is the noun **mahali**, meaning, appropriately, 'place'. However, there are three sets of agreements in the place class which can be used not only with **mahali**, but with any noun which denotes a location, including those with the locative suffix **-ni** (cf. Unit 2, Dialogue 2). The three sets are:

Concord	Possessive Marker	Adjective Concord	Demonstratives		
PA					
pa-	**p-**	**pa-**	**hapa**	**pale**	**hapo**
KU					
ku-	**kw-**	**ku-**	**huku**	**kule**	**huko**
MU					
m-	**mw-**	**m-**	**humu**	**mle**	**humo**

Examples:

Mahali pazuri pa mamangu panapendeza.
It's nice there at my mother's beautiful place.
(*lit.* My mother's beautiful place there is pleasing.)

Sokoni huku kunapendeza.
It's nice at the market.
(*lit.* At the market here (it) is pleasing.)

Nyumbani mnakaa watu wengi.
Many people live in the house.
(*lit.* In the house live many people.)

As can be seen from the English translation, all of **pa-**, **ku-**, and **mu-** refer to locations, but in different ways. **Pa-** and **ku-** refer to location more generally, while **mu-** refers to insideness. The difference shows even more when the place classes are used as demonstratives:

hapa	here (*definite*)
huku	around here (*indefinite*)
humu	inside

The possessive for nouns in the place class is sometimes formed with **mw-**, even when no inside meaning is intended:

mwishoni mwa	at the end of
mwanzoni mwa	at the beginning of

Exercise 1

Complete the sentences numbered 1–5 with the appropriate ending listed a-e below:

1 Mahali hapa ni pazuri . . .
2 Watu wengi watafika hapa . . .
3 Mahali pale pana . . .
4 Sandukuni mle mna kalamu mbili; . . .
5 Humu nyumbani . . .

(a) mwishoni mwa wiki hii.
(b) moja ni yangu na moja ni yako.
(c) Panatembelewa na watu wengi kila siku.
(d) mmekaa wageni wale.
(e) watu wachache tu.

Exercise 2

Answer these questions about Dialogue 1 in Swahili:

1 Je, wazazi wa Sandra watafika mwanzoni au mwishoni mwa mwezi huu?
2 Je, wazazi hao wa Sandra wameshafika Tanzania?
3 Leila atatembelewa na nani?
4 Wazazi wa Sandra wako wapi?
5 Baba wa Sandra anataka kufanya nini?

Dialogue 2

Ibrahim tells Mariamu he will travel to Zanzibar Island

1 Where is Ibrahim's brother these days?
2 Where does Mariamu's sister live?
3 What will take place on Sunday?

IBRAHIM: Ijumaa nitakwenda Unguja kumtembelea kaka yangu.
MARIAMU: Yeye anakaa sehemu gani?
IBRAHIM: Anakaa mjini lakini siku hizi yuko pwani.
MARIAMU: Dada yangu pia anakaa pwani.
IBRAHIM: Wapi hasa?
MARIAMU: Yupo Jambiani pamoja na mumewe na watoto. Yuko wapi kaka yako?
IBRAHIM: Yupo Makunduchi, kwa ajili ya kucheza mpira. Jumamosi, huko kijiji cha Makunduchi kutakuwa na mashindano baina ya timu za soka za Makunduchi na Jambiani.
MARIAMU: Najua. Shemeji yangu atakuwapo Makunduchi. Yeye ni mchezaji mmojawapo wa timu ya soka ya Jambiani. Dada yangu anataka kwenda Makunduchi ili atazame mashindano hayo. Kwa sababu hiyo itanibidi niende kwao kuwatunza watoto.
IBRAHIM: Mwaka jana kulikuwa na mashindano. Je, shemeji yako alikuwapo?
MARIAMU: Mwaka uliopita shemeji yangu alikuwa hayupo. Alikuwa Ulaya akisoma. Nani walikuwa washindi wa mashindano hayo, Wajambiani au Wamakunduchi?
IBRAHIM: Hakukuwa na washindi. Timu zote mbili zilifungana goli moja-moja.
MARIAMU: Maoni yangu ni kuwa mwaka huu timu hiyo ya Makunduchi itashindwa.
IBRAHIM: Kwa nini?
MARIAMU: Kwa sababu shemeji yangu ni bingwa wa soka.
IBRAHIM: Bi. Mariamu, hujui kwamba *kidole kimoja hakivunji chawa*. Shemeji yako atahitaji misaada ya wenzake wengine. Hata hivyo, maoni yangu ni kuwa timu hiyo ya Jambiani mwaka huu itashindwa na timu ya Makunduchi.
MARIAMU: Kwa nini unasema hayo?

IBRAHIM: Mimi ni shabiki wa timu ya soka ya Makunduchi. Nitakuwa kwenye mashindano na kwa sauti ya juu nitawapa moyo wachezaji wa Makunduchi.

MARIAMU: Bwana Ibrahim, hujui kwamba *fimbo ya mbali haiui nyoka.* (*Wote wawili wanacheka*)

Vocabulary

yuko	s/he is there (*see Language structure*)
pwani	coast, beach, at/on/to the coast/beach
hasa	exactly, especially
ajili	reason, cause (**kwa ajili ya**, for the sake of/the purpose of, because of)
-cheza	play, dance
mpira	ball, tyre, elastic, condom, rubber/rubber tree (*pl.* **mipira**), **-cheza mpira**, play football
mashindano	match, contest, competition, rally
baina ya	between, among
timu	team(s)
soka	soccer
atakuwapo	s/he will be there (*see Language structure below*)
mchezaji	player, dancer, sportsperson, actor/actress (*pl.* **wachezaji**)
mmojawapo	one of, among
ili	so that, in order to (*often followed by an optative verb form*)
-tazama	watch, look at
-tunza	care for, look after, maintain, preserve, conserve
mwaka jana	last year (*lit.* year yesterday)
mwaka uliopita	last year (= **mwaka jana**) (*lit.* year which has passed)
hayupo	s/he is not there (*see Language structure below*)
Ulaya	Europe
washindi	winners (*sing.* **mshindi**)
-fungana	score a goal or point in the context of a sporting competition (*lit.* fasten together, *cf.* **-funga**, close, lock, imprison, tie up, fast from food, win a game, cease child-bearing)
goli	goal (*pl.* **magoli**)
maoni	feeling, view, opinion (*cf.* **-ona**, see, feel)

bingwa	champion, star, expert
Kidole kimoja	
hakivunji chawa	One finger does not break a louse (*proverb*)
-hitaji	need
misaada	help (*sing.* msaada)
hata hivyo	even so, nevertheless
shabiki	fan, devotee
sauti	voice (sound, melody, tune)
moyo	determination (*lit.* heart, soul, conscience)
	(-mpa mtu moyo, give someone encouragement)
fimbo ya mbali	
haiui nyoka	A stick from afar does not kill a snake (*proverb*)
-cheka	laugh

Language structure

The locative copula

We have already seen that 'to be someone' is expressed in Swahili by the copula **ni** and its negative counterpart **si** (see Unit 2, Dialogue 2 and Dialogue 3):

Victoria ni Mghana.
Victoria is a Ghanaian.

Sandra si Mghana – yeye ni Mkanada.
Sandra is not a Ghanaian – she is a Canadian.

When talking about *where* people or things are (as opposed to *what* or *how* they are), however, the copula **ni** cannot be used – there is a special form of copula, the 'locative copula' which is used for this purpose. It is formed – in the present tense – with the subject concord (**yu-** for the M class) and the referential concords of the place class **-ko**, **-po** and **-mo**:

Victoria yuko Dar.	Victoria is in Dar.
Stesheni iko Pugu Road.	The station is in Pugu Road.
Miti ipo shambani.	The trees are in the field.
Ibrahim yuko wapi?	Whereabouts is Ibrahim?
Ibrahim yupo Makunduchi.	Ibrahim is in Makunduchi.

The difference between **-po** and **-ko** is subtle: **-po** indicates a more specific place while **-ko** has an implication of 'around here'. Often, however, they are interchangeable. More specifically 'insideness' can be expressed by using **-mo**:

Kalamu iko wapi?	Where's the pen?
Iko shuleni.	It's at school.
Ipo mezani.	It's on the table.
Imo kabatini.	It's in(side) the cupboard.

Because of their more general meaning, **-po** and **-ko** are used more frequently in everyday language than **-mo**.

The locative copula can also stand on its own or be followed by a more specific indication of direction:

Niko.
I am here (around).

Nipo hapa.
I am here (at this spot).

Tuko.
We are here.

Uko wapi?
Where are you?

Mmo ndani.
You (*pl.*) are inside.

Yupo kazini.
She is at work.

Wako nje.
They are outside.

Posta ipo karibu na stesheni.
The post office is near the station.

Kalamu zipo mezani.
The pens are on the table.

To say that something or somebody is not at a place, the negative locative copula is used. It is formed by placing the negative marker **ha-** (or **si-** for the first person singular) before the locative copula:

Hayupo.
She/he is not here.

Hawamo.
They are not inside.

Haiko.
It is not here
(of an N-class noun).

Sipo.
I am not here.

The past (and future) locative copula is formed in a similar way to the past copula introduced in the previous unit (Unit 7, Dialogue 1), namely with the aid of the verb **kuwa**. The referential concord is placed at the end, after **kuwa**:

Alikuwapo. **Watakuwamo.**
He was here. They will be inside.

Leo na Subira walikuwapo behewani.
Leo and Subira were at the carriage.

In the last example, unless you want to emphasize that Leo and Subira were inside, rather than, say, on top of the carriage, you don't have to use **-mo**:

Walikuwamo behewani, hawakuwapo juu yake.
They were inside the carriage, they were not on top of it.

Some speakers change the **-a** of **kuwa** into **-e** when it is used with a referential concord:

Nilikuwepo. I was there.
(*instead of*: **Nilikuwapo**)

Exercise 3

Using the list below, insert the locative copula that corresponds with sentences 1–10 (some may be used in more than one sentence). The first sentence has already been written:

1 *Niko* **Afrika Mashariki.**
2 Yule kaka wa Ibrahim _____ wapi siku hizi? Siku hizi _____ Pwani ya Mashariki.
3 Yule dada wa Mariamu _____ wapi hasa? _____ Jambiani.
4 Jambiani _____ wapi? _____ Pwani ya Mashariki.
5 Victoria _____ London. _____ Dar.
6 Kalamu zote mbili _____ sandukuni.
7 Machungwa _____ kikapuni. _____ mezani.
8 Kiti kimoja _____ nje, viti vingine vile _____ humu nyumbani.
9 Chungwa moja _____ nje ya kikapu chako.
10 _____ wapi sasa? _____ nyumbani.

niko	hayuko	nipo	hayamo
yuko	yupo	wako	zimo
uko	haiko	lipo	iko
yapo	kiko	vimo	

Exercise 4

Translate the paragraph below into Swahili:

Ibrahim is in Zanzibar; he is visiting his brother. Ibrahim is not in Dar es Salaam. Mariamu is in Zanzibar; she is visiting her sister. Mariamu's sister is in Jambiani village together with her husband and children. The children are at home. Ibrahim's brother is in Makunduchi for the purpose of playing football. Mariamu's brother-in-law is one of the Jambiani soccer team players. He is a soccer star. There is a match between the Jambianis and the Makunduchis. Last year both teams scored one all.

Language use

Asking the whereabouts of a person or thing

Iko wapi stesheni?/Stesheni iko wapi?
Where is the railway station?

Mwalimu yuko wapi?
Where is the teacher?

Wanafunzi wako wapi?
Where are the students?

Ipo mbele.
It (*the railway station*) is in front.

Yupo shuleni.
He/she's at school.

Wako nyumbani.
They're at home.

Dialogue 3

Leila has a friend called Tatu who works at the famous Kariakoo Market in Dar es Salaam. She has decided to go and visit her friend in order to buy a gift for her parents. It is her first time at the market and she doesn't know exactly where it is. Here at the city bus station she asks a passerby to show her the way to the market

1 Why is Leila asking for help?
2 Why does Leila ask a second person for help?
3 Where is Kariakoo Market?

LEILA: Samahani bibi! Mimi ni mgeni hapa. Naomba msaada. Tafadhali nielekeze Soko la Kariakoo.

MWANAMKE: Haya! Vuka barabara hii, Mtaa wa Nkrumah, na endelea na mtaa ule wa Uhuru moja kwa moja, kupita sanamu ya ukumbusho. Iko upande wa kushoto. Endelea kuteremka na Mtaa wa Uhuru. Utafika Mtaa wa Lumumba. Vuka. Nenda moja kwa moja. Utafika Mtaa wa Livingstone, pinda kulia na vuka barabara. Unasikia?

LEILA: Ndiyo.

MWANAMKE: Wewe vuka Mtaa wa Aggrey, nenda mpaka utakapofika Mtaa wa Mchikichi, usivuke. Pinda kushoto. Fuata Mtaa huo wa Mchikichi mpaka uvuke Mtaa wa Sikukuu. Halafu endelea mpaka Mtaa wa Swahili, pinda kulia na vuka barabara. Nenda moja kwa moja utajikuta uko Sokoni Kariakoo. Umeelewa?

LEILA: Ndiyo nimeelewa.

(*After a period of time, and after asking another person for directions, Leila finally arrives at her friend's shop*)

TATU: Je, ulipata taabu kufika hapa sokoni?

LEILA: Kidogo. Niliomba msaada wa bibi mmoja lakini alisema majina ya mitaa mingi mno na kwa sababu hiyo, maelezo yake yamenichanganya akili. Ilinibidi niombe msaada wa mtu mwingine. Mtu huyo alinipa mielekeo dhahiri bila kusema majina mengi ya mitaa. Aliniambia: 'Endelea na Mtaa huu wa Uhuru moja kwa moja, kupita mnara na sanamu ya ukumbusho. Usipite kulia wala kushoto. Fuata njia ile mpaka umevuka njia panda tatu. Endelea kidogo mpaka Mtaa wa Swahili. Pinda kulia. Teremka na mtaa huo na utaliona Soko la Kariakoo liko mbele yako.'

TATU: Inaonekana kwamba mtu huyo wa kwanza alitaka kukuchanganya akili.

LEILA: Kweli. Hata hivyo nimefika salama, alhamdullilahi.

Vocabulary

tafadhali	please
-elekeza	show somebody the way, direct somebody, instruct
mwanamke	woman
-vuka	cross
barabara	road(s), main road(s)
mtaa	street (*pl.* **mitaa**)
-endelea	continue
moja kwa moja	straight ahead
-pita	pass, turn
sanamu ya ukumbusho	memorial (*lit.* statue of memory), monument
kushoto	left
-teremka	descend, go down
-pinda	turn
kulia	right
utakapofika	when you reach (**u** + **taka** + **po** + **fika**)
-fuata	follow
halafu	after that, afterwards
mpaka	up to, until
-sikia	hear (feel)
-jikuta	find yourself (**-ji-** + **kuta**)

-elewa	understand
taabu	difficulty, trouble, hardship, distress
kidogo	here: a bit, a little
-sema	say, speak
maelezo	explanation(s)
-changanya	mix
akili	mind, intelligence, brains (**-changanya akili**, confuse)
dhahiri	(*adj.*) clear, evident, apparent
-ambia	tell (*this word must be used with an object concord*)
mnara	tower/clocktower (*pl.* **minara**)
wala	neither, nor (*used with negative verb*)
njia	road
njia panda	junction(s)/crossroad(s)
alhamdullilahi	Praise be to God (*expression of gratitude, after something good has happened, or for events which are seen to be in the hands of God*)

Language use

Vocabulary for directions

-vuka	**barabara**	**Vuka barabara**
cross	street/highway	Cross the street

-endelea	**mtaa**	**Endelea na Mtaa wa Independence**
continue	street/avenue	Continue down Independence Street/Avenue

-enda	**moja kwa moja**	**Nenda moja kwa moja**
go	straight ahead	Go straight ahead

-teremka		**Teremka na Mtaa wa Ghana**
descend, go down		Go down Ghana Avenue

-fuata	**njia**	**Fuata njia hii**
follow	road (way, path)	Follow this road

njia panda	crossroad/junction		
kulia	right	**kushoto**	left
-pinda	bend (turn)	**Pinda kulia**	Bend (turn) right
-pita	pass/make a turn	**Pita kulia**	Turn right
-geuka	turn/veer	**Geuka kushoto**	Turn left

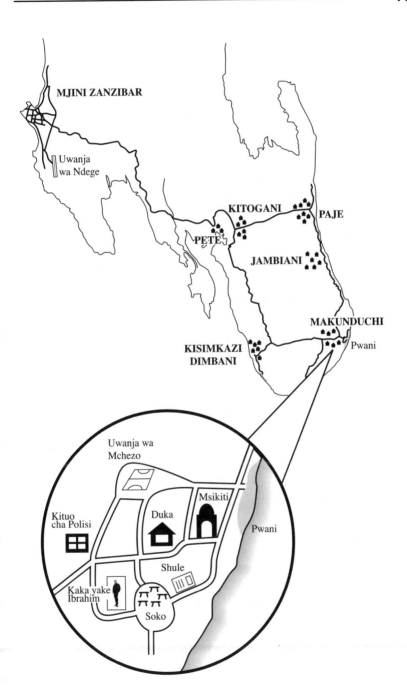

Exercise 5

1 Shemeji yake Mariamu amefika Uwanja wa Ndege. Anataka kwenda nyumbani kwa kaka yake Ibrahim kupita Jambiani. Mweleze aende wapi.
2 Bw Ahmed yupo pwani. Amevua samaki na anataka kuwauza Mjini Zanzibar. Anakwenda wapi?
3 Upo Dukani utamkuta Subira Jambiani. Utakwenda wapi?
4 Upo kwenye Uwanja wa Mchezo. Unakwenda moja kwa moja kupita Kituo cha Polisi. Utapinda kushoto halafu utapinda kulia. Utakwenda moja kwa moja. Umefika wapi?
5 Kutoka Paje, utakwenda Kitogani. Utapinda kushoto. Utaendelea moja kwa moja. Halafu utapinda kulia na utafuata njia hii. Sasa uko wapi?

Language structure

The KU class or infinitival form of the verb

We have already seen many instances of KU-class nouns, and now is finally the time to introduce this class officially. The KU class contains infinitival forms of verbs, that is those which can be translated as 'to do something' or 'doing something':

kusoma
to read/reading

kutengeneza
to repair/repairing

kuandika
to write/writing

kupata
to get/getting

kupika
to cook/cooking

These words are nouns in Swahili because they can function as subjects and objects of the verb, and have agreement markers just as other nouns have, namely **ku-** and, before vowels, **kw-**:

Concord	Possessive marker	Adjective concord	Demonstratives		
ku-	kw-	ku-	huku	kule	huko

Kuimba kwake kuzuri kunapendeza.
Her beautiful singing pleases.

Alikusikia kuimba kwetu.
He was hearing (it) our singing.

KU-class nouns are frequently found after verbs of wanting, wishing, intending, etc.:

Alitaka kuimba.
He wanted to sing.

Tunaomba kuona chakula.
We are asking to see the food.

Nimeamua kurudi kwangu.
I have decided to return home.

Because words in the KU class can take an object marker – a verbal characteristic – they can equally be regarded as the infinitival form of verbs:

Nataka kumwona.
I want to see him/her.

Leo anakwenda kumtembelea rafiki yake Trevor.
Leo is going to visit his friend Trevor.

Mtu huyo wa kwanza alitaka kukuchangaya akili.
That first person wanted to confuse you.

Another verbal characteristic is that there is a negative infinitive, formed with **-to-**, to express 'to not do something':

| **kusoma** | to read | **kutosoma** | not to read |

Monosyllabic verbs keep their stem marker when used with the negative infinitive:

kuja	to come	**kutokunywa**	not to drink
kutokuja	not to come	**kutokuwa**	not to be
kutokula	not to eat		

Two KU-class nouns are used in the following popular proverb:

Kuishi kwingi kuona mengi.

The proverb means something like 'I've seen it all before' (*lit.* 'to live much is to see many'). The agreement of adjective **mengi** means that it refers to the (unexpressed) JI-MA noun **mambo**.

Reading

Kutembelea Mahali pa Kuvutia

Kuna mahali pengi pa kuvutia Tanzania. Mbali na Mlima Kilimanjaro (ambao ulikuwa umeshatajwa), papo mahali pengine pa kusisimua kama vile mbuga za wanyama, makumbusho kadha wa kadha na mahali muhimu pengi pengine.

Bagamoyo ni mji ulioko karibu na pwani. Bagamoyo iko kaskazini ya Dar es Salaam kwa umbali wa kilomita 75. Hilo neno, 'Bagamoyo' limetokana na neno la 'bwagamoyo', lililo na maana ya 'tuliza moyo'. Mahali muhimu pa Bagamoyo ni Chuo cha Sanaa. Pale unaweza kuwaangalia wanafunzi wakifanya mazoezi katika muziki na kucheza ngoma. Kila mwaka kuna sherehe inayotokea wiki ya mwisho wa Mwezi wa Tisa.

Makumbusho ya Kitaifa jijini Dar es Salaam ni mahali pengine pa kuvutia. Humu ndani ya makumbusho hayo yamo mavumbuzi muhimu mengi ya akiolojia, kama vile viunzi vya mifupa vya binadamu na vya wanyama wa zamani sana, vyombo vya zamani na vitu vingine vya sanaa. Sehemu nyingine za makumbusho hayo zinahusikana na ustaarabu wa Waajemi wa Kilwa, biashara ya utumwa ya Zanzibar na vipindi vya ukoloni wa Wajerumani na Waingereza.

Tanzania ina mbuga za wanyama zilizo maarufu sana kotekote duniani kama vile, Serengeti, Shimo la Ngorongoro, Arusha, Tarangire, Ziwa Manyara, na Selous. Kila mwaka mbuga hizo za wanyama zinatembelewa na watalii wengi wanaotaka kuwaona wanyamapori kama vile, simba, fisi, vifaru, viboko, twiga na tembo.

Vocabulary

-tajwa	be mentioned
-a kusisimua	(*adj.*) exciting (*cf.* **-sisimua**, be thrilling, be exciting/enthralling)
mbuga	grasslands, steppe (**mbuga ya wanyama**, game reserve)
makumbusho	museum (*used in pl. only*)
kadha wa kadha	(*adj.*) certain, various
umbali	distance
kilomita	kilometre(s)
sherehe	celebration(s), ceremonial, rejoicing, festivity
mavumbuzi	discoveries
akiolojia	archaeology

viunzi	skeletons (frames/frameworks, hurdles) (*sing.* **kiunzi**)
ustaarabu	civilization
vipindi	period of time (*sing.* **kipindi**)
kotekote	everywhere
wanyamapori	wildlife, game (*used in pl., cf.* **wanyama**, animals, *and* **pori**, bush)

Exercise 6

Answer these questions about the reading in Swahili:

1 Mji wa Bagamoyo uko karibu na mahali gani?
2 Kuna umbali gani kati ya mji wa Bagamoyo na jiji la Dar es Salaam?
3 Chuo cha Sanaa kiko wapi?
4 Makumbusho ya Kitaifa yako wapi?
5 Vitu vya namna gani vimo ndani ya Makumbusho ya Kitaifa?
6 Watalii wengi wanazitembelea mbuga za wanyama Tanzania. Je, wanataka kuona wanyama wa namna gani?

9 Kufanya utafiti wa jamii

Doing social research

In this unit you will learn:
- the habitual tense **hu-**
- the applicative form of the verb
- how to say whether you like or dislike your work
- some verbs and nouns associated with work
- the causative form of the verb

Dialogue 1

As part of a study project, Subira interviews several people from the local community and asks them questions about their work and social activities. In her first interview, Subira is asking a woman some questions about her work

1 What work does the interviewee do?
2 What time does she wake up each morning?
3 Who goes to the market to buy the food?

SUBIRA:	Shikamoo mama!
MWANAMKE:	Marahaba!
SUBIRA:	Jina lako nani?
MWANAMKE:	Jina langu Rosa, lakini watu wa hapa wananiita kwa jina langu la kupanga, 'Mamantilie'.
SUBIRA:	Unakaa wapi?
BI. ROSA:	Ninakaa Manzese.
SUBIRA:	Unafanya kazi gani?
BI. ROSA:	Mimi ni mpishi. Ninawapikia wafanyakazi wa chuo kikuu chakula, yaani, walimu na wanafunzi wao, wafanyakazi wa ofisi, maaskari polisi, mafundi na wengine.

SUBIRA:	Tafadhali niambie wewe hufanya nini kila siku?
BI. ROSA:	Kila siku mimi huamka mapema sana, kama saa kumi na nusu hivi. Baada ya kusali, mimi huwapikia familia yangu chakula cha asubuhi. Baada ya kula, binti yangu huenda sokoni kuninunulia vyakula, kama vile mchele, unga, nyama, ndizi na kadhalika. Baada ya kuniletea vyakula hivyo, yeye huenda shuleni na mimi huenda kazini. Hapo kazini mimi huanza mara moja kuwatengenezea wateja chakula. Chakula cha mchana hupakuliwa toka saa sita mpaka saa tisa na nusu. Mimi hurudi nyumbani saa kumi alasiri. Baada ya kufika nyumbani, mimi huwapikia familia chakula cha jioni. Basi!
SUBIRA:	Asante.
BI. ROSA:	Karibu.

Vocabulary

jina la kupanga	nickname
mpishi	cook, chef
-pikia	cook for (*cf.* **-pika**, cook, *see Language structure for further explanation*)
wafanyakazi	workers (*sing.* **mfanyakazi**)
ofisi	office(s)
maaskari polisi	policemen (*sing.* **askari polisi**, *cf.* **askari**, soldier)
mafundi	craftsmen, mechanics, technicians, experts (*sing.* **fundi**)
hufanya	usually do (*see Language structure for further explanation*)
kila	every
-amka	wake up, get up
mapema	early, earlier, soon
-sali	pray
-nunulia	buy for, buy from (*cf.* **-nunua**, buy)
kama vile	for example, such as
mchele	rice (uncooked)
unga	flour (any powder-like substance)
nyama	meat
na kadhalika	et cetera (*abbreviation*: **n.k.**)
-letea	bring to, fetch for (*cf.* **-leta**, bring, fetch)
-anza	start, begin
mara moja	immediately, at once (once)

-tengenezea	prepare for, assemble for (*cf.* **-tengeneza**, repair, fix, manufacture, prepare, assemble)
wateja	customers/clients (*sing.* **mteja**)
chakula cha mchana	lunch (*lit.* food of the daytime)
-pakuliwa	be dished up, be served food (be unloaded) (*passive of* **-pakua**)
-rudi	return (reverse)
chakula cha jioni	dinner (*lit.* food of the evening)

Language structure

The hu- *tense*

This is probably the easiest of all the tenses to use, since it never takes any concord: the tense marker **hu-** is placed before the verb stem in all cases. If required, an object marker can be placed between the tense marker and the verb stem as normal. Used with a noun or self-standing pronoun, this tense denotes habitual action, for example:

mimi hufika	**nyinyi hufika**
I usually arrive	you (*pl.*) usually arrive
wewe hufika	**wao hufika**
you usually arrive	they usually arrive
yeye hufika	**watoto hufika**
s/he usually arrives	children usually arrive
sisi hufika	**mwalimu hufika**
we usually arrive	the teacher usually arrives

This pattern continues throughout the noun classes:

Treni hufika kila siku ila siku za Jumapili.
The train (usually) arrives each day except Sundays.

Matunda hufika kila wiki.
The fruits (usually) arrive every week.

Vitabu vipya hufika maktabani mwishoni mwa kila mwezi.
New books (usually) arrive in the library at the end of every month.

Monosyllabic verbs do not take the stem marker **-ku-**, as can be seen with the verbs **-la**, 'eat', and **-nywa**, 'drink':

mimi hula   I usually eat
mimi hunywa   I usually drink

Note that this tense should not be confused with the negative subject prefix of the second person singular which is also **hu-**. In the present negative, in contrast to the **hu-** tense, Bantu verbs end in **-i**. For example:

Wewe hunywi pombe.   You don't drink beer.
Wewe hunywa pombe. You usually drink beer.

Arabic verbs may present some difficulty as they do not often end in **-a**, but usually the context is sufficient to show what is being implied. For example, using the verb **-dhani** 'think':

Wewe hudhani.   You don't think
                              (*negative present tense*).
Wewe hudhani.   You usually think (**hu-** *tense*).

Exercise 1

Translate these sentences into English:

1 Mimi husoma Kiswahili kila siku.
2 Mama yangu huenda sokoni kila wiki.
3 Watoto huenda shuleni kutoka Jumatatu mpaka Ijumaa.
4 Dada yetu hupika chakula kila siku.
5 Treni hufika saa tatu asubuhi.

Exercise 2

Answer these questions in Swahili:

1 Watu humwita Bi. Rosa kwa jina gani?
2 Anakaa wapi?
3 Anafanya kazi gani?
4 Je, mwanamke huyo huamka saa ngapi?
5 Bi. Rosa husaidiwa na nani?
6 Binti yake huenda wapi kununua vyakula?
7 Bi. Rosa hurudi nyumbani saa ngapi?
8 Chakula cha mchana hupakuliwa saa ngapi?
9 Baada ya kurudi nyumbani, Bi. Rosa anafanya nini?

Language structure

The applicative extension

The applicative extension is one of the more complex, but also one of the most frequent extensions in Swahili. Like the passive extension, it is inserted between the verb root and the final vowel. The form of the applicative extension is either **-e-** or **-i-**, according to the rules of vowel harmony. Verbs ending in two vowels insert in addition an **-l-**, so that for these verbs the extension comes out as **-li-** or **-le-**. The main function of the extension is to show that some action is done for the benefit of, on behalf of, somebody:

Tunapika chai.
We are preparing tea.

Tunawapikia watoto chai.
We are preparing tea for the children.

Mamantilie atatengeneza chakula.
Mamantilie will prepare food.

Mamantilie atawatengenezea wateja chakula.
Mamantilie will prepare food for the customers.

Aliandika barua.
She wrote a letter.

Alimwandikia dadake barua.
She wrote a letter to/for her sister.

Wageni walileta soda.
The guests brought a soda.

Wageni walimletea Haroub soda.
The guests brought Haroub a soda.

Binti yangu huninunulia vitambaa (*cf.* **-nunua**, buy)**.**
My daughter buys fabric for me.

As shown in the examples, when the person for whom something is done is expressed, the object concord is used, and the human noun comes right after the verb.

The applicative extension can further be used to express a variety of other meanings which depend also on the context of use. In many cases, verbs with an applicative extension can be translated by a prepositional phrase in English:

Amefikia hoteli ya Sunset Beach (*cf.* **-fika**, arrive).
He is staying at the Sunset Beach hotel.

Walikalia kitanda (*cf.* **-kaa**, sit down).
They sat on the bed.

With some verbs of movement, the applicative form denotes movement towards:

hama	move out/away	**hamia**	move in/to
kimbia	run away	**kimbilia**	run to
geuka	turn (away)	**geukia**	turn to

Exercise 3

Use the applicative extension to integrate the nouns on the right into the sentences on the left.

E.g. **Subira analeta pasi.   Leo**
       Subira anamletea Leo pasi.

1 Trevor alinunua machungwa.	Kathy
2 Mpishi alipika nyama.	mimi
3 Wazazi wake Sandra wanatembea.	Sandra
4 Watoto wanachukua mzigo.	mwalimu
5 Tulihama Dar es Salaam, na	Tanga.

Dialogue 2

This time, a man is questioned about his work

1 Does the interviewee work alone?
2 How many people are involved in the job?
3 What is the relationship between them?

SUBIRA:	Unafanya kazi gani?
MWANAMUME:	Mimi ni mhasibu. Ninawasaidia watu kuendesha biashara zao na kulipa kodi.
SUBIRA:	Je, unafanya kazi peke yako?
MHASIBU:	Hapana. Ninafanya kazi pamoja na watu wawili wengine; mmoja ni mpwa wangu wa kiume na mwingine ni mwenzangu wa shule.
SUBIRA:	Unapenda kazi yako?
MHASIBU:	Ndiyo, naipenda.

SUBIRA: Kwa nini?

MHASIBU: Kwa sababu ninapata nafasi ya kuhakikisha kuwa wafanyabiashara, hasa wale wenye biashara ndogo, wanalipa kodi barabara; wasilipe nyingi mno wala ndogo mno. Kwa kufanya hivyo wafanyabiashara hao wanapata faida zaidi katika biashara zao.

SUBIRA: Hivyo uhasibu ni kazi ya kufaa?

MHASIBU: Ndiyo, inafaa.

SUBIRA: Asante.

MHASIBU: Karibu.

Vocabulary

mhasibu	accountant (*cf.* **-hesabu**, count, calculate)
-endesha	manage a business (drive a vehicle, push/pressure someone)
biashara	business, commerce, trade
kodi	tax, rental fee, levy
nafasi	opportunity (place, space, a vacancy, time, leisure)
-hakikisha	make sure, make certain
wafanyabiashara	business people, traders (*sing.* **mfanyabiashara**)
barabara	perfectly, flawlessly, precisely, exactly (*pronounced:* **baràbara** *distinguishing this adverb from the noun* **barabara**, highway, main road, street, avenue)
wala	nor, neither
faida	profit
uhasibu	accountancy
-faa	be useful, proper, fitting, sensible

Language use

Saying whether you like or dislike your job

Napenda kazi yangu
I like my work

Hatupendi kazi yetu
We don't like our work

Naipenda
I like it (work)

Hatuipendi
We don't like it (work)

Inafaa
It (work) is suitable/good

Haifai
It (work) is unsuitable/not good

Some verbs and nouns associated with work

Kufanya kazi ya ...	<u>Doing</u> the job of ...
-endesha	drive (a vehicle), manage (a business)
-andika	write
-somesha/-fundisha	teach, educate
-tengeneza	repair, manufacture, prepare, assemble

Ninafanya kazi ya kuendesha teksi.
I am doing the job of driving a taxi.

or **Mimi ni <u>dereva</u> wa teksi.**
I am a taxi driver.

Anafanya kazi ya kuandika vitabu.
She is doing the work of writing books.

or **Yeye ni <u>mwandishi</u> wa vitabu.**
She is a writer of books.

Tunafanya kazi ya kusomesha Kiswahili.
We are doing the job of teaching Swahili.

or **Sisi ni <u>walimu</u> wa Kiswahili.**
We are Swahili teachers.

Wanafanya kazi ya kutengeneza gari.
They are doing the work of repairing cars.

or **Wao ni <u>mafundi</u> wa gari.**
They are car mechanics.

Exercise 4

Translate the following sentences into Swahili:

1 I like doing my job but I don't like doing yours.
2 My job is good, yours is not good.
3 That worker is suitable, this worker is unsuitable.
4 I like your workers because they are all good. I dislike my fellow workers, all are unsuitable.
5 These drinks are suitable, that drink is unsuitable.

Exercise 5

Answer these questions in Swahili:

    E.g. Q. **Sisi ni mafundi wa gari, kwa hiyo tunafanya kazi gani?**
          A. **Mnafanya kazi ya kutengeneza gari.**

1 Mimi ni mwandishi wa vitabu, kwa hiyo ninafanya kazi gani?
2 Wewe ni mwalimu wa Kiswahili, kwa hiyo unafanya kazi gani?
3 Nyinyi ni dereva wa treni, kwa hiyo mnafanya kazi gani?
4 Wao ni waandishi wa vitabu vizuri, kwa hiyo wanafanya kazi gani?
5 Yeye ni fundi wa gari, kwa hiyo anafanya kazi gani?

Dialogue 3

Now, another person is helping Subira with her research by answering her various questions

1 What does the interviewee do in the evening?
2 Where does the interviewee work in the daytime?
3 When were the books published?

SUBIRA:	Unaitwa nani?
MTU:	Naitwa Hawa.
SUBIRA:	Una shughuli gani?
HAWA:	Siku hizi ninajishughulisha na kuimba na kusomesha.
SUBIRA:	Wewe ni mwimbaji na mwalimu pia?
HAWA:	Ndiyo. Jioni ninaimba nyimbo za tarab na kikundi cha wanamuziki wa hapa. Mchana ninasomesha fasihi hapa chuo kikuu.
SUBIRA:	Unasomesha fasihi ya namna gani?
HAWA:	Ninasomesha fasihi za namna mbalimbali, kama vile fasihi andishi, fasihi linganishi na fasihi simulizi.
SUBIRA:	Je, umeandika kitabu?
HAWA:	Ndiyo. Nimeshaandika vitabu viwili: cha kwanza kilichapishwa mwaka jana, cha pili kilichapishwa mwaka huu.
SUBIRA:	Nimeshangaa! Mwimbaji, mwalimu na mwandishi! Umejishugulisha na mambo mengi mbalimbali. Wewe ni mwanamke mchapa kazi.
HAWA:	Si mimi peke yangu. Wanawake wengine wanafanya hivyohivyo tu.

Vocabulary

shughuli	business, pursuits, preoccupations, activity
-jishughulisha	be busy with, attend to, concern self with
-imba	sing
-somesha	teach, educate, provide education (*cf.* **-soma**, read, study. *See language structure below*)
mwimbaji	singer
nyimbo	songs (*sing.* **wimbo**)
tarab	(*also* **tarabu/taarab**) Music of a Swahili/Arab origin. A singer is accompanied by an orchestra
kikundi	group (*pl.* **vikundi**)
wanamuziki	musicians (*sing.* **mwanamuziki**), (**kikundi cha wanamuziki**, group of musicians)
fasihi	literature
namna	kind, sort
fasihi andishi	written literature (*cf.* **-andika**, write)
fasihi linganishi	comparative literature (*cf.* **-linganisha**, compare)
fasihi simulizi	oral literature (*cf.* **-simulia**, narrate, tell stories)
kitabu	book (*pl.* **vitabu**)
-chapishwa	be published
-shangaa	be amazed/surprised
mwandishi	writer, author (*pl.* **waandishi**)
mchapa kazi	hard worker (*pl.* **wachapa kazi**)

Language structure

The causative form of the verb

Like the passive form (see Unit 7, Dialogue 2) and the applicative form, the causative form of the verb is formed by adding a new ending to the verbal base. There are two causative endings, **-Ish-** and **-Iz-** (where the capital 'I' stands for either **-i-** or **-e-** as before):

Verb		*Causative form*	
-soma	read	**-somesha**	cause to read, make read, teach

There is no difference in meaning between **-Ish-** and **-Iz-**. Most verbs take **-Ish-**, some take **-Iz-**, and a few can take both:

-lipa	pay	**-lipisha**	cause to pay,
		or **-lipiza**	make pay

As can be guessed from its name, the causative form expresses the fact that somebody (or something) causes somebody or something to do something:

Watoto walisoma.
The children read.

Mwalimu aliwasomesha watoto.
The teacher made the children read.
(*also* The teacher taught the children.)

In these examples it is the teacher who causes the children to read. Syntactically, the subject of the base form (**watoto**) becomes the object of the causative form, for which a new subject (**mwalimu**) is introduced.

The causative ending is mainly used with verbs, but it can also be used with adjectives and nouns, which then become causative verbs:

Adjective		*Causative verb*	
safi	clean	**-safisha**	make clean, to clean
-fupi	short	**-fupisha**	shorten

Noun		*Causative verb*	
hakika	certainty	**-hakikisha**	make certain
shughuli	occupation	**-shughulisha**	occupy someone

There are a number of irregular causative forms which are not formed with the causative endings, but rather change their final consonant, which most often becomes **-sh-**:

-anguka	fall down	**-angusha**	throw down, drop
-amka	wake up	**-amsha**	wake somebody
-kumbuka	remember	**-kumbusha**	remind
-chemka	boil	**-chemsha**	make boil
-gawana	share	**-gawanya**	distribute

Verbs ending in two vowels often insert a **-z-**, as does **lala**, 'sleep':

-jaa	be full	**-jaza**	fill
-lala	sleep, lie down	**-laza**	cause to sleep, lie down

Others take **-lish-** or **-lesh-**:

-jua know   **-julisha** cause to know,
                          introduce

Exercise 6

Choose the correct causative verb to fit the gap:

anamkumbusha   **inamsahaulisha**   **anamlipisha**
anaendesha   **anamwamsha**

1 Kathy anamfanya Leo aamke, kwa hiyo Kathy _____ Leo.
2 Subira anamfanya mwalimu akumbuke kuchukua vitabu, kwa
  hiyo _____ kuchukua vitabu.
3 Leo anamfanya Subira alipe, kwa hiyo _____.
4 Hawa anafanya gari liende, kwa hiyo _____ gari.
5 TV inamfanya Subira asahau darasa, kwa hiyo TV _____
  darasa.

Exercise 7

Give the causative of the verbs listed below:

  -soma   -andika   -sema
  -imba   -anza   -pika
  -penda   -shangaa   -rudi

Reading

Taasisi ya Uchunguzi wa Kiswahili (TUKI)

Taasisi ya Uchunguzi wa Kiswahili ni sehemu ya Chuo Kikuu cha
Dar es Salaam. Lengo kuu la TUKI ni kuchunguza na kuendeleza
lugha ya Kiswahili. Kuna sehemu tano za kufanya uchunguzi wa
isimu, wa leksikografia (yaani kutunga kamusi), wa istilahi, wa
tafsiri, na wa fasihi.

Sehemu ya Isimu

Sehemu hiyo imechapisha kitabu kuhusu mofolojia ya Kiswahili
kiitwacho *Sarufi Maumbo ya Kiswahili Sanifu* (1983).

Sehemu ya Leksikografia

Sehemu hii inahusikana na kamusi za aina mbalimbali. Sehemu hiyo imechapisha kamusi muhimu kama vile, *Kamusi ya Kiswahili Sanifu* (1981), *Kamusi Sanifu ya Biolojia, Fizikia na Kemia* (1990) na *Kamusi Sanifu ya Isimu* (1990). *Kamusi ya Kiingereza-Kiswahili* pia ilichapishwa na sehemu hiyo.

Sehemu ya Istilahi na Tafsiri

Sehemu hii ina vitengo viwili: Kitengo cha Tafsiri na Kitengo cha Istilahi.

Sehemu ya Fasihi

Sehemu hiyo inafanya uchunguzi katika fasihi na desturi za jadi, hasa fasihi simulizi (nyimbo, hadithi za jadi, misemo, na ushairi), fasihi andishi (riwaya, hadithi fupi, tamthilia na ushairi), na sanaa za maonyesho. Maandishi ambayo yamechapishwa na sehemu hiyo ni *Historia ya Ushairi wa Kiswahili* (1995), *Uchunguzi wa Riwaya ya Kiswahili na Jamii* na *Fasihi Simulizi ya Pwani ya Tanzania, Pamoja na Visiwa vya Pemba na Unguja.*

Vocabulary

taasisi	institute, institution
lengo	objective, aim, goal (*pl.* **malengo**)
-kuu	(*adj.*) great, important, main
-chunguza	examine, inspect, analyse; do research
-endeleza	assure the progress of/the continuance of/ the development of
lugha	language
isimu	linguistics
-tunga	compose, arrange, put together
kamusi	dictionary
istilahi	terminology
tafsiri	translation
-chapisha	print, publish
sarufi	grammar
maumbo	shape, form, structure, design, layout
sanifu	(*adj.*) standard, proper, acceptable, artful, crafted

-husikana	be concerned with, be relevant to
kamusi	dictionary (-ies)
muhimu	(*adj.*) important, urgent
vitengo	units (*sing.* **kitengo**)
desturi	custom(s), way(s)
-a jadi	(*adj.*) ancestral
hadithi	story, narrative, an account
misemo	sayings, idioms (*sing.* **msemo**)
ushairi	poetry
riwaya	novel
tamthilia	drama, play

10 Sherehe ya arusi

A wedding celebration

In this unit you will learn:

- how to extend an invitation
- to provide additional information about people or things using the tensed relative 'who', 'which'
- to emphasize the most important aspects of what you are saying by using the emphatic copula **ndi-**
- the **amba-** relative
- the general relative

Dialogue 1

Rosa (Mamantilie) and Hawa are talking about a wedding celebration

1 Why was Rosa asked to attend the wedding?
2 Why was Hawa invited to the wedding?
3 Where will the wedding take place?

BI. ROSA: Wikiendi hii nitakwenda kwenye sherehe ya arusi. Niliombwa na wazee wa biarusi kuwasaidia matayarisho ya chakula. Kwa kweli ndiye baba yake biarusi aliyeniomba kuhudhuria kwenye sherehe hiyo ya arusi.

BI. HAWA: Mimi pia nitahudhuria kwenye sherehe ya arusi wikiendi hii. Nilialikwa pamoja na kikundi changu cha wanamuziki, kuimba nyimbo kwenye sherehe hiyo. Ndiye biarusi mwenyewe aliyenialika.

BI. ROSA: Jamani! Labda sisi sote tunakwenda kwenye sherehe hiyohiyo.

BI. HAWA: Sherehe hiyo ya arusi nitakayoihudhuria itakuwapo Sinza.

Bɪ. Rosa: Vilevile nitakwenda kwenye sherehe ya arusi pale Sinza. Watu wale watakaoooana wanaitwa Bi. Subira na Bwana Yusufu.

Bɪ. Hawa: Bila shaka tumealikwa kuhudhuria kwenye sherehe hiyohiyo.

Bɪ. Rosa: Mpishi, mwimbaji, basi twende arusini!

Vocabulary

wikiendi	weekend (*also* **mwishoni mwa wiki**)
sherehe	celebration, party
arusi	wedding
wazee	elders, parents (*cf.* **Mzee**, *term of address*)
biarusi	bride (*cf.* **bibi arusi**)
matayarisho	preparations
ndiye	it is him (*see Language structure below for the emphatic copula*)

aliyeniomba	who asked me (*see Language structure below for relative constructions*)
-hudhuria	attend, be present
-alikwa	be invited (*cf.* **-alika**, invite)
labda	maybe, possibly
sisi sote	we all, all of us
nitakayoihudhuria	which I will attend (*see Language structure*)
-oana	marry each other
watakaooana	who will marry each other (*see Language structure*)

Language use

Extending invitations

arusi	wedding	**mwaliko**	invitation
sherehe	party	**-alika**	invite
tafrija	reception, party	**-karibisha**	invite

Tunakualika katika arusi, sherehe, tafrija ...
We are inviting you to the wedding, party, reception ...

Alimkaribisha rafiki yake kwa chakula cha jioni.
He invited his friend for dinner.

-hudhuria	attend
-kubali mwaliko	accept an invitation
-kataa mwaliko	decline an invitation

Nasikitika kukuarifu kwamba sitaweza kuhudhuria katika tafrija.
I am sorry to inform you that I will not be able to attend the reception.

Well-wishing

hongera   congratulation

Kumpa mtu hongera.
To give someone congratulations.

Ninakutakia furaha ya sikukuu ya kuzaliwa.
I wish you happiness on your birthday.

Tunamtakia heri ya mwaka mpya.
We wish her luck for the New Year.

Language structure

The tensed relative

Relative clauses are useful for providing additional information about people or things you talk about. For example, if you talk about a singer (**mwimbaji**) and you want to say that she is from Tanga (**anatoka Tanga**) and that she likes coffee (**anapenda kahawa**), you can do this by using two separate sentences, or by using a relative clause within one sentence:

Mwimbaji anatoka Tanga. Anapenda kahawa.
The singer comes from Tanga. She likes coffee.

Mwimbaji anayetoka Tanga anapenda kahawa.
The singer who comes from Tanga likes coffee.

The fact that **anayetoka Tanga** is a relative clause is signalled by the use of the referential concord **-ye-**, showing that the relative clause refers to the singer. It is she, after all, who is from Tanga. Relative clauses, or more precisely, so-called tensed relative clauses, are formed by placing the 'referential concord' between the tense marker and the verb stem (or the object marker if present). The referential concord agrees with the class of the 'head' of the relative (that is the noun to which it refers), and there are referential concords for every class. In fact, they are, except for **-ye-**, identical to the concords used in the third demonstrative (Unit 6, Dialogue 1):

M-WA
ye – o   **Mtu anayetoka Tanga ...**
The person who comes from Tanga ...
Watu wanaotoka Tanga ...
The people who come from Tanga ...

N
yo – zo   **Barua inayotoka Tanga ...**
The letter which comes from Tanga ...
Barua zinazotoka Tanga ...
The letters which come from Tanga ...

JI-MA
lo – yo   **Behewa linalotoka Tanga ...**
The carriage which comes from Tanga ...
Mabehewa yanayotoka Tanga ...
The carriages which come from Tanga ...

M-MI
o – yo   **Mti unaotoka Tanga ...**
The tree which comes from Tanga ...
Miti inayotoka Tanga ...
The trees which come from Tanga ...

KI-VI
cho – vyo   **Kitanda kinachotoka Tanga ...**
The bed which comes from Tanga ...
Vitanda vinavyotoka Tanga ...
The beds which come from Tanga ...

U
o   **Ufunguo unaotoka Tanga ...**
The key which comes from Tanga ...
Funguo zinazotoka Tanga ...
(*same as N class plural*)
The keys which come from Tanga ...

PA-KU-MU
po – ko – mo   **Mahali panapoitwa Tanga ...**
The place which is called Tanga ...

KU
   ko   **Kuimba kunakotoka Tanga ...**
             The singing which comes from Tanga ...

This form of relative clause is called tensed relative because it can be used with the most important tenses, present **-na-**, past **-li-**, and future **-ta-** (which becomes **-taka-**), as well as the negative marker **-si-**:

   Mwimbaji anayependa kahawa ...
   The singer who likes coffee ...

   Mwimbaji aliyependa kahawa ...
   The singer who liked coffee ...

   Mwimbaji atakayependa kahawa ...
   The singer who will like coffee ...

   Mwimbaji asiyependa kahawa ...
   The singer who doesn't like coffee ...

For all other tenses, a different relative clause strategy (the **amba-** relative discussed after the next dialogue) has to be used.

Exercise 1

Fill in the appropriate referential concord to complete the sentences below:

   E.g. **Mwanafunzi yule aliyefika jana ametoka Marekani.**

1 Wanamuziki wali____toka Bagamoyo wanataka chai.
2 Treni ina____toka Dodoma imechelewa.
3 Katika lugha ya Kiingereza kuna maneno mengi yana____toka lugha za Kiafrika.
4 Chungwa lile nili____kupa lilinunuliwa na kaka yako.
5 Vitabu vili____andikwa na mwalimu vimenunuliwa na wana-funzi.

Exercise 2

Translate this paragraph into Swahili:

The person who came yesterday gave me a book which I will read tomorrow. This book, which I shall read, is written in Swahili. The words which are written in this book will help me with learning this African language. I like books which teach languages. The people who will come here tomorrow will buy those books which are written in English.

Language structure

The emphatic copula

There are occasions when it is not quite enough just to say what happened, but where it is important to point out precisely the main person or thing we want to talk about. One way of doing this is by using the 'emphatic copula'. The emphatic copula is formed with the prefix **ndi-** followed by the referential concord or special forms for the participants. It can be roughly translated as 'It is I', 'It is you', 'It is he or she'.

ndi + **mi**	It is I	**ndi** + **si**	It is us
ndi + **we**	It is you	**ndi** + **nyi**	It is you (*pl.*)

M-WA
ndi + **ye**	It is he *or* she	**ndi** + **o**	It is they

JI-MA
  ndi + **lo**

N
  ndi + **yo**

M-MI
  ndi + **o** It is it

KI-VI
  ndi + **cho**

U
  ndi + **o**

ndi + **yo**

ndi + **zo**

ndi + **yo** It is they

ndi + **vyo**

PA
ndi + **po**	It is where/when (then)
ndi + **ko**	It is where/there
ndi + **mo**	It is there (inside), within

KU
ndi + **ko**	It is it

There are two examples of the emphatic copula in the dialogue, and both are followed by a relative clause, which is a very common context for the emphatic copula:

Ndiye baba yake biarusi aliyeniomba kuhudhuria kwenye sherehe hiyo ya arusi.
It is the bride's father who asked me to attend the wedding celebration.

Ndiye biarusi mwenyewe aliyenialika.
It is the bride herself who invited me.

The emphatic copula is also often heard as an answer to a question:

Nani alinunua samaki?   **Ndimi.**
Who has bought the fish?   It is me.

or

Ni nani aliyenunua samaki?   **Ndimi.**
Who is it who has bought the fish?   It is me.

The negative emphatic copula is formed with **si-** instead of **ndi-**:

Simi.   It is not me.
Sinyi.   It is not you (*pl.*).

Exercise 3

In the following sentences, complete the emphatic copula and other words expressing the relative clause, by writing in the appropriate referential concord which has been omitted:

1 Hawa ndi_____ waimbaji wana_____penda kahawa.
2 Huyu ndi_____ mwimbaji asi_____penda kahawa.
3 Hizi ndi_____ barua zitaka_____pelekwa kesho.
4 Ule ndi_____ mti usi_____zaa matunda.
5 Ufunguo huu ndi_____ ule nili_____utumia kwa kufungulia mlango ule.
6 Hivi ndi_____ vyakula vitaka_____liwa na wageni wa arusi.
7 Ile ndi_____ miti ina_____tumiwa kwa kujengea nyumba.

Dialogue 2

Today is the day for preparing the food for the wedding feast. This day is called **siku ya kudondoa mchele**, *'the day of choosing the perfect rice'. Miss Rosa is meeting some other people who will also help with the preparation and cooking of the food*

1 Where are the food and utensils to be used for the wedding banquet?
2 What will the cooking pots on the table be used for?
3 Besides the goat meat, what other meats will be prepared for the feast?

BI. ROSA: Mimi ndiye mtu ambaye amekuja kukusaidieni kutayarisha chakula. Naitwa Rosa.

MPISHI 1 & 2: Karibu Bi. Rosa.

MPISHI WA 1: Habari za saa hizi?

BI. ROSA: Salama tu. Je, tuna vitu vyote ambavyo tutavihitaji kwa karamu ya arusi?

MPISHI WA 2: Ndiyo, tunavyo. Vyakula na vyombo ambavyo tutavitumia kwa karamu ya arusi vyote vipo jikoni.

(*In the kitchen, the second cook is showing Miss Rosa the cooking utensils and food which they will use*)

MPISHI WA 2: Hizi ndizo sufuria ambazo zitatumiwa kwa kupika pilau. Zile nyingine zilizopo mezani ndizo sufuria ambazo zitatumiwa kwa kutengeneza viazi na mboga nyingine.

BI. ROSA: Chombo kikubwa ambacho kitatumiwa kwa kuchoma nyama ya mbuzi kiko wapi?

MPISHI WA 2: Kimo mle kabatini pamoja na vyombo vingine ambavyo tutavitumia kwa kupika nyama ya ng'ombe, kuku na samaki.

BI. ROSA: Basi! Sisi tuna kazi kubwa ya kufanya. Hujui ile methali: *Bila silaha usiingie vitani.*

MPISHI WA 2: Naijua Bi. Rosa, naijua vyema. Tena, najua kwamba: *Mwenye kisu kikali ndiye atakayekula nyama.* Wewe una akili kama kisu kikali. Bila shaka sisi wapishi tutapika chakula kitamu sana. Yule bwana arusi na biarusi wake pamoja na jamaa zao na wageni wote watapendezwa na jitihada zote ambazo tutazifanya.

Vocabulary

-dondoa	pick out bits/select
mchele	rice grain (uncooked, *pl.* **michele**)
ambaye	who (*see Language structure below for the* **amba-** *relative*)
-tayarisha	prepare, arrange
vitu	things (*sing.* **kitu**)
ambavyo	which (*see Language structure below for the* **amba-** *relative*)
tunavyo	we have them
vyombo	utensils, equipment, vessels, tools (belongings, agencies) (*sing.* **chombo**)
jikoni	in the kitchen (*cf.* **jiko**, cooking place, kitchen, stove) (*pl.* **majiko**)
sufuria	metal cooking pot(s)
pilau	spicy rice usually cooked together with meat or chicken
zilizopo	which are at/in (*see Language structure after Dialogue 3 below for the general relative*)
viazi	potatoes (*sing.* **kiazi**)
mboga	vegetable(s)
-choma	roast, toast, burn (*also* pierce, stab)
mbuzi	goat(s)
kabatini	cupboard
ng'ombe	cow(s), ox(en)
methali	proverb(s)
vyema	precisely, very well, in that manner
kisu	knife (*pl.* **visu**)
-kali	(*adj.*) sharp (also fierce, wild, stern, strict, spicy (*e.g. of food*), strong (*e.g. of alcohol/tobacco etc.*)
-tamu	(*adj.*) sweet, delicious, tasty (aggreable, enjoyable)
-pendezwa	be pleased (*passive of* **-pendeza**)
jitihada	effort(s), zeal (*also* **jitihadi**)

Language point

Swahili proverbs

Dialogue 2 of this unit contains two well-known Swahili proverbs: **Bila silaha usiingie vitani** (*lit.*: 'Don't enter a war without a weapon') issues a warning 'not to take on a difficult task without making adequate preparations'; and **Mwenye kisu kikali ndiye atakayekula nyama** (*lit.*: 'The person with the sharp knife is the one who will eat the meat') implying that 'the person who is ready for the occasion has the best chance of success'.

Proverbs like those above (and those previously used in Dialogue 2 of Unit 8) are an eloquent use of the language, showing a person's familiarity with widely held truths in the society. In Swahili-speaking society, as with a great many other African societies, the use of proverbs is seen as an important expression of wisdom and knowledge of the areas of activity and thought in the daily life of the people. Proverbs and other significant sayings are used often in everyday Swahili conversation.

Language structure

The amba- *relative*

The **amba-** relative is probably the easiest of the Swahili relative strategies. It is formed with the aid of the word **amba-**, originally a verb meaning 'say'. Like the tensed relative, the relative clause of the **amba-** relative agrees with the head by using the referential concord. In the **amba-** relative, the referential concord is added to **amba-**, and the whole word immediately follows the head:

Mwalimu amba*e* anatoka Tanga.
The teacher who is from Tanga.

Watu amba*o* sasa wanakaa Arusha.
The people who are now living in Arusha.

The **amba-** relative can be used instead of the tensed relative (although stylistically it is better to use the tensed relative wherever possible), but its main advantage is that it can be used with all tenses, including those which are not possible with the tensed relative. Thus, if the relative clause is for example in the perfect tense, it has to be formed with **amba-**:

Mtu ambaye ameondoka
The person who has left

Other examples of **amba-** relatives are:

Wanafunzi ambao wamefika ...
The students who have arrived ...

Mti ambao umepandwa ...
The tree which has been planted ...

Miti ambayo imeng'oka ...
The trees which have been uprooted ...

Neno ambalo limeandikwa ...
The word which has been written ...

Macho ambayo yamevimba ...
The eyes which are swollen ...

Chumba ambacho hutumiwa ...
The room which is usually used ...

Vitabu ambavyo vimesomwa ...
The books which have been read ...

Habari ambayo imesomwa ...
The news item which has been read ...

Nyumba ambazo zimejengwa ...
The houses which have been built ...

Ukuta ambao umeanguka ...
The wall which has fallen ...

Kuimba ambako kumesikika ...
The singing which has been heard ...

Mahali ambapo pametembelewa ...
The place which has been visited ...

Exercise 4

Refer back to Exercise 1 and change the sentences listed 1–5 using the **amba-** relative.

> E.g. the given example of the tensed relative
>
> **Mwanafunzi yule aliyefika jana ametoka Marekani.**
>
> will now read, using the **amba-** relative:
>
> **Mwanafunzi yule *ambaye* alifika jana ametoka Marekani.**

Exercise 5

Change the **amba-** relatives in the following sentences into tensed relatives where possible (note that not all of them can be changed in this manner).

1 Watu ambao walifika jana wameshaondoka.
2 Michungwa ambayo ilipandwa na mkulima haizai machungwa.
3 Nyumba ambazo zilijengwa zimenunuliwa na wageni.
4 Kitabu kile ambacho kimeandikwa na mwalimu kimesomwa na wanafunzi.
5 Maneno ambayo yaliandikwa na mwandishi nimeshayasoma.
6 Ukuta ambao umeanguka umejengwa tena na watu wale.
7 Mwanafunzi ambaye anataka kitabu atarudi kesho.

Dialogue 3

Here at the wedding reception, the bride and her mother are talking about the guests who have come to celebrate with them

1 What does the teacher like to do?
2 Besides the singer, who else did the bride invite to the wedding reception?
3 The bride and her mother are in agreement over what thing?

MAMA: Je, mwanamke yule anayeimba sasa, ndiye mwalimu apendaye kuimba?

BIARUSI: Ndiyo. Yeye ndiye mwalimu niliyemkuta wakati wa utafiti wangu. Aliniambia kwamba licha ya kusomesha, anapenda kuimba, kwa hiyo niliamua kumwalika na kikundi chake cha wanamuzikai kwenye arusi yetu.

MAMA: Na mama yule anayecheza ngoma za chakacha na lele-mama, si mwanamke yuleyule apendaye kupika chakula?

BIARUSI: Ndiyo, ni yuleyule. Ndiye mtu apikaye chakula kwa watu wafanyao kazi mlimani. Baba huenda kwenye kibanda chake kwa chakula cha mchana.

MAMA: Bila shaka chakula apikacho ni kitamu sana. Je, unakubali?

BIARUSI: Nakubali. Vyote atengenezavyo ni vizuri kupita kiasi. Kweli mwanamke huyu pamoja na mwimbaji huyo, na jamaa zetu, wamefanya arusi yetu iwe siku ya kukum-bukwa.

Vocabulary

aliye	s/he who is (*see Language structure below*)
apendaye	who likes (*see Language structure below*)
-kuta	find, meet
licha ya	besides, aside from, let alone, despite
-amua	decide
ngoma	traditional dance(s), drum(s) (*The* **chakacha** *and* **lelemama** *are traditional dances performed by women at weddings.*)
kibanda	shed, hut, kiosk
-kubali	agree (permit, accept)
atengenezavyo	which s/he prepares
kupita kiasi	better/more than usual, *lit.* to surpass the average amount
-kumbukwa	be remembered

Language structure

The general relative

The final relative strategy is the general relative. This construction is not as frequent as the other two strategies, but you will encounter it especially in writing. In the general relative, the referential concord is placed immediately after the verbal base, which is preceded by the subject (and possibly object) concord. There is no tense marker in the general relative:

Mtu apendaye kahawa.
The person who likes coffee.

Watu wapikao chakula.
The people who cook the food.

The general relative combined with the special verb **-li-**, 'be', can be used to form relatives of the copula (this **-li-** is not the past tense marker **-li-**):

mimi niliye	I who/am
wao walio wageni	they who are strangers
mambo yaliyomo	the things which are inside
vyombo vilivyopo mezani	the utensils which are on the table

Exercise 6

Can you spot the words which have been written with the wrong referential concord in the passage below?

Arusi ya Bw Yusufu na Bi Subira ilikuwa sherehe nzuri sana. Watu wote ambacho walikuwapo walicheza densi na walikula chakula kitamu kililopikwa na mpishi aliotoka Tanga. Baada ya sherehe, Bw. na Bi Arusi walisafiri Moshi ambaye watapanda Mlima Kilimanjaro.

Reading

Ndoa

Mitazamo ya watu kuhusu mambo ya ndoa inatofautiana. Tofauti hizo zinatokana na jinsia, umri, au desturi za watu wanaohusika. Data inayotokana na takwimu za siku hizi zinaonyesha tofauti za mtazamo kati ya wanaume na wanawake, watu wa miaka ya 1960 na wa siku hizi, na pia kati ya nchi tatu za Afrika ya Mashariki, yaani Tanzania, Kenya, na Uganda.

Kwa mfano, wanawake wanaolewa wakiwa na umri mdogo zaidi kuliko wanaume. Nchini Tanzania, asilimia 70 ya wanawake ambao wana umri baina ya miaka 20–24 wameshaolewa, ambapo asilimia 30 tu ya wanaume wa rika hilohilo wameoa. Walakini, katika rika la miaka 35–39, hakuna tofauti baina ya wanawake na wanaume, kwa maana zaidi ya asilimia 80 ya wote wawili, wanawake na wanaume wameoana.

Katika miaka thelathini iliyopita wanawake na wanaume wengi waliamua kuoa wakiwa na umri mkubwa zaidi. Kwa mfano, nchini Kenya, katika mwaka 1969 asilimia 26 ya wanaume, na asilimia 76 ya wanawake wameolewa kabla hawajafikia umri wa miaka 25. Katika mwaka 1998, takwimu hizo zimebadilika kuwa asilimia 16 ya wanaume na asilimia 58 ya wanawake ambao wameolewa.

Zaidi ya asilimia 10 ya wanawake wa Tanzania wenye umri zaidi ya miaka 50 ni watalaka au wametengana na waume zao. Kwa upande mwingine, karibu asilimia 7 tu ya wanaume wa Tanzania ni watalaka. Katika nchi ya jirani, Kenya, idadi ya watu ambao wametengana au walio watalaka wenye umri zaidi ya miaka 50 inapungua zaidi kuwa asilimia 3 kwa jinsia zote mbili. Nchini Uganda, idadi ya watu ambao wametengana au walio watalaka ndiyo kubwa zaidi kuliko zote katika Afrika Mashariki, kuwa asilimia 20 kwa jinsia zote mbili zenye umri zaidi ya miaka 50.

Vocabulary

mitazamo	viewpoints, attitudes (*sing.* **mtazamo**)
-tofautiana	be different
tofauti	difference
-tokana na	result/stem from
jinsia	gender, sex
desturi	custom(s), way(s)
-husika	be involved, be concerned, be applicable
takwimu	statistic(s)
kwa mfano	for example (*abbreviated* **k.m.**)
asilimia	per cent
hali	while, seeing that, when
rika	age group, contemporary, peer
walakini	but, however
kwa maana	because, since, that is to say
-badilika	be changed
kwa upande mwingine	on the other hand (from the other direction)
karibu	nearly (near, nearby)
jirani	neighbour
idadi	total, number (population)
walio	they who are (**wa** + **li** + **o**)
-pungua	diminish, decrease, be reduced

11 Taabu za nyumbani

Trouble at home

In this unit you will learn:

- the situational tense **-ki-**
- the conditional tenses **-nge-** and **-ngali-**
- the reciprocal extension **-an-**
- how to bring your point across
- how to reason hypothetically
- how to use words to structure arguments

Dialogue 1

Tatu and her brother, Hadji, are quarrelling. The dispute is about the various ways to cook rice

1 According to Tatu, how does her mother cook rice?
2 According to Hadji, how does his mother cook rice?
3 What does the mother say about her own cooking methods?

TATU: Ukiukoroga wali wakati unapochemka utagandana.

HADJI: Nabisha! Usipoukoroga wali utakuwa kama mchanga.

TATU: Sivyo! Nabisha! Ukimwona mama anapika wali utaona kwamba yeye haukorogi wali. Mama atauacha uchemke polepole hadi maji yametoweka.

HADJI: Ulikuwa wapi wewe mama yetu alipopika wali? Au ulikuwa kipofu? Mama hukoroga wali wakati unapopikwa.

(*Mother enters the kitchen*)

MAMA: Kuna nini hapa? Mbona mnabishana nyinyi? Mbona mnapiga kelele?

TATU: Hadji anasema kwamba wewe hukoroga wali wakati unapopikwa, na mimi nasema sivyo hivyo.

MAMA: Jinsi hizo zote mbili ni sawa. Inategemea aina ya mchele ambao nitautumia. Baadhi ya michele inahitaji kukorogwa na mingine inahitaji iachwe. Kwa hiyo nyinyi nyote mnasema ukweli.

HADJI: Tatu inaonekana kwamba mabishano yetu yalikuwa kazi bure.

TATU: Ndiyo. Sasa tunajua kwamba kuna jinsi kadha za kupika wali. Tafadhali mama tufundishe.

Vocabulary

-koroga	stir, stir up, mix ingredients (**Ukiukoroga mchele**, If you stir the rice, **Usipoukoroga mchele**, If you don't stir the rice. *See Language structure below for further explanation of the situational tense*)
-chemka	boil
-gandana	be stuck together, hardened fast (frozen)
mchanga	sand (*pl.* **michanga**)
sivyo!	that's not so! not that way!
-acha	leave, leave behind (stop, quit, give up)
polepole	slowly, carefully
-toweka	disappear, vanish
kipofu	blind person (*pl.* **vipofu**)
wakati	time (**wakati** + **po** *in the verb* = when, while)
mbona	why, how come

-bishana	argue (*lit.* disagree with each other, *cf.* **-bisha,** disagree)
kelele	noise, shouting (**-piga kelele,** shout, make noise) (*pl.* **makelele**)
sivyo hivyo	that's not right, not that way
jinsi	way, manner (kind, sort, species)
ukweli	truth, fact
-onekana	seem, appear (be seen/visible, **inaonekana,** it seems)
mabishano	dispute
kazi bure	wasted effort
kadha	(*adj.*) certain, various (*also* **kadha wa kadha**)
-fundisha	teach (**tufundishe,** teach us)

Language structure

The situational tense -ki-

The situational or **-ki-** tense which is used in the dialogue describes an event which is seen as the background situation to a main event. This can either be a hypothetical, possible situation, in which case the **-ki-** tense can often be translated as an English if-clause, or a situation holding at the same time as the main event, in which case an English translation as a participial clause ('while doing X') is often appropriate. In general, hypothetical situations are introduced before the main predicate, while simultaneous situations are introduced after the main predicate:

Ukimwona mama anapika wali utaona kwamba ...
If you see mother cooking rice you will see that ...

Ukiingia kwenye gari utaona mizigo yako imo ndani.
If you get in the car you will see your luggage inside.

Nilimwona akiingia kwenye gari.
I saw him while he was getting in a car.

The hypothetical character of the situation can be reinforced by using the conjunctions **kama** or **ikiwa**, meaning 'if':

Kama tukifanya haraka tutamaliza kazi yetu kabla ya saa kumi.
If we hurry (make haste) we will finish our work before 4 p.m.

Monosyllabic verbs do not take the stem marker with the **-ki-** tense:

ukija ...   if/when you come ...
tukila ...   if/when we eat ...

There is no real negative counterpart to the **-ki-** tense. Often a negative relative of place is used to express negative hypothetical situations:

Asipofika asubuhi tutaondoka.
If she doesn't arrive in the morning, we will leave.

Sometimes a negative optative can be used:

ukitaka usitake ...
if you want or not ...

There are some commonly used phrases which are expressed in the **-ki-** tense, for example:

Tukijaliwa.
(*lit.* if we are granted)

Tutaonana tena tukijaliwa.
If all goes well, we will meet again.

Mungu akipenda.
(*lit.* if God likes)

Mwaka huu nitakwenda Ulaya, Mungu akipenda.
This year I will go to Europe, God willing.

Exercise 1

Complete the sentences in the left-hand column with the appropriate ending in the right-hand column:

Kama ukienda shuleni	hawatapata vitabu hivi.
Mkija hapa kesho	wakila chakula.
Tuliwaona	Mungu akipenda.
Wasipofika shuleni kesho	mtapata pesa.
Mwaka ujao nitakwenda Afrika	utapata elimu.

Exercise 2

Translate the short passage below into English:

Kama ukiingia jikoni utaona jinsi wapishi wanavyopika
vyakula vya aina mbalimbali. Afadhali baadhi ya vyakula
hivyo vichemshwe, vingine vichomwe, vibanikwe (*be grilled*) au
vikaangwe (*be fried*). Jana niliwaona wapishi wakipika chakula
cha wageni wa arusi. Ukifanya haraka utawaona kabla
hawajamaliza kazi yao.

Dialogue 2

*At present Ibrahim is working as an electrician at the broadcasting
station in Dar es Salaam. There are some problems at work, and
Ibrahim tries to explain this to his wife, Amani*

1 What is Ibrahim going to do on Sunday?
2 What has his wife, Amani, arranged to do on the day in question?
3 What does Amani tell him to do?

AMANI: Mbona inabidi ufanye kazi Jumapili. Si siku ya
kupumzika?

IBRAHIM: Kuna kazi nyingi. Mwishoni mwa wiki iliyopita kulikuwa
na shida nyingi kutokana na umeme uliokatwa mara
kwa mara. Kwa sababu hiyo kuna shida na mkondo wa
umeme kufika kompyuta na vyombo vingine vya
umeme. Mimi ndiye mhandisi umeme, lazima niende
kazini ili kufanya matengenezo.

AMANI: Ungaliniambia utakwenda kazini ningaliwaambia
wazazi wangu kuwa tutawatembelea siku nyingine.

IBRAHIM: Na wewe ungaliniambia tutakwenda kuwatembelea
wazazi wako nisingalikubali kwenda kazini Jumapili.

AMANI: Mpigie simu mkubwa wako ukamwambie wewe huwezi
kufika kazini.

IBRAHIM: Haiwezekani bibi.

AMANI: Kwa nini?

IBRAHIM: Kwa ajili ya pesa. Ningekuwa na pesa za kutosha
nisingekwenda kazini Jumapili. Tena, nataka
kuwaonyesha wakubwa kuwa mimi ni mtu hodari wa
kazi. Wakiniona kuwa mtu hodari nitapandishwa cheo
na mshahara wangu utazidishwa vilevile. *Mtaka cha
mvunguni sharti ainame.*

Vocabulary

-pumzika	rest, take a break
shida	problem(s), difficulty(-ies)
umeme	electricity
-katwa	be cut
mara kwa mara	from time to time
mkondo	current
vyombo	equipment, vessels, tools
mhandisi umeme	electrician, electrical engineer
matengenezo	repairs, maintenance
Ungali ... ningali ...	If you had ... I would have ... (*See Language structure below for explanations on the use of the conditional tense* **-ngali-**)
nisingali ...	I wouldn't have ... (*see Language structure*)
haiwezekani	it is impossible
Ningekuwa na ...	If I had ... (*see Language structure*)
-a kutosha	(*adj.*) enough
-onyesha	show, demonstrate
hodari	(*adj.*) hardworking, serious (brave, courageous)
-pandishwa	be raised, hoisted, uplifted
cheo	rank, position, status (*pl.* **vyeo**)
mshahara	salary, pay, wage (*pl.* **mishahara**)
-zidishwa	be increased (be multiplied, augmented, magnified, enlarged)
mvunguni	under the bed, in the space beneath (*cf.* **mvungu**, the space beneath)
-inama	bend (stoop/lean/bow)

Language point

Proverb

Mtaka cha mvunguni sharti ainame (*lit.* 'The one wanting what's under the bed has to stoop') 'Good things are not easily obtained, one must strive to get them.' **Mtaka** combines the **m**-prefix of the M-WA class with the verb **-taka**, a 'wanter' if we could say this in English. The **cha** with no noun of reference refers to **kitu**, 'thing'. **Mvungu** is the space beneath a bed. The people of Zanzibar often use this space as a storage area for small items such as, cooking utensils, provisions, or valuables.

Language structure

The conditional tenses -nge- *and* -ngali-

We have already seen that hypothetical situations can be expressed by using the **-ki-** tense. However, the **-ki-** tense cannot be used for those hypothetical situations which are highly unlikely to, or in fact cannot, become reality – such as counter-factual situations. For these situations, the **-nge-** and **-ngali-** tenses are used. The **-nge-** tense expresses highly unlikely or improbable, but nevertheless possible situations:

> **Ningekuwa na pesa nyingi ningekuoa.**
> If I had a lot of money, I would marry you.

> **Angefika mapema, tungeondoka pamoja.**
> If she arrives early, we would leave together.

Note that in Swahili both clauses, the 'condition' and the 'consequence', are marked with the conditional tense **-nge-**.

Monosyllabic verbs (such as **kuwa** in the example above) take the stem marker:

> **Angekunywa dawa angeona nafuu.**
> If he drank medicine, he would feel better.

The negative of the **-nge-** tense is formed by placing the negative marker **-si-** before it:

> **Nisingejua nisingekuja.**
> If I didn't know, I would not come.

In contrast to **-nge-**, **-ngali-** expresses counter-factual situations, those which can under no circumstances be true. This distinction is similar to the one expressed in the English distinction between the two conditional forms 'would marry' and 'would have married', although the Swahili distinction is less strict than the English:

Angalifika mapema, tungaliondoka pamoja.
If she had arrived early, we would have left together.

Tusingalikula chakula chote, angalitupikia.
If we hadn't eaten all the food, he would have cooked for us.

Exercise 3

Complete the sentences in the left-hand column with the appropriate ending in the right-hand column:

Tungalikata tiketi jana	ningemwona daktari.
Ningekuwa mgonjwa	asingalikuwa mgonjwa.
Asingalitumia sabuni mpya	tungefika pamoja.
Wasingeondoka mapema	tungalikwenda Tanga leo.

Exercise 4

Translate sentences 1–6 into Swahili:

1 If I had money, I would go to Tanzania.
2 If you were to buy the tickets, we would leave today.
3 If she ate the food, she would feel better.
4 If I didn't eat the food, I wouldn't feel better.
5 If they had arrived yesterday, we would have stayed together.
6 If you hadn't cooked the food, our guests wouldn't have come here.

Dialogue 3

Amos and his brother, Mwesi, are arguing over the use of their father's car

MWESI: Huwezi kulitumia gari leo.
AMOS: Kwa nini?
MWESI: Nina shughuli nyingi leo.

Amos:	Je, una shughuli gani?
Mwesi:	Kwanza, nitamsindikiza rafiki anayekwenda uwanja wa ndege. Halafu nitakwenda dukani kununua nguo. Baada ya kufanya mambo hayo nitampitia mchumba wangu.
Amos:	Ungaliniambia utalitumia gari lake baba kwa siku nzima ningalimwomba mjomba gari lake.
Mwesi:	Ungaliniambia unataka kulitumia gari ningalifanya mipango mingine.
Amos:	Badala ya kugombana sisi tusaidiane. Hebu, nahitaji msaada wako.
Mwesi:	Haya basi! Afadhali tupatane. Leo nitamsindikiza rafiki yangu na kesho nitafanya mambo hayo mengine. Utaweza kulitumia gari leo, sawa?
Amos:	Sawasawa. Heri tukubaliane kuliko kubishana.

Vocabulary

shughuli	business, pursuits, preoccupations, activity
-sindikiza	see someone off, accompany a visitor part way, escort someone
-pitia	pass by, pay a passing visit (pass out of mind/ be overlooked)
badala ya	instead of
-gombana	quarrel, argue (*lit.* quarrel/argue with each other. *See Language structure below for further explanation of this verb*)
-saidiana	help each other (**tusaidiane**, let's help each other. *See Language structure*)
-patana	get along well, be compatible (agree on something, **tupatane**, let's get along. *See Language structure*)
-kubaliana	be in agreement, agree with each other (**Heri tukubaliane**, It's better to agree. *See Language structure*)

Language structure

The reciprocal extension

The reciprocal extension is comparatively easy to handle, both in terms of shape and in terms of meaning. The form of the reciprocal extension is **-an-** and it never varies. The meaning of the extension can be roughly translated as 'each other', as for example in **kuta** 'meet' and **kutana** 'meet each other':

Asha alimkuta Rashid.
Asha met Rashid.

Asha na Rashid walikutana.
Asha and Rashid met each other.

Amos anakubali.
Amos agrees.

Amos anamkubalia Mwesi. (*with applicative extension*)
Amos agrees with Mwesi.

Amos na Mwesi wanakubaliana.
Amos and Mwesi agree with each other.

Since the meaning of the extension implies that the action of the verb is carried out by two or more people (doing something with, or to, each other), it is often used with a plural subject:

Tutaonana.
We will see each other/meet.

Watu hawa wanagombana.
These people are quarrelling.

Sometimes a singular subject can be used when a second noun with the preposition **na** follows the verb:

Nitakutana naye.
I will meet with him/her.

Anasaidiana nami.
She is helping me.

Be careful to use the applicative extension if you want to say that two people are doing things for or with each other:

Wanapikiana.
They are cooking for each other.

Exercise 5

By using the reciprocal extension, make sentences which say that the people to the left do the action to the right for, with, etc., each other:

E.g. Q. **Amos, Kathy**   **kuta**
    A. **Amos na Kathy wanakutana**

1	**Amos, Kathy**	**penda**
2	**Sandra, Leila**	**ona**
3	**Mamantilie, binti yake**	**saidia**
4	**Subira, Amos**	**uliza maswali**
5	**Wasichana, wavulana**	**leta zawadi**

Language use

Expressing your point of view

Some useful verbs:

-kubali	**-pinga**
agree	disagree, oppose
-kubaliana na	**-gomba**
agree with	scold, argue, disagree
-bisha	
disagree	

Sikubali.	I don't agree.
Nakubaliana naye.	I agree with him/her.
Nabisha!	I disagree!
Kwa nini tunagombana?	Why are we arguing?

Useful phrases and structures:

kwanza	**halafu**
first, firstly	then, later on
tena	**pia/vilevile**
again, still, besides	also
mbali na	**mwishowe**
apart/aside from	finally, in the end
licha ya	**badala ya**
aside from, besides, let alone, despite	instead of

Kwanza, tunabishana.
Firstly, we disagree.

Halafu, wanagombana.
Then, they quarrel.

Nabisha pia.
I also disagree.

Badala ya kugombana, tujaribu kupatana.
Instead of quarrelling, let's try to get along.

Verbs expressing your thoughts:

-dhani/-fikiri
think

-waza
think, imagine, conceive
(meditate)

Nimewaza juu ya ugomvi wetu.
I have pondered over our argument.

Other useful words:

maoni
views, opinion

mawazo
thoughts, ideas

hisia
feelings

hakika
fact, certainty

shaka
doubt

wazi
(*adj.*) clear, evident, open, overt
(empty, vacant)

Maoni yangu ni wazi. My feelings are clear.
Sipendi mawazo hayo. I don't like those ideas.
Una hakika? Are you sure?
Ni hakika. It is a fact.
Hapana shaka. There's no doubt.
Bila shaka. Without doubt.

Expressing more complex arguments

lakini/walakini
but, however

bali
on the contrary, rather, but,
however

upande
side (sector, direction)

hivyo
thus, in that way

hali
while, seeing that, when

Una mawazo mazuri lakini sikubaliani nayo.
You have some good ideas but I don't agree with them.

Bali, nakubaliana na mawazo yao.
However, I agree with their ideas.

Kwa upande wangu, nafikiri yote ni sawa.
As for myself, I think all are right.

Hata hivyo, maoni yetu yanatofautiana.
Even so, our views are different.

Exercise 6

Say in Swahili:

1 I don't agree. I agree with her.
2 Let's agree with each other.
3 Why are we arguing? Let's not argue.
4 Firstly, I disagree. Then we quarrel.
5 Instead of quarrelling, you (*pl.*) should try to get along.
6 I have pondered over our argument, I don't like your ideas.
7 My views are clear but you don't like my ideas.
8 Are you sure? Is it a fact?
9 I'm not sure. It isn't a fact.
10 Without doubt you have some good ideas. Now we agree.

Reading

Urithi

Ikiwa marehemu hakufanya wasia kabla ya kufariki dunia ndugu zake hawatajua vipi wataweza kujigawia mali yake. Jambo kama hilo huleta 'taabu za nyumbani', yaani ndugu hao watabishana na kugombana.

Katika hali kama hiyo, baada ya mali yake marehemu kugawanyika, baadhi ya ndugu wataridhika na wengine watajiona wamedanganywa. Hisia kama hizo zinaweza kuwafanya ndugu kutozungumzana kwa muda mrefu au hata milele.

Bali, kama mtu akifanya wasia yake kabla hajafa, ndugu zake watajua barabara warithi wake ni nani.

Vocabulary

urithi	inheritance/heritage
marehemu	deceased person
wasia	solemn wish, parting advice, last will and testament
-fariki	die, leave for good (**-fariki dunia**, *lit.* leave the earth)
-gawia	divide among, distribute to (**jigawia**, divide among one's selves, share)
mali	wealth, property, goods
-gawanyika	be divided
-ridhika	be satisfied
-danganywa	be deceived/cheated
hisia	(*also* **hisi**) feeling(s), sentiment(s), sensation(s)
milele	forever, eternally
barabara	perfectly, flawlessly, precisely, exactly
warithi	inheritors (*sing.* **mrithi**)

12 Hadithi na magazeti

Stories and newspapers

> **In this unit you will learn:**
> - how to tell a story using the narrative tense **-ka-**
> - how to read newspaper headlines using the **-a-** tense
> - how to refer to manner and time

Dialogue 1

Kathy tells Ibrahim a story

1 When Kathy was a young child what did her father do?
2 What happened to Kathy after hearing the stories?
3 Kathy liked a particular story, what was this story about?

KATHY: Nilipokuwa mtoto mdogo kila jioni, kabla sijalala, babangu hunisimulia hadithi za watoto. Baada ya kusikia hadithi hizo, mara nyingi niliota ndoto. Hadithi mojawapo niliyoipenda sana ilikuwa ndiyo hadithi ya *Sungura na Kobe*.

IBRAHIM: Vilevile nilipokuwa mtoto mdogo nilisimuliwa na wazee wangu hadithi hiyohiyo, lakini nimesahau mambo yaliyotokea.

KATHY: Nakumbuka hadithi hiyo. Unataka nikusimulie hadithi ya *Sungura na Kobe*?

IBRAHIM: Ndiyo.

KATHY: *Sungura na Kobe* ndiyo hadithi inayohusu shindano la mbio baina ya sungura anayejisifu na kobe mwerevu:

Hapo zamani Sungura alipokuwa akitembeatembea kujisifu, akamkuta Kobe ambaye alikuwa akila majani. Baada ya kuamkiana, Sungura akatoa changamoto washindane kwenye shindano la mbio.

'*Sawa!*' *akakubali Kobe. 'Wewe ni mwerevu, lakini mimi ni mwerevu zaidi kuliko wewe,' akajisemea. Kisha Kobe akamwongoza Sungura kilimani. Kobe alipochukua muda mrefu kufika kwenye kilele cha kilima Sungura akajisemea, 'Bila shaka Kobe atashindwa. Kobe huyu hawezi kutembea vizuri.'*

Kobe alipomfikia Sungura akamwuliza, 'Je, uko tayari?'
'*Ndiyo, niko tayari! Ndiye mimi anayekungojea!*' *akasema Sungura bila uvumulivu wowote.*

'*Twende!*' *alisema Kobe. Papo hapo aliingia ndani ya gomba lake akashuka kilimani kama jiwe. Sungura alikuwa akikimbia mbio awezavyo lakini hakuweza kumfikia Kobe.*

Sungura, alipofika katikati ya kilima alisimama kumtazama Kobe ambaye alikuwa ameshafika chini. Sungura alishindwa.

IBRAHIM: Sikumbuki matokeo kama hayo. Hadithi ya Sungura na Kobe nilivyokumbuka inatofautiana na ile uliyonisimulia leo.

KATHY: Ndiyo. Kuna masimulizi mbalimbali ya hadithi hiyo, lakini maadili ya hadithi ni sawa. Kama methali inavyosema: 'Aliyeko juu mngojee chini.'

Vocabulary

nilipokuwa	when I was (**ni** + **li** + **po** + **kuwa**)
-lala	sleep/lie down
-simulia	tell a story, narrate
-ota	dream (grow)
ndoto	dream(s) (**-ota ndoto**, dream a dream)
-mojawapo	(*adj.*) one of (**hadithi mojawapo**, one of the stories, **kitabu kimojawapo**, one of the books)
sungura	hare(s), rabbit(s)
kobe	tortoise (*pl.* **makobe**)
-tokea	happen, occur, appear
-husu	concern, relate to, about
mbio	speed, rate of speed, sprint
-jisifu	boast, praise oneself
mwerevu	someone who is sharp, clever, cunning
hapo zamani	once upon a time
-tembea	walk, walk around (**-tembeatembea**, walk here and there, wander)

akamkuta Kobe	and then he came across the Tortoise, (**a** + **ka** + **m** + **kuta**, *see Language structure for explanation of the* **-ka**- *tense used here*)
majani	leaves/grass (*sing.* **jani**)
baada ya	after
-amkiana	greet each other (*cf.* **-amkia**, greet someone)
changamoto	challenge
woga	fear, cowardice
juu ya	concerning, about (on, on top of, above: **juu yako**, concerning you)
-ogopesha	frighten, scare
kisha	then/finally/afterwards
-semea	speak to/for (**-jisemea**, say to oneself)
-ongoza	lead, guide, show the way
alipochukua	when he took (**a** + **li** + **po** + **chukua**, *see Language structure for explanation*)
kilele	summit, peak
-fikia	arrive at, catch up with
uko tayari?	are you ready?
niko tayari	I am ready
-ngojea	wait for
uvumulivu	patience, tolerance
papo hapo	there and then
ndani	inside
gamba	shell (*pl.* **magamba**)
-shuka	descend, go down (get off, disembark)
jiwe	stone (*pl.* **mawe**)
-kimbia	run (run away, flee, escape, **-kimbia mbio**, sprint)
-wezavyo	as possible (**alikuwa akikimbia mbio awezavyo**, he was running as fast as he could)
-simama	stop (stand, rise up)
-tazama	look at, watch, gaze at
chini	on the ground, at the bottom, down, under, below
matokeo	outcome, result
nilivyokumbuka	the way/how/as I remembered (**ni** + **li** + **vyo** + **kumbuka**, *see Language structure*)
-tofautiana	be different
masimulizi	narrations, tale (accounts, versions)
maadili	ideals, ethics (morals)

Language point

Proverb

Aliyeko juu mngojee chini 'He who thinks that he is standing should be careful not to fall down' (*lit.* 'He who is on top wait for him below'). This proverb is sometimes said of somebody who is very sure of his success. Being a fast-footed animal, the Hare was sure of his success over the slow-moving Tortoise; however, he didn't bargain on being outwitted by the clever Tortoise.

Language structure

The -ka- *tense*

The **-ka-** tense which is used in the story in forms such as **akamwambia** and **akakubali** is often found in stories and other narrative texts. It is sometimes called 'subsecutive' tense, as it expresses the fact that an action follows another (is subsequent to it). As in the text about the Hare, the **-ka-** tense most frequently occurs following a verb in the **-li-** tense, and can then be translated as '... and then ...':

> **Sungura aliamka, akatembea, akala.**
> The hare got up, and (then) took a walk, and (then) ate.

As you can see from **akala**, monosyllabic verbs do not take the stem marker in this tense.

Another frequent use of the **-ka-** tense is after imperatives or optatives (see Unit 5, Dialogue 1), when you are asked to do two actions, one after the other:

> **Nenda kalale.**   **Njoo ukapimwe.**
> Go and sleep!   Come and get tested!

Here the verb takes the **-e** ending as in the optative.

Exercise 1

Use the fragments given below and construct a story using the -ka-tense where appropriate. Be careful not to use the stem marker.

E.g.

> **Jana**
> **Kuku**
> **kwenda sokoni**
> **kununua chakula**
> **kurudi nyumbani**
> **kula chakula.**

Using the **-ka-** tense, the above would narrate as:

> **Jana Kuku alikwenda sokoni akanunua chakula, akarudi nyumbani akala chakula.**
> Yesterday the Chicken went to the market and bought some food, and then he returned home and ate the food.

Now your turn . . .

> **-ibia** = steal from, rob (*cf.* **-iba**, steal)

Siku moja
Paka
kuamka mapema
kunywa chai
kwenda sokoni
kununua samaki.
Kabla ya kula samaki
kumkuta Sungura
kumwamkia
kusema 'Kwa Heri'.
Baada ya Sungura kuondoka,
Paka kuona kwamba Sungura yule alimwibia samaki.

Exercise 2

Now translate the narrative from Exercise 1 into English.

Dialogue 2

Amos and Leo are talking about a newspaper article

1 Where did the accident happen?
2 How did the accident happen?
3 How many wedding guests were travelling in the bus?

AMOS: Je, umeisoma makala katika gazeti kuhusu ajali baina ya
        basi na treni huko Bara Hindi?
LEO: Bado sijaisoma. Makala hiyo inasema nini?
AMOS: Ngoja, nitakusomea jinsi makala ilivyoandikwa katika
        gazeti. Kichwa cha habari kinasema: *WATU*
        THELATHINI NA MMOJA WAFA AMBAPO BASI
        LAGONGANA NA TRENI:

*Watu wasiopungua thelathini na mmoja wamekufa ambapo basi
lililojaa wageni wa arusi likagongana na treni kwenye tambuka reli
(yaani makutano ya barabara na reli) isiyo na mlinzi kaskazini mwa
Bara Hindi. Watu arobaini na tisa wengine walipata majeraha na
wanatibiwa katika hospitali mjini Kheri. Polisi mmoja asema, wengi
wao waliojeruhiwa walikuwa Waislamu maskini waliofanya kazi
mashambani au kufanya kazi ndogondogo. Hilo basi lilikuwa na
idadi ya viti sitini, lakini likawa limejaa wageni wa arusi themanini.*

LEO: Jamani! Ni msiba mkubwa.
AMOS: Ndiyo. Bwana arusi na biarusi siku zote watakumbuka
        msiba huo. Wataikumbuka siku yao ya arusi kwa huzuni
        kubwa sana.

Vocabulary

makala	article, written paper for presentation
ajali	accident
jinsi + **vyo** (*in verb*)	as, how, the way
kichwa cha habari	headline, heading (*lit.* head of news, *pl.* **vichwa vya habari**)
-fa	die (**wafa**, they die. *Monosyllabic verb, doesn't take a stem marker with the **a-** tense; see Language structure*)
-gongana	collide with, bump into one another (*from* **gonga**, collide)

-pungua	decrease, diminish (**-siopungua**, not less than, at least)
-jaa	be full
tambuka reli	level crossing
isiyo na	that (level crossing) does not have, is without
mlinzi	guard, watchman, bodyguard, defender (*pl.* **walinzi**)
kaskazini	the north
majeraha	injuries, wounds (*sing.* **jeraha**)
-tibiwa	be medically treated
-jeruhiwa	be injured, wounded
maskini	poor person, unfortunate person, object of pity
kazi ndogondogo	odd jobs, small chores (*lit.* work smallsmall)
idadi	total, number
msiba	bereavement, sorrow, misfortune/heartbreak
siku zote	always, all days
huzuni	sadness

Language structure

The -a- *tense*

There are three verbs in the dialogue which are used in the **-a-** tense:

wafa	they die
lagongana	it (**basi**) hit
asema	s/he says

The **-a-** tense is the last tense encountered in this course. Like the **-na-** tense, it refers to the present, but it is less frequent than the **-na-** tense. As can be seen in the dialogue, it is often found in newspaper articles and headlines. The **-a-** tense is formed by combining the subject concord with the **-a-** tense marker. For some subject concords, this leads to changes into the following forms:

Participants:

ni + a = na	**nasema**	**u + a = wa**	**wasema**
	I say		you say

tu + a = twa	**twasema** we say	**m + a = mwa**	**mwasema** you (*pl.*) say

M-WA Class
    a + a = a   **asema**   **wa + a = wa**   **wasema**

a + a = a	**asema** s/he says	**wa + a = wa**	**wasema** they say

JI-MA Class
  li + a = la   **ya + a = ya**

N Class
  i + a = ya   **zi + a = za**

M-MI Class
  u + a = wa   **i + a = ya**

KI-VI
  ki + a = cha   **vi + a = vya**

U
  w + a = wa

PA-KU-MU
  pa + a = pa
  ku + a = kwa
  mu + a = mwa

KU
  ku + a = kwa

As can be seen from **wafa**, above, monosyllabic verbs do not take the stem marker in the **-a-** tense.

The 1st person singular form is identical to the contracted form of the **-na-** present: **ni + na = na**, in, for example, **nasoma** (see Unit 1, Dialogue 2). However, because monosyllabic verbs do take the stem marker **-ku-** in the **-na-** tense, but not in the **-a-** tense, these verbs can be distinguished: **nakuja** is the contracted form of the **-na-** tense, **naja** has the **-a-** tense.

Exercise 3

Join the noun on the left with the appropriate verb in the **-a-** tense on the right:

1 michungwa mitano   asema.
2 hadithi   waja kutembelea Tanzania.
3 treni nyingi   yaharibiwa na moto.
4 mlinzi   yasimuliwa na mamake.
5 wageni wengi   zachelewa.

Exercise 4

Change the **a-** tense of the verbs in the following newspaper headlines to the **-na-** tense:

1 Bei ya pombe, soda, sigara yapanda.
2 Serikali yakubali mpango wa chuo kikuu.
3 Jambiani yashindwa na Makunduchi.
4 Watu wa Mwanza wafurahia hospitali mpya.
5 Vitabu vya zamani vyauzwa na chuo kikuu.

Dialogue 3

Subira and Victoria are in their room. While Victoria is doing the washing up, her room-mate is reading her the newspaper

1 Has Victoria read the newspaper?
2 According to the newspaper, what did the Kenyan runners achieve at the Olympics?
3 Apart from the usual articles, what else does Victoria ask her roommate to read to her?

SUBIRA: Gazeti hili lina makala nyingi za kuvutia.
VICTORIA: Sijalisoma bado. Tafadhali nisomee.
SUBIRA: Vichwa vya habari katika ukurasa wa kwanza vinasema: *MEYA AFURAHIA 'MTOTO MPYA'/SHULE NYINGINE YACHOMWA MOTO/HALI YA HEWA YAATHIRI KILIMO/MWANAMKE ATUHUMIWA KUMNYONGA MTOTO WAKE.*
VICTORIA: Haki ya Mungu! Siku hizi kuna habari mbaya zaidi katika magazeti kuliko habari nzuri. Pengine ninaposoma gazeti ninakuwa nimejaa huzuni. Ukurasa wa nyuma unasema nini?

SUBIRA: Vichwa vya habari katika ukurasa wa nyuma vinasema: *MABONDIA WATAMBIANA, WAKENYA WAVUMA, BENDI ZACHANGIA TIMU YA MPIRA WA KIKAPU IENDE NAIROBI*

VICTORIA: 'Wakenya wavuma', ilitokea nini?

SUBIRA: Katika michezo ya Olimpiki wakimbiaji wa Kenya walionyesha ubingwa wao na kutwaa nafasi nne za kwanza katika mbio za masafa marefu. Kwa hakika watakaporudi nyumbani wakimbiaji Wakenya hao watalakiwa vizuri na raia wenzao.

VICTORIA: Nyota zinasema nini?

SUBIRA: Kila ninaposoma nyota zinatoa habari mbaya.

VICTORIA: Inategemea jinsi unavyozifahamu.

SUBIRA: Una alama ya nyota gani?

VICTORIA: Alama yangu ya nyota ni Mapacha.

SUBIRA: Katika gazeti hili shauri linasema: 'Tegemea kupata upinzani katika kazi na shughuli zako. Upo mpango ambao unafanywa ili kuharibu maendeleo yako ...'

VICTORIA: Basi! Wiki hii nitakuwa mwangalifu!

Vocabulary

huku	while (here, hereabouts)
vyombo vya jikoni	kitchenware
-a kuvutia	(*adj.*) attractive, impressive, fascinating
ukurasa	page (*pl.* **kurasa**)
meya	mayor of a city

-furahia	be happy about
-chomwa	be roasted/burnt (be pierced/stabbed)
hali ya hewa	the weather
-athiri	affect, influence (infect, harm, spoil, damage)
kilimo	agriculture
-tuhumiwa	be suspected (of)
-nyonga	strangle, hang someone
haki	justice/right(s) (**Haki ya Mungu**, Honest to God, *lit.* the rights of God/God's justice)
pengine	sometimes (perhaps, otherwise)
ninaposoma	when I am reading (**ni** + **na** + **po** + **soma**, *see following Language structure*)
nyuma	back, rear
mabondia	boxers (*sing.* **bondia**)
-tambiana	brag/boast to one another
-vuma	be the talk of the town, cause a stir (roar, bellow, buzz)
bendi	musical band
-changia	contribute to (collect, solicit for, kiss)
timu ya mpira wa kikapu	basketball team
wakimbiaji	runners (*sing.* **mkimbiaji**)
ubingwa	championship, expertise
-twaa	take, pick up, take over (capture, occupy)
masafa	range, distance
watakaporudi	when they will return (*see Language structure*)
-lakiwa	be welcomed, received (passive of **-laki**)
raia	citizen(s)
nyota	star(s)
alama	sign, symbol, mark, pockmark, scar
mapacha	twins, Gemini star sign
shauri	advice
upinzani	opposition
mwangalifu	a careful/attentive person (*pl.* **waangalifu**)

Language structure

Relatives of manner and time

Relatives of manner and time are formed like normal relatives, usually tensed relatives (cf. Unit 10, Dialogue 1), but they have a special usage since they can be used to elaborate on when and how an action is taking place. The relative of time is formed like a locative relative with the referential concord of the PA class. Relatives of manner are formed with the referential concord of the plural of the KI-VI class:

Alipoamka ...	When he got up ...
Nilivyosema ...	As I have said ...

In dialogue 1 of this unit, Kathy uses a temporal relative when saying

Nilipokuwa mtoto mdogo ...
When I was a little child ...

In these relatives, the referential concord does not have an overt head-noun that it refers to. The relative of time exploits a metaphorical extension of the concept of place to the concept of time and can be used with a head-noun such as (the U-class noun) **wakati**, 'time'. With an overt head-noun such as **mahali**, 'place', the referential concord refers to place, and the relative becomes locative:

Wakati nilipoamka ...	At the time when I got up ...
Mahali nilipoamka ...	At the place where I got up ...

In the relative of manner, the plural KI-VI class referential concord can be used because the plural KI-VI class can be used to form manner adverbs (for example **niliamka vizuri** 'I got up well' – we will not deal with this aspect of the KI-VI class in this course). It is sometimes used with the N-class head-noun **jinsi**, 'kind, way', or with the conjunction **kama**, 'as, how':

Jinsi alivyoandika ...	The way in which he wrote ...
Kama ulivyosema ...	As you said ...

Relatives of manner and time are also formed with the **amba-**relative, and can be found with the general relative, as for example in the following proverb with the verbs **-lea**, 'bring up', and **-kua** 'grow up':

Mtoto umleavyo ndivyo akuavyo.
As you bring up a child, a child will grow up.

Exercise 5

Decide which of the following relatives are relatives of manner, relatives of time, or neither:

1 Vitabu *alivyonununa* ni vizuri.
2 Tulimkuta nyumbani *alipokaa*.
3 Kama *walivyosema* jana, watarudi kesho tu.
4 *Mtakapofika* Dar, mtaiona hoteli ya 'New Africa' upande wa kulia.
5 Alipika chakula wakati *nilipoamka*.
6 Maneno yale *uliyotumia* hayapendezi.

Exercise 6

Fill in the appropriate relative of manner, time, or other, which has been omitted in the passage below:

Leo asubuhi wakati nili____amka nikasoma gazeti. Nilisoma habari za mchezo wa mpira lakini sikupenda jinsi habari hizo zili____andikwa na mwandishi wa habari. Baadaye, nilikwenda dukani ana____fanya kazi rafiki yangu. Baada ya kumtembelea rafiki yangu, nilikwenda mahali ali____kaa mwalimu wangu lakini hakuwapo nyumbani. Wakati nili____rudi nyumbani kwangu nikamwona mwalimu wangu amesimama mlangoni. Baada ya kuamkiana, mwalimu alinipa vitabu nili____taka.

Reading

Yaliyomo

Yapo magazeti ya aina mbalimbali yanayouzwa Tanzania na Kenya. Baadhi ya magazeti hayo yanaandikwa kwa Kiswahili na mengine (kama vile *Daily Nation*) kwa Kiingereza. Baadhi ya hayo yanayojulikana sana ni: *Nipashe, Majira, Rai, Mfanyakazi* na *Uhuru*, (ambayo huchapishwa mjini Dar es Salaam, Tanzania) na *Taifa Leo* (ambalo huchapishwa mjini Nairobi, Kenya).

Magazeti hayo huwa na sehemu zifuatazo: habari za nyumbani (yaani habari kutoka mikoani), habari za kitaifa na za kimataifa, na habari za biashara (ambazo huhusikana na soko la hisa, bei za mazao, na viwango vya kubadilisha pesa). Pia kuna habari za matukio mahakamani (katika gazeti la *Taifa Leo* sehemu hii huitwa 'Macho Yetu Mahakamani', na katika gazeti la *Rai* huitwa 'Sheria'), 'Habari za Ulimwengu', 'Makala Maalumu', na sehemu zinazohusikana na 'Watu na Jamii', Barua (yaani barua kwa Mhariri), na tanzia.

Licha ya matangazo ya kawaida, zipo sehemu zinazohusikana na burudani, kama vile: 'Wasanii wa Tarab' na wasanii wa muziki wa aina mbalimbali; hadithi na mashairi (katika gazeti la *Uhuru* huitwa 'Maoni ya Washairi'); vipindi vya redio, vya televisheni na vya sinema; michezo (gazeti la *Uhuru* lina sehemu inayoitwa 'Michezo Katika Picha'); na hatimaye katuni (yaani picha za kuchekesha) na chemshabongo/mafumbo ya maneno.

Vocabulary

yaliyomo	table of contents
mikoa	regions, states, provinces (*sing.* **mkoa** – **mikoani**, in the regions)
-a kitaifa	(*adj.*) national
-a kimataifa	(*adj.*) international
biashara	business, commerce, trade
-husikana na	be concerned with, be relevant to
hisa	stock(s), share(s)
mahakama	court of law (**mahakamani**, in the court)
sheria	law(s); justice
ulimwengu	the world, the universe, creation
maalum(u)	(*adj.*) special, famous
jamii	society, community
mhariri	editor
tanzia	obituary(-ies)
matangazo	announcements, advertisements (*sing.* **tangazo**)
burudani	entertainment, recreation
wasanii	artists, painters, sculptors, authors, composers, technicians (*sing.* **msanii**)
mashairi	poems (*sing.* **shairi**)
washairi	poets (*sing.* **mshairi**)
vipindi	period of time, programme on radio/tv (teaching period)

katuni	cartoon(s)
-chekesha	be funny/amusing (make someone laugh)
chemshabongo	crossword(s) (**chemsha**, cause to boil; **bongo**, *colloquial for* brains)
mafumbo ya maneno	crosswords (*sing.* **fumbo la maneno**)

Exercise 7

Answer these questions about the Reading in Swahili:

1 Je, gazeti hilo la *Daily Nation* linachapishwa kwa Kiswahili?
2 Je, magazeti hayo ya *Majira* na *Mfanyakazi* yanachapishwa mjini Nairobi, Kenya?
3 Magazeti ya *Nipashe* na *Rai* huchapishwa wapi?
4 Gazeti la *Taifa Leo* huchapishwa wapi?
5 Habari za matukio mahakamani huitwa nini katika gazeti la *Taifa Leo*?
6 Habari za matukio mahakamani huitwa nini katika gazeti la *Rai*?
7 Je, katika magazeti hayo kuna 'Habari za Ulimwengu'?
8 Je, kuna matangazo katika magazeti hayo?
9 Je, sehemu hiyo ya burudani inayoitwa 'Maoni ya Washairi' ipo katika gazeti gani?
10 Je, sehemu hiyo ya burudani inayoitwa 'Michezo Katika Picha' ipo katika gazeti gani?

13 Mawasiliano
Communications

In this unit you will learn:

- useful vocabulary when using a telephone
- how to write letters
- how to use the neutro-passive extension **-lk-**

Dialogue 1

Leo's wallet is lost, so he decides to phone the police

1 Where was Leo yesterday?
2 What suspicion does the policeman have concerning Leo's wallet?

ASKARI:	(Simu inalia na askari aitika) Halo!
LEO:	Je, hapa ni kituo cha polisi?
ASKARI:	Ndiyo! Karibu!
LEO:	Asante! Shikamoo!
ASKARI:	Marahaba! Kuna nini?
LEO:	Pochi yangu imepotea.
ASKARI:	Imepotea au imeibwa?
LEO:	Sijui. Jana nilikuwa nayo lakini leo sijui iko wapi, kwa hiyo nilikata shauri kukupigia simu.
ASKARI:	Je, unakaa wapi?
LEO:	Ninakaa Chuo Kikuu.
ASKARI:	Je, unafanya kazi gani?
LEO:	Mimi ni mwanafunzi.
ASKARI:	Ulikuwa wapi jana?
LEO:	Baada ya masomo, nilikwenda klabuni.
ASKARI:	Labda pochi hiyo iliibwa na mchopozi.

Leo:	Jamani! Unafikiri kwamba mchopozi aliniibia pochi?
Askari:	Sina hakika. Njoo kituoni ukaandike taarifa.
Leo:	Haya, nakuja sasa hivi! Kwaheri!
Askari:	Kwaheri!

Vocabulary

askari	policeman, soldier, guard, warder
simu	telephone, telegram, telex (phone call)
-lia	ring (cry, weep, shout, roar)
-itika	reply, answer
Halo!	Hello! (*used when answering the telephone*)
kituo	a station/stop (*pl.* **vituo**. **Kituo cha polisi**, Police Station)
pochi	wallet/purse
-potea	get lost, go astray (wander, be ruined)
-ibwa	be stolen/robbed
-kata shauri	reach a decision, decide
-pigia simu	phone someone
klabu	club (*also* **kilabu/vilabu**, club/clubs)
-ibwa na	be stolen/robbed by
mchopozi	pickpocket, purse snatcher (*pl.* **wachopozi**)
-ibia	steal from/for, rob
taarifa	statement, report, announcement
sasa hivi	right now

Language use

Using a telephone

Simu
Telephone

Kuna simu hapa?
Is there a telephone here?

Simu iko wapi?
Where is the telephone?

Nataka kutumia simu.
I want to use a telephone.

Nambari ya simu ni 8960121 (nane, tisa, sita, sifuri, moja, mbili, moja).
The telephone number is 8960121.

Simu inatumika./Simu inaongea.
The line is busy.

Simu haifanyi kazi.
The telephone is not working.

-piga simu	make a call
-pigia simu	phone someone
Je, ninaweza kupiga simu?	Can I make a telephone call?
Nitapiga simu baadaye.	I will call later.
Nitampigia simu kesho.	I will call her tomorrow.

Exercise 1

You are staying at a hotel and you want to use the telephone which is situated behind the reception desk. Here is a conversation between you and the receptionist. Rewrite the conversation changing the Swahili spoken by the receptionist into English, and the English spoken by yourself into Swahili:

YOU: How are you sir?
RECEPTIONIST: **Sijambo. Karibu!**
YOU: Thanks. Is there a telephone?
RECEPTIONIST: **Ndiyo. Ipo mezani.**

You:	Can I use the telephone?
RECEPTIONIST:	**Ndiyo, unaweza kuitumia simu. Unataka kupiga wapi?**
You:	I want to phone my friend. He lives here in Dar.
RECEPTIONIST:	**Nambari ya simu ni nini?**
You:	The telephone number is 5814073. What's the price of the call?
RECEPTIONIST:	**Hakuna malipo.**
You:	Thanks very much!

Exercise 2

Below is an extract of the report Leo wrote at the Police Station; however, this version is written in English whereas the original was written in Swahili. Translate this English version back into Swahili:

Report

Date: Friday, 10th August

Time: 11.30 a.m.

Name: Leo Kamara

Address: Hall Four, University of Dar es Salaam

Last night my friends and I went to a nightclub. I remember I still had my wallet because I bought some drinks for my friends. Later, my friends bought me some drinks. We left the club at 2 a.m. We got home by taxi. The taxi driver was paid by my friend, Trevor. I didn't need my wallet. Today my wallet is lost. I telephoned the police. At first, I thought that my wallet was lost, but now I think perhaps it was stolen by a pickpocket. I remember seeing a stranger standing behind me, but I'm not sure if he was the person who stole my wallet.

Dialogue 2

After returning to her home in Canada, Sandra writes a letter to her Tanzanian friend, Leila

1 Maple Leaf Drive
Toronto, Canada
Jumatatu, tarehe 2 Julai

Mpendwa Leila,

Habari za huko? Natumaini wewe na ndugu zako nyote hamjambo. Mimi sijambo sana.

Baada ya kusafiri kwa muda mrefu sana, nimefika nyumbani salama, namshukuru Mungu.

Kesho inabidi nitafute kazi. Je, umeshapata kazi au bado? Tafadhali niandikie upesi, nataka kusikia habari zako zote. Sina mengi ya kusema leo ila wasalimie wote wanaonifahamu, Wazazi wangu wanakusalimia sana.

Mungu akubariki na akuweke.

Rafiki yako akupendaye
SANDRA

Leila was very pleased to get a letter from Sandra. The next day Leila wrote her friend the following letter

---

S.L.P. 7180
Dar es Salaam, Tanzania
Jumapili, tarehe 15 Julai

Mpendwa Sandra,

Pokea salamu kutoka kwa rafiki yako Mtanzania. Mimi mzima na jamaa wote wazima vilevile. Nafurahi umefika salama salimini nyumbani. Asante sana kwa barua yako niliyoipata jana. Barua hiyo ilinifurahisha sana kwa sababu najua kwamba hujanisahau bado.

Je, umeshapata kazi? Kwa upande wangu, nimepata kazi kama mwalimu huko mjini Dodoma. Natumaini utakuwa na mafanikio katika shughuli zako zote. Tuendelee kuwasiliana mara kwa mara. Wasalimie wazazi wako.

Mimi rafiki yako
LEILA

Vocabulary

Mpendwa	Dear, Beloved
-tumaini	hope, expect
salama	safely, securely (safety, security, peace, good health)
-shukuru	be grateful, be thankful
Mungu	God
upesi	quickly (soon, at once)
ila	except
-salimia	give regards to
-fahamu	know, be familiar with, understand, be aware of
-bariki	bless
-weka	put, place, keep (**akuweke**, may He (God) keep you safe)
-pokea	receive, accept, take
mzima	healthy, fit, mature person (*pl.* **wazima**)
-furahi	be happy/delighted
salama salimini	safe and sound
barua	letter
-furahisha	be enjoyable, be pleasing (make happy)
mafanikio	success, accomplishment(s), achievement(s)
-endelea	continue, progress (**Tuendelee**, Let's continue)
-wasiliana	keep in touch, be in contact

Language use

Letter writing

Useful forms of address:

Formal

Mheshimiwa/Waheshimiwa	to a Respected, Honourable person
Bwana/Bw. *or* **Bwana/Bw.** + *name*	Mister/Mr
Bibi/Bi. *or* **Bibi/Bi.** + *name*	Miss/Ms.
Mzee/Wazee	Elder/Superior

Informal

Mpendwa Ndugu/Dada	Dear Relative, Brother, Comrade/Sister

Mpenzi wangu	to a beloved one
Mpenzi Baba/Mama	to a parent
Mpenzi Ndugu + *name*	to a relative or close friend

Closing formulas *(followed by signature)*:

Formal

Wako	Yours
Wako kwa dhati	Yours sincerely/faithfully
Wako kwa heshima	Yours respectfully
Wako mtiifu	Yours obediently/faithfully

Informal

Mimi rafiki yako	Me your friend
Wako akupendaye	Yours who loves you
Kaa/Ukae salama	Stay peacefully
Wasalaam	Greetings *(used when closing a letter)*

Useful vocabulary

karatasi	paper
kalamu	pen
wino	ink
gharama ya posta	postage
barua ya ndege	airmail letter
kwa ndege	airmail (*lit.* by aeroplane)
kwa meli	surface mail (*lit.* by ship)
bahasha	envelope
kifurushi	parcel/packet
stempu	postage stamp
anwani	address
Sanduku la Posta (S.L.P.)	P.O. Box

Exercise 2

The letter–answer pairs shown on the facing page are mixed up! Can you find out which belongs to which? The name of the recipient has been purposely omitted.

Exercise 3

By looking again at the letters in Exercise 2 above, decide which of the following sentences are **kweli** (true) and which are **si kweli** (false):

Mpendwa

Hujambo? Natumaini wewe na
wenzako wazima. Nipo shambani
pamoja na Amos. Tunawatembelea
wazazi wake. Panapendeza sana, hasa
Ziwa Victoria. Tunakula samaki kila
siku, na tunalala mapema. Nipe habari
yako!

Rafiki yako
    Kathy

1

Mpenzi

Asante sana kwa kunialika kwenye
sherehe yako Ijumaa ijayo. Nitafurahi
sana kuwa pamoja nawe siku hiyo.
Natumaini wewe mzima. Tutaonana
wiki ijayo.

Wako
    Isa

2

Kwa Mkurugenzi,

Mwanangu anayeitwa Rashid ataingia
Shule ya Sekondari mwaka ujao.
Shule yako inajulikana sana. Kwa
hiyo ninataka kujua kama kutakuwa
na nafasi katika shule yako.

Wako mtiifu

Ahmed Mulenga

3

Kwa Bwana

Nimepata barua yako leo. Tuna
wanafunzi wengi mwaka huu na
nafasi siyo nyingi. Hatujakata
shauri tutafanya nini mwaka ujao
kwa hiyo inabidi mniandikie tena
mwishoni mwa mwaka huu.

Wako kwa dhati,

Said Muhammed

4

Mpendwa rafiki,

Nimefurahi sana kupata habari zako
kutoka Bukoba. Sijawahi kwenda
lakini nilisafiri kwenye Ziwa Malawi
na nikalipenda sana. Hapa Dar hakuna
mpya, ninaendelea na masomo yangu
tu kama kawaida. Mama na baba
wanakusalimia.

Wako akupendaye

Asha

5

Mpendwa

Itakuwa siku ya kuzaliwa kwangu
Ijumaa ijayo tarehe 12 Desemba.
Ningefurahi sana kama ungeweza
kufika kwetu kusherehekea pamoja
nasi wakati wa saa 12 jioni.

Wako mpenzi

Daudi

6

1 Mwandishi wa barua ya pili alimshukuru rafiki yake kwa kumwa-
lika.
2 Barua ya tatu ni barua ya mwaliko.
3 Mwandishi wa barua ya nne anataka kumpa mtu habari ya shule
ya sekondari.
4 Mwandishi wa barua ya tano anataka kujua kama kuna nafasi
katika shule.
5 Asha alimwambia rafiki yake kwamba itakuwa sikukuu ya kuza-
liwa kwake.
6 Mwandishi wa barua ya sita alimwuliza mtu habari yake.

Dialogue 3

*Victoria is about to apply for a job as an English teacher at a private
school. She is experiencing some difficulties in trying to submit her
application*

1 How many computers are out of order?
2 The technician advises Victoria to make her application by alter-
native methods, what are these methods?
3 How must Victoria submit her application?

VICTORIA:	(*Kwenye kituo cha mawasiliano*) Hebu! Nina shida na kompyuta hii, haifanyi kazi. Ninajaribu kumpelekea Mkurugenzi wa shule ya binafsi barua umeme.
FUNDI:	Si yako tu. Kuna shida na kompyuta zote hapa. Umeme unakatika mara kwa mara na kutokana na hayo, baadhi ya kompyuta hizo zimeharibika.
VICTORIA:	Nina haraka. Inabidi niwasiliane na Mkurugenzi huyo wa shule leo.
FUNDI:	Peleka faksi au piga simu.
VICTORIA:	Afadhali nipeleke faksi kwa sababu ombi langu lazima liandikwe.

(*Later*)

FUNDI:	Samahani bibi, kwa bahati mbaya mashine hii ya kupelekea faksi pia haifanyi kazi leo. Inaonekana kwamba imeharibika.
VICTORIA:	Sasa nifanye nini jamani?
FUNDI:	Nenda mjini. Pale, karibu na Posta, utaona mahali pengine ambapo utaweza kupeleka barua umeme.

Vocabulary

kituo cha mawasiliano	communication centre, internet cafe
-pelekea	send to, send for
mkurugenzi	director (*pl.* **wakurugenzi**)
binafsi	(*adj.*) personal(ly), private(ly) (**shule ya binafsi**, private school)
barua (ya) umeme	email (*lit.* message of electricity)
-haribika	be damaged/ruined, be destroyed, be out of order (*cf.* **-haribu**, damage. *See Language structure*)
haraka	haste, hurry (**Nina haraka**, I'm in a hurry)
-peleka	send, send off, transmit, take away
faksi	fax
ombi	request, petition, prayer (*pl.* **maombi**)
-andikwa	be written (*cf.* **-andika**, write)
baadaye	afterwards, later on (**baadaye kidogo**, a little later, some time later on)
haifanyi kazi	it (machine) doesn't work, it is out of order
posta	Post Office

Language structure

The neutro-passive extension

This extension, which is sometimes also called stative extension, has the shape of **-Ik-**, i.e. **-ik-** or **-ek-** according to the rules of vowel harmony. It is similar to the passive in that the object of the corresponding active becomes the subject. In contrast to the passive, however, the 'agent' is not expressed:

Active	**Shida la umeme limeharibu kompyuta.** The electricity problem has damaged the computers.
Passive	**Kompyuta zimeharibiwa na shida la umeme.** The computers have been damaged by the electricity problem.
Neutro-passive	**Kompyuta zimeharibika.** The computers are out of order.

As indicated in the translation, the neutro-passive draws attention not so much to the action, but to the result, or resultant state, of the action. Another concept expressed by the neutro-passive is potentiality, in particular in the interaction with the (negative) present tense:

Kazi hii inafanyika.
This job is 'do-able'.

Mashine hii haiharibiki.
This machine cannot be damaged (is unbreakable).

Barua hii haisomeki.
This letter is unreadable.

Exercise 4

Change the verbs in the brackets into the neutro-passive form in order to complete the sentences below.

E.g. **Gari langu lime(haribu).**
Gari langu limeharibika.

1 Kazi hii ina(fanya), lakini kazi ile hai(fanya).
2 Gazeti hili hali(soma), lakini gazeti lile lina(soma).
3 Miti hii yote ime(kata).
4 Habari zote zime(sikia).
5 Simu zote zime(haribu).

Exercise 5

In 1–5 below, say which sentence is active, passive or neutro-passive:

1 Pochi ya Leo iliibwa na mchopozi.
2 Mchopozi alimwibia Leo pochi.
3 Mwizi aliiba pesa zake.
4 Pochi hii haiibiki.
5 Pesa zake ziliibwa na mwizi.

Exercise 6

Join the sentences in the left-hand column with the appropriate ending in the right-hand column:

Hatuwezi kuendelea na safari yetu   hayasahauliki.
Nilinunua vikombe hivi   hazibadiliki.

Masomo ya Amos na wenzake	hayasemeki.
Hakuna watu wengi	kwa sababu havivunjiki.
Pesa hizi kutoka Malawi	kwa sababu njia hii haipitiki.
Maneno yale mabaya	kwa hiyo kazi hii haifanyiki.

Reading

Maneno ya Teknolojia Mpya

Kama katika sehemu zote za dunia, kuna maendeleo muhimu ya teknolojia katika Afrika ya Mashariki yanayoathiri jinsi watu wanavyoishi, wanavyosoma, na wanavyowasiliana. Kwa vingi vya vifaa vya umeme vinavyotumika, kuna maneno mapya vilevile. Baadhi ya maneno hayo, kwa mfano, faksi na 'kompyuta', yanatumia istilahi ya Kiingereza tu, bali mengine yanatumia istilahi ya Kiingereza na ya Kiswahili. Kwa mfano, neno la 'internet' linatumika kando ya neno la 'mtandao', na neno la 'mobile' linatumika kando ya 'simu ya mkononi'. Kwa kupelekeana barua juu ya kompyuta, tunaweza kusema ama kuandika 'barua umeme', ama kuandika 'email'. Kwa sasa, hakuna shida kutumia maneno mawili kwa jambo moja tu, lakini inawezekana kuwa katika wakati ujao kutakuwa neno moja tu linalotumika popote.

Vocabulary

teknolojia	technology
maendeleo	progress, development (*cf.* **-endelea**, progress, **-enda**, walk)
muhimu	(*adj.*) important
-athiri	influence, affect (infect, harm, spoil, damage)
vifaa	supplies, equipment, tools, appliances (*sing.* **kifaa**)
istilahi	terminology, terms
kando ya	next to, beside, alongside
shida	problem, difficulty
-wezekana	be possible
wakati ujao	the future (*future tense*)
popote	anywhere, wherever

14 Muziki wa aina mbalimbali

Various kinds of music

In this unit you will learn:

- the lyrics of a song
- verbs with multiple extensions
- more about the neutro-passive extension and stative verbs

Tunagombana	*We're Bickering*
Rafiki yangu je	*My friend*
Unajua kwa nini	*Do you know why*
Tunagombana?	*We bicker?*
Chakula taslimu	*Food cash and carry*
Silaha kwa mkopo	*Arms on credit*
Rafiki yangu je	*My friend*
Unajua kwa nini	*Do you know*
Tunagombana?	*Why we bicker?*
Jana tuligombana	*Yesterday . . . Bickering*
Leo tunagombana	*Today . . . Bickering*
Kwa nini kwa nini	*Why why*
Kwa nini kwa nini	*Why why*
Tunagombana	*We always bicker*

© Rukiza Okera 2001

Dialogue 1

Ibrahim and Leo are having a conversation about the song which has just been played

1 After thinking about the words of the song how does Ibrahim feel?
2 How does Leo feel?
3 Do they like the song?

IBRAHIM: Napenda wimbo ule lakini baada ya kusikia maneno ya wimbo huo nasikitika kidogo.
LEO: Kwa nini?
IBRAHIM: Kwa sababu wimbo huo unauliza swali: 'Kwa nini tunagombana?'. Si magomvi kati ya watu wawili tu, lakini ni magomvi kati ya watu wengi.
LEO: Vilevile, baada ya kusikia maneno hayo kama vile: 'Chakula taslimu/Silaha kwa mkopo', nimekasirika. Inaonekana kwamba katika mahali fulani duniani ni rahisi kupata silaha kupigana kuliko kupata chakula kutatua matatizo ya njaa. Silaha zinapatikana kwa mkopo.
IBRAHIM: Ndiyo. Kama ungekuwa na fedha taslimu tu ungeweza kununua chakula – hakipatikani kwa mkopo.
LEO: Mambo kama hayo si mazuri kwa maendeleo ya nchi.
IBRAHIM: Mtunzi wa wimbo huo anaeleza mambo kama hayo. Afadhali watu wapatane badala ya kugombana. Ni wimbo mzuri sana.

Vocabulary

wimbo	song (*pl.* **nyimbo**)
-sikitika	be sad/sorry, disappointed
-uliza	ask question(s)
swali	question (*pl.* **maswali**)
taslimu	direct delivery, prompt (cash) payment (**chakula taslimu**, food for cash payment)
silaha	weapon(s), arms
mkopo	loan, credit
-kasirika	be angry
inaonekana	it seems, it appears
fulani	(*adj.*) certain, unnamed

rahisi	(*adj.*) easy (cheap)
matatizo	difficulties, complications (**-tatua matatizo**, find a solution)
-patikana	be available (be found, be caught/captured, be had/done in. *See Language structure*)
fedha	silver metal, money, currency, finance (**fedha taslimu**, ready cash)
maendeleo	development, progress, continuity
mtunzi	composer, author
-eleza	explain

Language structure

Sequences of extensions

In Dialogue 1, Leo uses a form which looks as if it has two extensions: **Silaha zinapatikana kwa mkopo**, 'Weapons can be got on credit.' In **-patikana**, the verb **-pata** is combined with the neutro-passive extension **-ik-** and the reciprocal extension **-an-**. However, the meaning is close to the neutro-passive extension, since it expresses potentiality. There are a number of other words which take **-ikan-**, rather than simply **-ik-** to express a stative or potential meaning. The most common ones are:

-patikana	(*from* **-pata**)	be obtainable
-julikana	(*from* **-jua**)	be known
-wezekana	(*from* **-weza**)	be possible
-onekana	(*from* **-ona**)	be visible

Exercise 1

Answer these questions about Dialogue 1 in Swahili:

1 Ibrahim anaupenda au haupendi wimbo?
2 Baada ya kusikia wimbo huo, Ibrahim anafurahi au anasikitika?
3 Wimbo huo unauliza swali gani?
4 Je, katika wimbo huo inawezekana kupata chakula kwa mkopo?
5 Je, silaha zinapatikana kwa mkopo?
6 Mtunzi wa wimbo huo anataka watu wawe na kitu gani juu ya mambo kama hayo?

Exercise 2

Translate these sentences into Swahili:

1 Food is not obtainable on credit, but weapons are obtainable on credit.
2 The singer is very well known.
3 It is possible to get food (for) cash.
4 It is not possible to get food on credit.
5 Progress is visible, people are getting along.
6 Progress is not visible, people are bickering.

Dialogue 2

During their travels in Zanzibar, Nick and Kathy ask their taxi driver, Mr Athumani, to take them to see a tarab orchestra

1 What caught Nick's attention when they arrived at the rehearsal area?
2 What was Kathy curious about?

ATHUMANI: Hapa ndipo mahali ambapo kikundi cha tarab kinafanya mazoezi ya muziki. Twende juu!
NICK: Kuna ala mbalimbali za muziki.
ATHUMANI: Ndiyo. Mbali na waimbaji, kuna fidla, udi, kinanda, kodiani, gitaa, gambusi, filimbi na ngoma.
KATHY: Wanawake wale waliokaa pale upande wa kulia ni nani?
ATHUMANI: Hao ni kikundi cha waimbaji ambao wanaimba kwa pamoja.
NICK: Wanaanza sasa, tuwasikilize.

(*After various songs have been sung*)

KATHY: Nimefurahi sana kupata nafasi ya kuona muziki wa tarab hapa Unguja. Mzee Athumani nashukuru.
NICK: Mimi pia nimefurahi. Nakushukuru Mzee.
ATHUMANI: Karibuni Tena.

Vocabulary

mazoezi	exercise(s), practice, practical work (**-fanya mazoezi**, rehearse)
ala	instrument (scabbard)
fidla	fiddle/violin
udi	oud, Arab lute
kinanda	keyboard instrument, piano
kodiani	accordion
gitaa	guitar
gambusi	Arabic instrument similar to a banjo or mandolin
filimbi	flute, whistle
ngoma	drum(s), traditional dance

Exercise 3

Answer these questions about Dialogue 2 in Swahili.

1 Mzee Athumani aliwaleta Bw. Nick na Bi. Kathy waone kitu gani?
2 Kati ya ala za muziki walizoziona kulikuwa na kodiani?
3 Wanawake hao waliokuwa wamekaa pale upande wa kulia walikuwa nani?
4 Bi. Kathy alifurahi, kwa nini?
5 Je, Bw. Nick alifurahi?
6 Katika sentensi ya mwisho ya mazungumzo haya Mzee Athumani alisema nini?

Dialogue 3

Amos and Kathy are having a conversation about music

1 What sort of music does Kathy like?
2 What sort of music does Amos like?
3 Why did Kathy refuse to go to the nightclub?

AMOS: Bi. Kathy je, unapenda muziki wa aina gani?
KATHY: Ninapenda muziki wa aina mbalimbali kama vile 'rap', 'reggae', 'pop' na hata tarab. Na wewe bwana, unapenda muziki wa aina gani?
AMOS: Ninapenda muziki wa Kiafrika, hasa muziki wa Kikongo ambao sisi Watanzania huuita kwa jina la 'bolingo'. Je, unapenda bolingo?

KATHY: Kabla ya kufika hapa Tanzania sikupata nafasi ya kusikia muziki wa aina hiyo, lakini hapa jijini Dar es Salaam bolingo inasikika kotekote: kwenye redio, ndani ya mabasi, katika mabaa na klabuni.

AMOS: Twende kilabuni tukastarehe.

KATHY: Siwezi leo. Nimechoka. Labda kesho.

Vocabulary

hata	even, until, to
tarab(u)	Swahili/Arab music ensemble (concert by tarab ensemble)
Kiafrika	(*adj.*) African
hasa	especially, exactly, above all (real)
-sikika	be heard, be audible
kotekote	everywhere/wherever
-starehe	be comfortable, rest easy (have a good time)
-choka	be tired (*see Language structure*)
labda	perhaps, maybe

Language structure

Stative verbs

The neutro-passive extension, discussed above, is sometimes called stative extension. This is because verbs in the neutro-passive form often indicate states resulting from some action, rather than the action itself. This meaning is usually expressed by using the perfect tense **-me-**:

Kimevunjika.	It is broken.
Zimeharibika.	They are destroyed.

In the present tense **-na-**, neutro-passive verbs tend to have the 'potential' interpretation:

Kinavunjika.	It breaks easily/is breakable.
Zinaharibika.	They get destroyed easily/spoil easily.

This difference is not only true of neutro-passive verbs, but also of a number of simple verbs which are 'inherently stative'. These include many verbs which express motion or posture of the body, as well as feelings, especially those which have an effect on the body (such as being full after eating):

-kaa	sit down
-lala	lie down/(go to) sleep
-simama	stand (up)
-choka	be/become tired
-shiba	be/become full (after eating)
-furahi	be/become happy
-kasirika	be/become angry
-jaa	be full/become full
-vaa	wear

So, for example, in Dialogue 1, Leo says **nimekasirika**, 'I was angry', or 'I have become angry'. Similarly, Kathy, in Dialogue 2 'has become happy' (**nimefurahi**), while in Dialogue 3, she is, or has become, tired: **nimechoka**.

As with the verbs with a neutro-passive ending, these verbs often change their meaning when used with either the **-me-** or the **-na-** tense. For example, 'He is wearing a **kanzu**', is formed in the **-me-** tense:

Amevaa kanzu

while the use of the present tense as in

Anavaa kanzu

means 'he is right now putting on a kanzu'. Similarly:

Anakaa	**Amekaa**
S/he is sitting down	S/he is sitting
Anasimama	**Amesimama**
S/he is getting up	S/he is standing
Gari linajaa	**Gari limejaa**
The car is filling up/ is becoming full	The car is full/ has become full

Exercise 4

Say whether these sentences are **kweli** (true) or **si kweli** (false):

1 Baada ya kuyasikia maneno ya wimbo ule 'Kwa nini Tunagombana?' Ibrahimu alifurahi sana.
2 Wimbo huo unauliza swali.

3 Magomvi ni mazuri kwa maendeleo ya nchi.

4 Mzee Athumani ni mwimbaji wa tarab.

5 Baada ya kupata nafasi ya kuona muziki wa tarab Bi. Kathy na Bw. Nick walifurahi.

6 Bw. Amos na Bi. Kathy wanagombana juu ya muziki.

7 Bw. Amos anaupenda muziki wa Kiafrika hasa bolingo.

8 Kabla hajafika Tanzania Bi. Kathy alikuwa na nafasi nyingi za kusikia bolingo.

9 Bolingo inasikika kwenye redio, ndani ya mabasi, katika mabaa na klabuni jijini Dar es Salaam.

10 Bi. Kathy hakuweza kufika klabuni kwa sababu alikuwa ameshiba.

Exercise 5

Replace the English word in the brackets with the appropriate word in Swahili:

1 Wakati wa asubuhi mabasi mengi yana(*full*) watu wanaokwenda kazini.

2 Basi limejaa kwa hiyo kuna watu wengi ambao wame(*standing*).

3 Watu hawa wame(*sitting*) vitini.

4 Leo nilimwona mwanamume ambaye ame(*wearing*) kanzu.

5 Baada ya kula chakula nime(*full – after eating*).

6 Kathy hawezi kufika klabuni, ame(*tired*).

7 Sasa Kathy ame(*sleep*).

8 Watu wana(*angry*) kwa hiyo wanaanza kugombana.

9 Vikombe vyote vime(*break*).

10 Baada ya kusikia habari nzuri wame(*happy*).

Exercise 6

Now translate Exercise 5 above.

Reading

Rukiza Okera

Rukiza Okera ni msanii wa muziki aliyeutunga na kuuimba wimbo ule uitwao 'Tunagombana'. Alizaliwa Guyana Marekani Kusini na siku hizi anaishi London, Uingereza.

Kazi yake ya muziki ilianza kanisani ambapo alipiga gitaa na kuitungia nyimbo Shule ya Jumapili. Mwishoni mwa mwaka wa 1980 Rukiza alizawadiwa na Tamasha ya Sanaa ya Guyana kwa ushairi, kwa kuimba nyimbo mbalimbali, kwa kutunga muziki, na kwa kupiga gitaa. Pia Rukiza na wenzake watatu wengine walisifiwa na Rais wa Guyana kwa diwani yao ya mashairi dhidi ya siasa ya ubaguzi wa rangi.

Ingawa lugha yake ya kwanza ni Kiingereza, Rukiza amekata shauri kuimba kwa Kiswahili. Mpaka sasa amerekodi albamu mbili ziitwazo *Jambo Mama Jambo Baba* na *Shamba*. Ile albamu yake *Shamba* imeshika nafasi ya kwanza katika chati ya muziki ya Tanzania. Amepiga muziki pamoja na Shikamoo Jazz Band Tanzania, na amepiga muziki mjini Mombasa, Kenya.

Vocabulary

msanii	artist, composer, painter, sculptor, author, technician
-tunga	compose, arrange, put together
kusini	south, in/to south
-anza	begin, start
kanisa	church
piga gitaa	play the guitar
-zawadiwa	be awarded
tamasha	festivity, spectacle, show, pageant, exhibition
sanaa	art(s), craft(s), handicraft(s)
ushairi	poetry
-sifiwa	be praised
diwani	poet's anthology, compilation, collected works
mashairi	poems (*sing.* **shairi**)
dhidi ya	against
siasa	politics
ubaguzi	discrimination (**ubaguzi wa rangi**, *lit.* discrimination of colour/racial apartheid)
ingawa	although
albamu	album
-shika	hold, hold on to, seize, grasp
chati	chart
-piga muziki	play music

Key to exercises

Unit 1

Exercise 1

1 Asante! **2** Asanteni! **3** Asante! **4** Asanteni! **5** Asanteni!

Exercise 2

1 Hamjambo? **2** Habari yako?/Habari zako? **3** Habari zenu?
4 Hujambo? **5** Karibu.

Exercise 3

(For example) You: **Hujambo?** Your friend Jane: **Sijambo.**
Hamjambo? You and your friend Gary: **Hatujambo. Habari yako?**
Your friend Jane: **Nzuri. Habari zenu?** You and your friend Gary:
Nzuri. Karibu. Your friend Jane: **Asanteni. Karibuni.** You and your
friend Gary: **Asante.**

Dialogue 2

1 The participant markers used in this dialogue are: **m-, tu-,** and
ni-.

Exercise 4

1 *Ni*nasoma. **2** *Tu*nafanya kazi. **3** *M*nafanya nini?

Exercise 5

1 Sijambo. **2** Nzuri/Njema/Salama/Safi **3** Nzuri/Njema/Salama/Safi
4 Asante! **5** Hatujambo. **6** Nzuri. **7** Karibu!

Exercise 6

Njoo basi!

Exercise 7

Translate into English, and then translate it back into Swahili:

1a.	my name	jina langu
1b.	my names	majina yangu
2a.	your name	jina lako
2b.	your names	majina yako
3a.	his/her name	jina lake
3b.	his/her names	majina yake
4a.	our name	jina letu
4b.	our names	majina yetu
5a.	your (*pl.*) name	jina lenu
5b.	your (*pl.*) names	majina yenu
6a.	their name	jina lao
6b.	their names	majina yao
7a.	my news	habari yangu
7b.	my news	habari zangu
8a.	your news	habari yako
8b.	your news	habari zako
9a.	his/her news	habari yake
9b.	his/her news	habari zake
10a.	our news	habari yetu
10b.	our news	habari zetu
11a.	your (*pl.*) news	habari yenu
11b.	your (*pl.*) news	habari zenu
12a.	their news	habari yao
12b.	their news	habari zao

Exercise 8

1 habari yako?/zako? (2) **2** jina langu **3** habari ya kazi?/za kazi? (2) **4** majina yenu **5** neno langu **6** jina lake **7** habari yenu?/zenu? (2) **8** jambo letu **9** mambo yao **10** maneno yangu **11** jambo lenu **12** safari yangu/zangu (2)

Exercise 9

1 Jambo lenu **2** Maneno yake **3** Safari zangu **4** Mambo yetu
5 Habari zenu? **6** Habari yenu? **7** Safari yangu **8** Jambo letu
9 Maneno yenu **10** Mambo yao **11** Neno langu **12** Habari za kazi?
(*or* ya kazi) **13** Majina yenu **14** Jina langu **15** Habari zao? (*or* habari
yao) **16** Habari zake? (*or* habari yake) **17** Habari zako?
18 Majina yangu **19** Majina yetu **20** Jina lako

Exercise 10

Hujambo? Habari yako? Jina langu ... Ninahitaji teksi.
Ninakwenda hotelini. Habari ya (/za) kazi? Asante. Kwaheri.

Unit 2

Dialogue 1

1 Leo and Kathy. **2** Leo comes from England and Kathy comes
from America.

Exercise 1

1 I am English. **2** I come from England **3** I was born in England
4 Where do you (*sing.*) come from? **5** Where were you born?
6 Amos anatoka Bukoba. **7** Leo anatoka London. **8** Kathy anatoka
New York. **9** Mnatoka wapi? **10** Wanatoka wapi?

Exercise 2

1 Mtoto	Watoto
2 Mfaransa	Wafaransa
3 Mwingereza	Waingererza
4 Msichana	Wasichana
5 Mgeni	Wageni

Exercise 3

Habari zangu
Jina langu Jocelyn. Nimezaliwa Ghana, kwa hiyo mimi ni Mghana.
Siku hizi ninakaa New York. Ninafanya kazi katika Shirika ya
Umoja wa Mataifa.

About myself
My name is Jocelyn. I was born in Ghana, so I am a Ghanaian.
Currently I live in New York. I am working at the United Nations
Organization.

Dialogue 2

1 Amos is the student who lives off campus.
2 No. Subira and Kathy live in the same building, but they don't
share accommodation.

Exercise 4

1 Ninatoka ... 2 Sasa ninakaa ... 3 Nimezaliwa ... 4 (Mimi ni)
M ... 5 Familia yangu wanaishi ...

Exercise 5

1 Mjerumani 2 Mwafrika 3 Mjapani 4 Mimi ni Mmarekani

Exercise 6

1 Mwingereza 2 Mwafrika 3 Wachina 4 Mfaransa 5 Wamarekani
6 Wajerumani

Dialogue 3

1 Subira obviously thinks Amos's confidence is better than his
memory. She doesn't hesitate to correct his mistakes concerning
where she presently lives and where she was born.
2 Because they have forgotten so quickly what they said to each
other, Amos hopes that they will be able to remember what
they are told regarding their lessons.

Exercise 7

1f, 2e, 3h, 4g, 5d, 6c, 7b, 8a

Exercise 8

Msichana, Mtoto and **Mvulana** are the odd ones out. These are
descriptions of people rather than national identities.

Exercise 9

SUBIRA: Bwana Leo, unakaa Mwenge?
LEO: Hapana, <u>sikai</u> Mwenge. Ninakaa hapa chuo kikuu.
SUBIRA: Kathy na Amos wanatoka Chicago?
LEO: La, <u>hawatoki</u> Chicago. Kathy <u>anatoka</u> New York, lakini Amos <u>anatoka</u> Bukoba.
LEO: Je, Kathy amezaliwa Nairobi, kwa hiyo yeye <u>ni</u> Mwafrika?
SUBIRA: Hapana, Bwana Amos na mimi <u>tunatoka</u> Afrika kwa hiyo sisi ni <u>Waafrika</u>. Bi Kathy hatoki Afrika, kwa hiyo yeye <u>si</u> Mwafrika.

Unit 3

Dialogue 1

1 Ibrahim and his wife have separated, however, he does not wish for a divorce and therefore hopes to be reunited with his wife in the near future.
2 Ibrahim and Mariamu are the people who are married in this conversation.

Exercise 1

Ibrahim ni <u>mume</u>. Ana <u>mke</u>. <u>Ameshaoa</u>.

Exercise 2

1 Jina langu Peter. (Bado) Sijaoa. 2 Mke wangu anaitwa Karen. 3 Mume wangu anaitwa Shabaan. 4 Umeolewa? 5 Ndiyo, nimeolewa. 6 Sijaolewa.

Exercise 3

1 Umeolewa? 2 Mna watoto? 3 Mnategemea kufunga ndoa lini? 4 Umeshaoa?

Exercise 4

1 Kweli. **2** Si kweli. **3** Si kweli. **4** Si kweli. **5** Kweli.

Exercise 5

Bado hajaolewa, lakini ana mchumba. (Anaitwa Yusufu). Jamaa zake wameshafanya mipango yote ya arusi, kwa hiyo yeye na mchumba wake wanategemea kufunga ndoa mwishoni mwa mwaka huu (Inshallah!)

Exercise 6

kumi, kumi na mbili, ishirini na mbili, thelathini na tatu, arobaini na sita, hamsini na tisa, sitini na moja, sabini, themanini na saba, tisini na nne, mia moja na moja.

Exercise 7

1 Ndugu yangu (Kakangu/Kaka yangu). **2** Nduguze (Ndugu zake/ Dada zake). **3** Wanetu (Wana wetu/Watoto wetu). **4** Babangu (Baba yangu). **5** Mamake (Mama yake). **6** Kakake (Kaka yake). **7** Dadake (Dada yake). **8** Mjombawe, Mjombake (Mjomba wake). **9** Mwanangu/Mwana wangu (Mtoto wangu). **10** Mtoto wa kike (Binti). **11** Mtoto wa kiume. **12** Msichana. **13** Wana wetu (Wavulana wetu). **14** Bibi yake. **15** Babu yake

Exercise 8

A	**B**
Mama	Baba
Mtoto wa kiume	Mtoto wa kike
Dada	Kaka
Mume	Mke
Msichana	Mvulana
Mamdogo	Bamdogo
Babu	Bibi
Wasichana	Wavulana

Unit 4

Dialogue 1

1 The students wish to travel during Easter.
2 They want to buy four tickets.

Exercise 1

1 We want to go to Zambia by train. **2** Will you not go to Malawi?
3 We will not go to Malawi. **4** Will you come back? **5** I will not
come back. Bwana Leo will come back tomorrow.

Exercise 2

1 Nzuri (*or*, Njema, Salama, Safi). **2** Hapana. Nitakwenda
Mombasa. **3** Hapana. Nitakwenda Jumatano (*or*, kesho kutwa).
4 Nitarudi Ijumaa. **5** Asante!

Dialogue 2

1 The students ask for second-class tickets. **2** The price for each
of the second-class tickets is TS 25,000 (Tanzanian Shillings). **3** The
train does not run on a Wednesday or a Sunday.

Exercise 3

1 We will travel to Kenya. **2** Will you leave today? **3** No, we will
not leave today. We will leave in March. **4** How many tickets will
you buy? **5** We will buy four tickets.

Exercise 4

(a) Saa sita (kamili) (b) Saa saba (kamili) (c) Saa nane (kamili)
(d) Saa kumi na mbili kamili (e) Saa moja (kamili) (f) Saa mbili
(kamili)

Exercise 5

Safari za Familia.
Leo ni tarehe kumi na tano Juni. Bwana na Bibi Ali pamoja na watoto wao, Rashid na Rehema, wataondoka Tanzania kwenda Uingereza. Watasafiri kwa ndege kutoka Dar es Salaam mpaka Muskat, halafu watasafiri kwa ndege nyingine kwenda London. Ndege itaondoka saa *tisa alasiri*. Itafika Muskat saa *mbili jioni*. Ndege ya pili itaondoka Muskat saa *tano usiku*. Watasafiri usiku kucha na kufika London saa *kumi na mbili asubuhi*.

A family's travels.
Today's date is 15 June. Mr and Mrs Ali together with their children, Rashid and Rehema, will leave Tanzania to go to England. They will travel by plane from Dar es Salaam to Muscat, and then they will travel on another plane to London. The plane will leave at 3 p.m. It will arrive at Muscat at 8 p.m. The plane will leave Muscat at 11 p.m. They will travel all night, arriving in London at 6 a.m.

Exercise 6

1 The train from Dodoma will arrive at seven-thirty in the evening. **2** The train to Mbeya will leave at a quarter to one in the afternoon. **3** The train from Tabora will arrive at five minutes past nine at night. **4** The train to Morogoro will leave at ten minutes to ten in the morning. **5** The train from Moshi has already arrived at seven-thirty in the morning.

Exercise 7

YOU:	Habari za asubuhi?
CLERK:	Nzuri. Karibuni.
YOUR FRIEND:	Asante. Tunataka kwenda Tanga. Tiketi ni bei gani?
CLERK:	Bei ni shilingi mia tano kwa tiketi ya daraja la kwanza. Mnataka tiketi ngapi?
YOUR FRIEND:	Tunataka tiketi mbili.
CLERK:	Bei ni shilingi elfu moja.
YOU:	Treni itaondoka saa ngapi?
CLERK:	Treni itaondoka saa nne asubuhi.
YOU AND FRIEND:	Asante. Kwa heri.
CLERK:	Kwa herini. Safari njema!
YOU AND FRIEND:	Asante sana.

Exercise 8

1 Saa tatu asubuhi; Saa nne asubuhi; Saa tano asubuhi; Saa tisa alasiri; Saa kumi alasiri; Saa kumi na moja alasiri.
2 Saa saba na nusu, saa tisa kasorobo, saa moja na robo (or saa moja na dakika kumi na tano).
3 Saa moja, dakika mbili na sekunde tatu.

Dialogue 3

1 The students will visit four countries: Zambia first, Zimbabwe second, Mozambique third and lastly Malawi prior to returning to Tanzania. **2** The journey will take a period of almost four weeks. **3** Leo is the one who offers to take the passports to the embassy.

Exercise 9

1 Asha ali*i*kata tiketi moja **2** Nita*zi*pata habari za ubalozi kesho **3** Je, ume*wa*ona watoto? **4** Wanafunzi wame*m*pa Amos pasi zao **5** Asha ali*li*ona behewa la kulia

Exercise 10

1 Saa ngapi? **2** Leo ni tarehe gani?/Leo ni tarehe ngapi? **3** Sasa ni saa tisa na dakika ishirini na tano alasiri. **4** Leo ni Jumanne, tarehe kumi na nane Januari/Mwezi wa Kwanza.

Exercise 11

I live in America. Today I am going to buy an air travel ticket. I want to go to Africa. A long time ago my father went to Africa. He went to Uganda and Kenya. Yesterday I got my visa to go to Tanzania. Tomorrow I will go to my father to hear (*lit.* to get his news) about his travels in Africa. The plane will leave the day after tomorrow.

Reading: Tanzania–Zambia Railway (TAZARA)

TAZARA is a major railway line linking Dar es Salaam (Tanzania) with Kapiri Mposhi (Zambia), via the Tanzania-Zambia border between Tunduma and Nakonde. TAZARA passes through a part of the Selous Game Reserve. This railroad was built by the People's

Republic of China in the 1960s. Likewise, there was the construction of 147 stations, more than 300 bridges and 23 tunnels. This line is Zambia's most important route to the sea.

Unit 5

Dialogue 1

1 There is no fish on the menu. **2** Leo asks for bananas (savoury).

Exercise 1

1 Do you want some help? **2** The girl is ordering a drink. **3** We are asking for a menu. **4** What food are you ordering? **5** All the tourists are ordering tea.

Exercise 2

1 Naomba kinywaji. **2** Tafadhali lete soda. **3** Tunaagiza chai. **4** Mnataka matunda? **5** Mtalii anataka kalamu na karatasi. **6** Je, unataka gazeti?

Exercise 3

A	B
-ondoka	-fika
-ingia	-toka
-tengana	-rudiana
-kaa	-simama
-leta	-chukua
-kwenda	-rudi

Exercise 4

1 Njoo! **2** Nenda shuleni! **3** Kunywa chai! **4** Agiza kahawa! **5** Kula!

Exercise 5

The students who were without pens [*the teacher told them they should go to*] her office. Whilst in the office, the teacher searched inside her desk and later found some pens. Then [*she gave them pens*]. The students took the pens and thanked her. She told them that [*they must return to the classroom*] immediately as they had to finish their written test before the end of the class period. In the classroom one of the students told the teacher that her friend was too afraid to return to the class because she was afraid of taking the written test. The teacher said, ['*Call her so that I may see her.*'] When the girl returned to the class the teacher calmed her down and said, ['*Preferably you should do*] the test today because the next test may be even more difficult.' The student wrote her test and passed.

Exercise 6

1 Go home. Call your brother. Tell him he should come here. **2** Come to school every day. Don't forget. **3** Preferably we should go home. **4** Tell them they should not go. They have to stay here. **5** Don't eat my eggs! Eat yours!

Dialogue 2

1 Subira says she is a student studying at the University of Dar es Salaam. **2** Trevor has been to five countries in East Africa.

Exercise 7

Wanafunzi *wanne* wanakwenda Zambia kwa treni. Treni hii ni *kubwa* yenye mabehewa *mengi*. Rangi ya treni hiyo ni *nyekundu* na *nyeupe*. Ni safari *ndefu*. Katika treni, Mzambia *mrefu* na mke wake *mfupi* wanazungumza na wanafunzi. Wanafunzi wanapata habari *muhimu* kuhusu nchi ya Zambia.

Exercise 8

A	B
safari	ndefu (*or* nzuri)
jina	jipya
mtu	mweupe
mabehewa	mengi
watu	weusi
habari	nzuri (*or* ndefu)

Dialogue 3

1 The students buy some doughnuts, some oranges, soft drinks and some sugar cane.

2 The doughnuts are one hundred shillings a piece. The oranges are fifty shillings each. The sodas are two hundred shillings each. The bag of sugar cane costs one hundred shillings.

3 After buying some sodas, Subira gave one to each of her friends.

Exercise 9

MWUZAJI: Karibu!
MIMI: Asante! [Nataka machungwa na ndizi.]
MWUZAJI: Unataka machungwa mangapi na ndizi ngapi?
MIMI: Nataka [machungwa kumi na mawili na ndizi kumi na mbili].
MWUZAJI: Je, unataka vitu vingine?
MIMI: [Ndiyo], nataka maji ya kunywa, soda, [chai na kahawa].
MWUZAJI: [Je, unataka soda gani?]
MIMI: [Tafadhi nipe fanta moja na sprite mbili. Ni bei gani?]
MWUZAJI: [Bei ni] shilingi elfu moja na mia tisa [kwa jumla].
MIMI: [Chukua pesa hizi.] Asante!
MWUZAJI: [Haya] Karibu tena. [Kwa heri!]
MIMI: Kwaheri!

Reading: The geography of Tanzania

Tanzania is a big country; it is in East Africa. The country itself is in between Africa's three great lakes and the Indian Ocean. Tanzania is just a little south of the Equator. Tanzania's neighbouring countries are Kenya, Uganda, Rwanda, Burundi, The Democratic Republic of Congo (formerly Zaïre), Zambia, Malawi and Mozambique. The coastal islands are Zanzibar and Pemba. There are two important geographical regions inside Tanzania. One is Mount Kilimanjaro which is Africa's tallest mountain. Kilimanjaro is the pinnacle of Africa, and its height from sea level is 19,340 feet. The other important region is the Rift Valley which runs through many parts of East Africa into Asia.

Unit 6

Dialogue 1

1 Mzee Kiaruzi prefers life in the countryside as opposed to life in the town. **2** Kathy prefers bananas as opposed to rice.

Exercise 1

1 mtu *huyu* **2** watu *wale* **3** mgeni *huyo* **4** tunda *hilo* **5** watu *hao* **6** nyumba *hii* **7** nyumba *hizi* **8** mtu *huyu huyu* **9** matunda *yale*

Exercise 2

1 Nyumba i*le* ni nzuri. That house is nice. **2 Nyumba *zile* si nzuri.** Those houses are not nice. **3 Wageni h*awa* wanajua Kiswahili.** These foreigners know Swahili. **4 Wageni h*ao* hawajui Kiswahili.** Those foreigners don't know Swahili. **5 Mmarekani y*ule* anaondoka leo.** That American is leaving today. **6 Mwingereza h*uyu* ataondoka kesho.** This English person will leave tomorrow.

Exercise 3

1 One child is mine and one child is hers/his. **2** Those two people come from Dar es Salaam. **3** These three trees are mine and those twelve trees are yours. **4** Read these five names. **5** These six houses are new. **6** These seven people arrived yesterday. **7** Those eight children are at school. **8** Are these nine fishermen working today? **9** Those ten sailors are at sea.

Exercise 4

1 Mtu mkubwa huyu **2** Watu warefu watatu wale, na mtu mfupi yule **3** Mti mpana mmoja **4** Miti myembamba miwili **5** Wasichana wazuri kumi na mmoja **6** Wavulana wabaya kumi na wawili hawa na mvulana mzuri mmoja yule **7** Nyumba ndefu nane hizi na nyumba ndogo ile

Exercise 5

1 Wewe ni mkubwa kuliko mimi, lakini yeye ni mrefu kuliko wewe. **2** Yeye ni msichana mzuri kuliko wote. **3** Mzee yule ana busara zaidi ya wote (kuliko wote). **4** Kilimanjaro ni mlima mrefu kuliko yote Afrika. **5** Kitabu hiki ni kizuri kuliko vyote. **6** Yeye ana umri mkubwa kuliko wewe. **7** Jiji ni kubwa kuliko mji lakini mji ni mkubwa kuliko kijiji. **8** Chakula cha mama ni kitamu kuliko vyote. **9** Shamba langu ni kubwa zaidi kuliko lako lakini shamba la mtu yule ni kubwa kuliko yote. **10** Nyumba hii ni sawa na nyumba ile.

Reading: Education and self-reliance

During colonialism Tanganyika's economy and education were ignored by the British colonialists (at the time of independence there were only 120 university graduates in the whole country). Because of this situation, the Arusha Declaration was made in 1967. The government of independent Tanzania used the policies of Socialism to run the country's economy and education. President Nyerere realized that Tanzania was largely an agricultural country. Teachers, students, and even members of the government were being urged to be farmers as well. Besides the villages, schools and colleges were being advised by the government to have their own farms. The words 'work' and 'self-reliance' were being heard in the villages and towns.

Times have changed, and some of those policies likewise have changed, even so, all Tanzanians remember the importance of cooperating with one another, during the 'Sabasaba' ('Sevenseven', 7th of July) national holiday, also known as 'Farmer's Day'.

Unit 7

Dialogue 1

1 The patient became ill yesterday. **2** The patient went to the market to buy some fabric and to a shop to buy some soap. **3** The patient was told to apply the prescribed medicine twice daily.

Exercise 1

Mtu ana kichwa (*kimoja*), mikono (*miwili*) na miguu (*miwili*). Kichwani ana macho (*mawili*), masikio (*mawili*) na pua (*moja*). Katika kila mkono ana vidole (*vinne*) na kidole gumba (*kimoja*), na vidole vya miguu (*vitano*) katika kila mguu.

Exercise 2

A man sees with his **macho**, hears with his **masikio**, smells with his **pua** and tastes with his **ulimi**. He smiles with his **mdomo** and bites with his **meno**. He waves with his **mikono**, sits on his **makalio**, kneels on his **magoti** and stands on his **miguu**.

Exercise 3

A

mwanafunzi
mwanafunzi mgonjwa
mwanafunzi *mgonjwa* alifika
mwanafunzi mgonjwa *ali*fika hospitali
mwanafunzi mgonjwa *alifika* hospitali kubwa
mwanafunzi mgonjwa alifika *hospitali* kubwa mapema
mwanafunzi mgonjwa alifika hospitali *kubwa* mapema sana

B

wanafunzi
wanafunzi wagonjwa
wanafunzi *wagonjwa* hawakufika
wanafunzi wagonjwa *hawakufika* hospitali
wanafunzi wagonjwa *hawaku*fika hospitali kubwa
wanafunzi wagonjwa hawakufika *hospitali* kubwa mapema
wanafunzi wagonjwa hawakufika hospitali *kubwa* mapema sana

Exercise 4

1 Jana nilikuwa mgonjwa. **2** Na Leo alikuwa mgonjwa. **3** Lakini Subira alikuwa si mgonjwa (*au*, hakuwa mgonjwa) **4** Wagonjwa hawakufika jana. **5** Daktari alifika mapema. **6** Ulifika hospitali lini? **7** Nilifika jana. **8** Hamkufika mapema. **9** Mgonjwa hakufika mapema.

Exercise 5

Habari zako?
Jana nilifika hospitali kumwona rafiki yangu. Nilimwuliza habari zake. Alisema kwamba siku hizi yeye si mgonjwa sana. Tulizungumza juu ya mambo mengi. Halafu nilirudi nyumbani. Nilipika chakula cha jioni. Kama saa nne na nusu usiku niliingia kitandani. Nililala mpaka asubuhi.

Dialogue 2

1 The patient's symptoms are: severe fever, headache, trembling body and stomach aches. **2** The test result showed that the student was suffering from malaria. **3** The patient was prescribed tablets.

Exercise 6

1 Daktari aliwapa wagonjwa maelezo. **2** Daktari alitoa maelezo ya matumizi ya dawa. **3** Wanafunzi walikula chakula. **4** Wagonjwa walitoa pesa. **5** Homa kali ilimpata mgonjwa.

Exercise 7

1 Vitambaa vilinunuliwa na mwanafunzi. **2** Sabuni ilitumiwa na mwanafunzi usoni. **3** Maelezo ya matumizi ya dawa yaliandikwa na daktari. **4** Vidonge viwili vilimezwa na mgonjwa. **5** Daktari alipewa pesa na mgonjwa.

Exercise 8

Yesterday I was very sick. I had a stomach ache and a headache. I went to the hospital to see a doctor. After being examined by the doctor, I was given some medicine. I was told by the doctor to swallow two tablets each day for a week. Today I feel a little better.

Dialogue 3

1 When he became ill, Amos was unable to swallow anything. **2** After being admitted, Amos was prevented from eating and drinking. **3** Before his accident Leo was warned not to play in the main road.

Exercise 9

Daktari aliuangalia (*uso*) wa mgonjwa. Halafu aliuangalia (*ulimi*) wake. Baadaye kidogo wagonjwa wengi zaidi walifika kwa daktari. Daktari vilevile aliziangalia (*nyuso*) zao na (*ndimi*). Mgonjwa mmoja alisema kwamba (*uso*) wake ulikatwa kwa (*upanga*). Mgonjwa mwingine alisema kwamba (*ulimi*) wake ulikatwa kwa (*wembe*). Nje ya hospitali watu wengi walikaa (*ukutani*). Walisubiri kumwona daktari. Watu hawa vilevile walikatwa kwa (*panga*) (*nyusoni*) na kwa (*nyembe*) (*ndimini*).

Kila mtu anataka kuwa na afya nzuri lakini mara kwa mara atap-atwa na (*ugonjwa*). Ni muhimu sana mgonjwa apewe (*matibabu*). Katika nchi nyingi duniani inabidi wagonjwa walipe pesa kwa (*matibabu*) yao. Bali, katika nchi nyingine wagonjwa wanaweza kupata (*matibabu*) bila kulipa pesa. Serikali za nchi hizo zinawa-saidia wagonjwa wao.

Translation of Exercise 9
A doctor inspected the face of a patient. After that, he looked at his tongue. After a while, many more patients came to the doctor. The doctor looked at their faces and tongues as well. One patient said that his face was cut by a sword. Another patient said that his tongue was cut by a razor. Outside the hospital many people are sitting by the wall. They are waiting to see the doctor. These people have also had their faces cut by swords and their tongues by razors.

Every person wants to be in good health, but every so often one is taken ill. It is very important that a sick person is given medical treatment. In many countries in the world, patients have to pay for their treatment. However, in some other countries sick people are treated without paying. The governments of these countries look after their sick.

Reading: Medical services

The University of Dar es Salaam Health Centre provides medical services for students, staff and their families (that is to say, a husband, a wife and their children). There is a Pharmacy, Laboratory, Eye Unit, Family Planning and Ambulance Services.

In addition, the Health Centre provides Health Education. There are programmes on the prevention and protection of diseases and AIDS. There is information on mental illness, the prevention of drug abuse and hygiene. There are students who are counsellors, who give advice on matters which concern education and communication services on reproductive health.

If a person is unable to be treated by the Health Centre he or she will be sent to Mwananyamala District Hospital or Muhimbili Medical Centre. Before entering the University, each student must undergo a health test. University staff and students are encouraged from time to time to go for a medical examination.

Unit 8

Dialogue 1

1 Sandra's parents will arrive at the end of the month. **2** No. This will be their first visit to Tanzania. **3** They expect to stay for a period of three weeks.

Exercise 1

1 + c Mahali hapa ni pazuri. *Panatembelewa na watu wengi kila siku.* **2** + a Watu wengi watafika hapa *mwishoni mwa wiki hii.* **3** + e Mahali pale pana *watu wachache tu.* **4** + b Sandukuni mle mna kalamu mbili; *moja ni yangu na moja ni yako.* **5** + d Humu nyumbani *mmekaa wageni wale.*

Exercise 2

1 Wazazi wa Sandra watafika mwishoni mwa mwezi huu. **2** Wazazi hao wa Sandra hawajafika Tanzania. **3** Leila atatembelewa na mama na baba yake (wazazi wake). **4** Wazazi wa Sandra wako mjini. Wanakaa kwenye *Palm Beach Hotel.* **5** Baba wa Sandra anataka kufika Arusha ili apande Mlima Kilimanjaro.

Dialogue 2

1 These days Ibrahim's brother is at the East Coast (Makunduchi). **2** Mariamu's sister lives on the East Coast (Jambiani). **3** There will be a soccer match on Sunday, between Makunduchi and Jambiani.

Exercise 3

1 niko **2** yuko . . . yupo/yuko **3** yuko . . . yupo/yuko **4** iko . . . iko **5** hayuko . . . yuko/yupo **6** zimo **7** hayamo . . . Yapo **8** kiko . . . vimo **9** liko **10** Uko . . . Nipo/Niko

Exercise 4

Ibrahim yuko Unguja; anamtembelea kaka yake. Ibrahim hayuko Dar es Salaam. Mariamu yuko Unguja; anamtembelea dada yake.

Dada wa Mariamu yupo kwenye kijiji cha Jambiani pamoja na mumewe na watoto wake. Watoto hao wapo nyumbani. Kaka wa Ibrahim yupo Makunduchi kwa ajili ya kucheza mpira. Shemeji wa Mariamu ni mchezaji mmojawapo wa timu ya Jambiani. Yeye ni bingwa wa soka. Kuna mashindano baina ya Wajambiani na Wamakunduchi. Mwaka jana timu hizo zote mbili zilifungana goli moja-moja.

Dialogue 3

1 Leila is asking for help with directions because she is a stranger to the area. **2** The first person complicated her directions by mentioning too many street names and as a result, Leila became slightly confused. **3** Kariakoo Market is in Swahili Street.

Exercise 5

1 Nenda (njia ya) Kitogani. Huko Kitogani pinda kushoto. Utafika njia panda Paje. Pinda kulia kupita Jambiani mpaka Makunduchi. Fuata njia karibu na pwani. Endelea moja kwa moja. Vuka soko na nyumba yake (kaka yake Ibrahim) iko upande wa kulia. **2** Anakwenda Makunduchi. Anapinda kulia kupita Jambiani mpaka Paje. Anapinda kushoto kuendelea moja kwa moja mpaka Kitogani. Anapinda kulia na anafuata njia mpaka Mjini Zanzibar. **3** Nitakwenda moja kwa moja mpaka pwani. Nitapita kushoto na baada ya muda nitafika Jambiani. **4** Nipo sokoni. **5** Nipo Kizimkazi.

Reading: Visiting attractive places

There are many attractive places in Tanzania. Apart from Mount Kilimanjaro (which has already been mentioned) there are other exciting places, such as animal reserves, various museums and many other important venues.

Bagamoyo is a town that is near the coast. Bagamoyo is north of Dar es Salaam by a distance of 75 kilometres. The word 'Bagamoyo' derives from the word 'bwagamoyo', meaning 'settle the heart'. An important place in Bagamoyo is the Art College. There, you can watch the students while they rehearse music and dance. Each year there is a festival that takes place in the last week of September.

The National Museum in Dar es Salaam city is another fascinating place. Here inside the museum there are many archaeological discoveries, such as prehistoric human and animal skeletons, ancient tools and other artistic artefacts. Other sections of the museum are concerned with the Persian civilization of Kilwa, the Zanzibar slave trade, and the German and British colonial periods.

Tanzania has world-famous animal reserves, such as Serengeti, Ngorongoro Crater, Arusha, Tarangire, Lake Manyara and Selous. Each year the game parks are visited by many tourists who want to see wildlife, such as lions, hyenas, rhinos, hippos, giraffes and elephants.

Exercise 6

1 Mji wa Bagamoyo uko karibu na pwani. **2** Kuna umbali wa kilomita 75 kati ya mji wa Bagamoyo na jiji la Dar es Salaam. **3** Chuo cha Sanaa kipo Bagamoyo. **4** Makumbusho ya Kitaifa yapo jijini Dar es Salaam. **5** Ndani ya Makumbusho ya Kitaifa vimo viunzi vya mifupa vya binadamu na vya wanyama wa zamani sana. Pia vimo vyombo vya zamani na vitu vingine vya sanaa. **6** Watalii wengi wanataka kuwaona wanyamapori kama vile, simba, fisi, vifaru, viboko, twiga na tembo.

Unit 9

Dialogue 1

1 The interviewee is a cook. She cooks lunch for people who work at the university. **2** Each morning she wakes up at 4.30 a.m. **3** Bi. Rosa's daughter goes to the market to buy the food.

Exercise 1

1 I (usually) read Swahili every day. **2** My mother goes to the market every week. **3** Children go to school from Monday to Friday. **4** Our sister cooks the food every day. **5** The train usually arrives at nine o'clock in the morning.

Exercise 2

1 Watu humwita Bi. Rosa kwa jina la kupanga, yaani 'Mamantilie'. **2** Anakaa Manzese. **3** Anafanya kazi ya kupika chakula. Yeye ni mpishi. **4** Mwanamke huyo huamka saa kumi na nusu asubuhi.

5 Bi. Rosa husaidiwa na binti yake. 6 Binti yake huenda sokoni kununua vyakula. 7 Bi. Rosa hurudi nyumbani saa kumi alasiri. 8 Chakula cha mchana hupakuliwa toka saa sita mpaka saa tisa na nusu. 9 Baada ya kurudi nyumbani, Bi. Rosa anawapikia familia chakula cha jioni.

Exercise 3

1 Trevor alimnunulia Kathy machungwa. 2 Mpishi alinipikia nyama. 3 Wazazi wake Sandra wanamtembelea (Sandra). 4 Watoto wanamchukulia mwalimu mzigo. 5 Tulihama Dar es Salaam, na tulihamia Tanga.

Dialogue 2

1 No, the interviewee does not work alone. 2 There are three people, including the interviewee, involved in the job. 3 One is his nephew, the other is a school friend.

Exercise 4

1 Ninapenda kufanya kazi yangu lakini sipendi kufanya yako. 2 Kazi yangu inafaa, yako haifai. 3 Mfanyakazi yule anafaa, mfanyakazi huyu hafai. 4 Ninawapenda wafanyakazi wako kwa sababu wote wanafaa. Siwapendi wafanyakazi wenzangu, wote hawafai. 5 Vinywaji hivi vinafaa, kinywaji kile hakifai.

Exercise 5

1 Unafanya kazi ya kuandika vitabu. 2 Ninafanya kazi ya kusomesha Kiswahili. 3 Tunafanya kazi ya kuendesha treni. 4 Wanafanya kazi ya kuandika vitabu. 5 Anafanya kazi ya kutengeneza gari.

Dialogue 3

1 In the evening, the interviewee sings (tarab) songs with a group of local musicians. 2 In the daytime, the interviewee works at the university. 3 One book was published last year, the other was published this year.

Exercise 6

1 Kathy anamfanya Leo aamke, kwa hiyo Kathy *anamwamsha* Leo.
2 Subira anamfanya mwalimu akumbuke kuchukua vitabu, kwa
hiyo *anamkumbusha* kuchukua vitabu. **3** Leo anamfanya Subira
alipe, kwa hiyo *anamlipisha*. **4** Hawa anafanya gari liende, kwa
hiyo *anaendesha* gari. **5** TV inamfanya Subira asahau darasa, kwa
hiyo TV *inamsahaulisha* darasa.

Exercise 7

-soma	-somesha	-andika	-andikisha	-sema	-semesha
-imba	-imbisha	-anza	-anzisha	-pika	-pikisha
-penda	-pendeza	-shangaa	-shangaza	-rudi	-rudisha

Reading: Institute of Kiswahili research (TUKI)

The Institute of Kiswahili Research is part of the University of
Dar es Salaam. The main aim of the Institute is the study and
furtherance of the Kiswahili language. There are five sections
undertaking research in the areas of linguistics, lexicography (i.e.
compiling dictionaries), terminology, translation and literature.

Linguistics Section
This section has published a book on Kiswahili morphology enti-
tled *The Grammatical Structure of Standard Kiswahili* (1983).

Lexicography Section
This section deals with various kinds of dictionaries. The section
has published important dictionaries such as *The Dictionary of
Standard Kiswahili* (1981), *The Standard Dictionary of Biology,
Physics and Chemistry* (1990) and *The Standard Dictionary of
Linguistics* (1990). *The English–Swahili Dictionary* (1996) was also
published by this section.

Terminology and Translation Section
This section has two units: Translation Unit and Terminology Unit.

Literature Section
The section undertakes research in literature and folklore, espe-
cially oral literature (songs, folktales, sayings and poetry), written
literature (novels, short stories, drama and poetry), and theatre

arts. Writings which have been published by this section are *The History of Kiswahili Poetry* (1995), *A Study of the Kiswahili Novel and Society* and *The Oral Literature of the Tanzanian Coast, including the islands of Pemba and Zanzibar.*

Unit 10

Dialogue 1

1 Rosa was asked to attend the wedding in order to assist with food preparations. **2** Hawa was invited to the wedding to sing with her group of musicians. **3** The wedding will take place in Sinza, a district of Dar es Salaam.

Exercise 1

1 Wanamuziki waliotoka Bagamoyo wanataka chai. **2** Treni inayotoka Dodoma imechelewa. **3** Katika lugha ya Kiingereza kuna maneno mengi yanayotoka lugha za Kiafrika. **4** Chungwa lile nililokupa lilinunuliwa na kaka yako. **5** Vitabu vilivyoandikwa na mwalimu vimenunuliwa na wanafunzi.

Exercise 2

Mtu aliyekuja jana alinipa kitabu nitakachokisoma kesho. Kitabu hicho nitakachokisoma kimeandikwa kwa Kiswahili. Maneno yalivyoandikwa katika kitabu hicho yatanisaidia kusoma lugha hii ya Kiafrika. Navipenda vitabu vinavyosomesha lugha. Watu watakaokuja hapa kesho watavinunua vitabu vile vinavyoandikwa kwa Kiingereza.

Exercise 3

1 Hawa ndio waimbaji wanaopenda kahawa. **2** Huyu ndiye mwimbaji asiyependa kahawa. **3** Hizi ndizo barua zitakazopelekwa kesho. **4** Ule ndio mti usiozaa matunda. **5** Ufunguo huu ndio ule niliotumia kwa kufungulia mlango ule. **6** Hivi ndivyo vyakula vitakavyoliwa na wageni wa arusi. **7** Ile ndiyo miti inayotumiwa kwa kujengea nyumba.

Dialogue 2

1 The food and utensils to be used for the wedding banquet are in the kitchen. **2** The cooking pots on the table will be used for preparing the potatoes and other vegetables. **3** Besides the goat meat, beef, chicken and fish will be prepared for the feast.

Exercise 4

1 Wanamuziki *ambao* walitoka Bagamoyo wanataka chai. **2** Treni *ambayo* inatoka Dodoma imechelewa. **3** Katika lugha ya Kiingereza kuna maneno mengi *ambayo* yanatoka lugha za Kiafrika. **4** Chungwa lile *ambalo* nilikupa lilikuwa kwa kaka yako. **5** Vitabu *ambavyo* viliandikwa na mwalimu vimenunuliwa na wanafunzi.

Exercise 5

1 Watu waliofika jana wameshaondoka. 2 Michungwa iliyopandwa na mkulima haizai machungwa. 3 Nyumba zilizojengwa zimenunuliwa na wageni. **4** (The tensed relative construction cannot be used with the perfect tense in **kimeandikwa**, so this sentence cannot be changed) **5 Maneno yaliyoandikwa na mwandishi nimeshayasoma. 6** (The tensed relative construction cannot be used with the perfect tense in **umeanguka**, so this sentence cannot be changed) **7 Mwanafunzi anayetaka kitabu atarudi kesho.**

Dialogue 3

1 The teacher likes to sing. **2** Besides the singer, the bride also invited her group of musicians. **3** The bride and her mother both agree that the woman who they see dancing (Rosa) cooked an excellent wedding feast.

Exercise 6

Arusi ya Bw. Yusufu na Bi. Subira ilikuwa sherehe nzuri sana. Watu wote *ambao* walikuwapo walicheza densi na walikula chakula kitamu *kilichopikwa* na mpishi *aliyetoka* Tanga. Baada ya sherehe, Bw. na Bi. Arusi walisafiri Moshi *ambapo* watapanda Mlima Kilimanjaro.

Reading: Marriage

People's attitude towards marriage varies according to cultural background, age, or sex. Data from recent statistics give some idea about the differences between men and women, people in the 1960s and now, and between the three East African countries Tanzania, Kenya and Uganda when it comes to marriage.

For example, women marry at a younger age than men. In Tanzania, 70 per cent of women between 20–24 years of age are married as opposed to only 30 per cent of the men of the same age group. However, in the age group from 35–39 years, the number is equal, with more than 80 per cent of both men and women being married.

Over the last thirty years, there is a trend to marry later in life for both men and women. In Kenya, for example, in 1969, 26 per cent of the men, and 76 per cent of the women were married before they reached 25 years of age. By 1998, the figures had changed to 16 per cent for men and 58 per cent for women.

More than 10 per cent of Tanzanian women over 50 years are separated or divorced, in contrast to only about 7 per cent of the men. In neighbouring Kenya, the number of separated or divorced people is lower, it is about 3 per cent for both men and women over 50 years of age. In Uganda, the number of separated or divorced people is the highest in East Africa, being closer to 20 per cent for both sexes over 50.

Unit 11

Dialogue 1

1 According to Tatu, her mother does not stir the rice whilst it is being cooked. **2** According to Hadji, his mother usually stirs the rice whilst it is being cooked. **3** The mother says that both methods are OK, it depends on the type of rice being cooked.

Exercise 1

Kama ukienda shuleni *utapata elimu.*
Mkija hapa kesho *mtapata pesa.*
Tuliwaona *wakila chakula.*
Wasipofika shuleni kesho *hawatapata vitabu hivi.*
Mwaka ujao nitakwenda Afrika *Mungu akipenda.*

Exercise 2

If you go into the kitchen, you will see how the cooks are cooking different kinds of food. Preferably, some of this food should be boiled, some roasted, grilled or fried. Yesterday I saw the cooks cooking the food for the wedding guests. If you hurry, you'll see them before they finish their work.

Dialogue 2

1 Ibrahim is going to work on Sunday. **2** His wife, Amani, has arranged for them to visit their parents on that day. **3** Amani tells him to phone his boss and tell him that he (Ibrahim) is unable to go to work (on that particular day).

Exercise 3

Tungalikata tiketi jana *tungalikwenda Tanga leo.*
Ningekuwa mgonjwa *ningemwona daktari.*
Asingalitumia sabuni mpya *asingalikuwa mgonjwa.*
Wasingeondoka mapema *tungefika pamoja.*

Exercise 4

1 Ningekuwa na pesa ningekwenda Tanzania. **2** Ungekata tiketi tungeondoka leo. **3** Angekula chakula angeona nafuu. **4** Nisingekula chakula nisingeona nafuu. **5** Wangalifika jana tungalikaa pamoja. **6** Usingalipika chakula wageni wetu wasingalikuja hapa.

Exercise 5

1 Amos na Kathy wanapendana. **2** Sandra na Leila wanaonana. **3** Mamantilie na binti yake wanasaidiana. **4** Subira na Amos wanaulizana maswali. **5** Wasichana na wavulana wanaleteana zawadi.

Exercise 6

1 Sikubali. Nakubaliana naye. **2** Tukubaliane. **3** Kwa nini tunagombana? Tusigombane. **4** Kwanza, nabisha. Halafu tunagombana. **5** Badala ya kugombana, mjaribu kupatana. **6** Nimewaza juu ya ugomvi wetu, sipendi mawazo yako. **7** Maoni yangu ni wazi lakini hupendi mawazo yangu. **8** Una hakika? Ni hakika? **9** Sina hakika. Si hakika. **10** Bila shaka una mawazo mazuri. Sasa tunakubaliana.

Reading: Inheritance

If a deceased person doesn't make a will before dying his relatives will not know how they can divide his assets. A matter like this usually brings a 'domestic dispute', that is to say, the relatives will quarrel and disagree.

In a situation like this, after the deceased person's wealth has been divided, some of the relatives will be satisfied and others will feel cheated. Sentiments like these can make relatives not speak to each other for a long time, or even forever.

However, if a person makes a will before dying, his relatives will know exactly who are the inheritors.

Unit 12

Dialogue 1

1 When Kathy was a young child her father used to read her stories each evening before she went to bed. **2** After hearing the stories Kathy would often dream. **3** Kathy liked the story of the *Hare and the Tortoise*.

Exercise 1

Siku moja Paka aliamka mapema, akanywa chai, akaenda sokoni akanunua samaki. Kabla ya kula samaki, alimkuta Sungura, akamwamkia, akasema 'Kwaheri'. Baada ya Sungura kuondoka, Paka aliona kwamba Sungura yule alimwibia samaki.

Exercise 2

One day the Cat woke up early, he drank some tea, and went to the market and bought a fish. Before eating the fish, he met the Hare, he greeted him, and said 'Goodbye'. After the Hare left, the Cat saw that the Hare had robbed him of the fish.

Dialogue 2

1 The accident happened in India (the north). **2** A bus collided with a train. **3** There were eighty wedding guests in the bus.

Exercise 3

1 michungwa mitano *yaharibiwa na moto.* **2** hadithi *yasimuliwa na mamake.* **3** treni nyingi *zachelewa.* **4** mlinzi *asema.* **5** wageni wengi *waja kutembelea Tanzania.*

Exercise 4

1 Bei ya pombe, soda, sigara inapanda. **2** Serikali inakubali mpango wa chuo kikuu. **3** Jambiani inashindwa na Makunduchi. **4** Watu wa Mwanza wanafurahia hospitali mpya. **5** Vitabu vya zamani vinauzwa na chuo kikuu.

Dialogue 3

1 No, Victoria has not yet read the newspaper. **2** According to the newspaper, the Kenyan runners won four first-place positions in the long-distance races. **3** Apart from the usual articles, Victoria asks her roommate to read her the Stars.

Exercise 5

1 Vitabu *alivyonununa* **ni vizuri.** Neither (VI Class Relative) **2 Tulimkuta nyumbani** *alipokaa.* Neither (PA Class Relative of Place) **3 Kama** *walivyosema* **jana, watarudi kesho tu.** Relative of Manner **4** *Mtakapofika* **Dar, mtaiona hoteli ya 'New Africa' upande wa kulia.** Relative of Time **5 Alipika chakula wakati** *nilipoamka.* Relative of Time **6 Maneno yale** *uliyotumia* **haya-pendezi.** Neither (MA Class Relative)

Exercise 6

Leo asubuhi wakati nilipoamka nikasoma gazeti. Nilisoma habari za mchezo wa mpira lakini sikupenda jinsi habari hizo zilivyoandikwa na mwandishi wa habari. Baadaye, nilikwenda dukani anapofanya kazi rafiki yangu. Baada ya kumtembelea rafiki yangu, nilikwenda mahali alipokaa mwalimu wangu lakini hakuwapo nyumbani. Wakati niliporudi nyumbani kwangu nika-mwona mwalimu wangu amesimama mlangoni. Baada ya kuamkiana, mwalimu alinipa vitabu nilivyotaka.

Reading: Contents

There is a variety of newspapers sold in Tanzania and Kenya. Some of these newspapers are written in Swahili and some (such as *The Daily Nation*) in English. Some of the very well-known ones are: *Nipashe, Majira, Rai, Mfanyakazi, Uhuru* (which are published in Dar es Salaam, Tanzania) and *Taifa Leo* (which is published in Nairobi, Kenya).

These newspapers usually have the following sections: home news (i.e. regional news), national and international news, and business news (which is usually concerned with the stock market, the price of crops and the monetary exchange rate). There is also news of court events (in *Taifa Leo* newspaper this section is usually called 'Our Eyes in Court', and in the *Rai* newspaper it is called 'Law'), 'World News', 'Main Feature', and sections concerned with 'People and Society', Letters (i.e. letters to the Editor) and obituary notices.

Aside from the usual advertisements, there are sections concerned with entertainment, such as: 'Tarab Artists' and artists of other kinds of music; stories and poems (in the *Uhuru* newspaper it is called 'Poets' Views'); radio, television and cinema programmes; sports (in the *Uhuru* newspaper this section is called 'Sports in Pictures'); and finally cartoons (i.e. comic pictures) and crosswords/puzzles.

Exercise 7

1 Siyo. Gazeti hilo la *Daily Nation* halichapishwi kwa Kiswahili (huchapishwa kwa Kiingereza). **2** Siyo. Magazeti hayo ya *Majira* na *Mfanyakazi* yanachapishwa mjini Dar es Salaam, Tanzania. **3** Magazeti ya *Nipashe* na *Rai* huchapishwa mjini Dar es Salaam, Tanzania. **4** Gazeti la *Taifa Leo* huchapishwa mjini Nairobi, Kenya. **5** Habari za matukio mahakamani huitwa 'Macho Yetu Mahakamani' katika gazeti la *Taifa Leo*. **6** Habari za matukio mahakamani huitwa 'Sheria' katika gazeti la *Rai*. **7** Ndiyo, katika magazeti hayo kuna 'Habari za Ulimwengu'. **8** Ndiyo, kuna matangazo katika magazeti hayo. **9** Sehemu hiyo ya burudani inayoitwa 'Maoni ya Washairi' ipo katika gazeti la *Uhuru*. **10** Sehemu hiyo ya burudani inayoitwa 'Michezo Katika Picha' ipo katika gazeti la *Uhuru*.

Unit 13

Dialogue 1

1 After his studies, Leo went to a nightclub. **2** The policeman suspects that Leo's wallet was stolen by a pickpocket.

Exercise 1

YOU: Hujambo bwana?
RECEPTIONIST: I'm fine. Welcome!
YOU: Asante. Kuna simu?/Ipo simu?
RECEPTIONIST: Yes. It's on the table.
YOU: Ninaweza kuitumia simu?
RECEPTIONIST: Yes, you can use the telephone. Where do you want to call?
YOU: Ninataka kumpigia simu rafiki yangu. Anakaa/Anaishi hapa Dar.
RECEPTIONIST: What's the telephone number?
YOU: Nambari ya simu ni tano, nane, moja, nne, sifuri, saba, tatu. Kupiga simu ni bei gani?
RECEPTIONIST: There's no payment.
YOU: Asante sana!

Exercise 2

Taarifa

Tarehe: Ijumaa, tarehe 10 (kumi) Agosti/Mwezi wa Nane
Saa: 5.30 (saa tano na nusu asubuhi)
Jina: Leo Kamara
Anwani: Bweni la Nne, Chuo Kikuu cha Dar es Salaam

Jana usiku mimi na rafiki zangu tulikwenda klabuni. Nakumbuka bado nilikuwa na pochi yangu, kwa sababu niliwanunulia rafiki zangu vinywaji. Baadaye, rafiki zangu walininunulia vinywaji. Tuliondoka klabuni saa nane usiku. Tulifika nyumbani kwa teksi. Dereva wa teksi alilipwa na rafiki yangu, Trevor. Sikuihitaji pochi yangu. Leo pochi yangu imepotea. Niliwapigia simu polisi. Kwanza, nilifikiri kwamba pochi yangu ilipotea, lakini sasa nafikiri labda iliibwa na mchopozi. Nakumbuka kumwona mtu nisiyemfahamu aliyekuwa amesimama nyuma yangu, lakini sina hakika kama ndiye aliyekuwa mtu aliyeniibia pochi.

Exercise 2

Solution: 1 and 5, 6 and 2, 3 and 4

Exercise 3

Solution: **1** Kweli; **2** Si kweli; **3** Kweli; **4** Si kweli; **5** Si kweli; **6** Si kweli

Dialogue 3

1 All the computers are out of order. **2** The technician advises Victoria to make her application by sending a fax, or over the telephone. **3** Victoria must submit her application in writing.

Exercise 4

1 Kazi hii ina*fanyika*, lakini kazi ile hai*fanyiki*. **2** Gazeti hili hali*someki*, lakini gazeti lile lina*someka*. **3** Miti hii yote ime*katika*. **4** Habari zote zime*sikika*. **5** Simu zote zime*haribika*.

Exercise 5

1 Pochi ya Leo iliibwa na mchopozi. (Passive) **2** Mchopozi alimwibia Leo pochi. (Active) **3** Mwizi aliiba pesa zake. (Active) **4** Pochi hii haiibiki. (Neutro-passive) **5** Pesa zake ziliibwa na mwizi. (Passive)

Exercise 6

Hatuwezi kuendelea na safari yetu *kwa sababu njia hii haipitiki.*
Nilinunua vikombe hivi *kwa sababu havivunjiki.*
Masomo ya Amos na wenzake *hayasahauliki.*
Hakuna watu wengi *kwa hiyo kazi hii haifanyiki.*
Pesa hizi kutoka Malawi *hazibadiliki.*
Maneno yale mabaya *hayasemeki.*

Reading: Words for new technology

As in all other parts of the world, there is important technological development in East Africa, which affects the way people work, learn and communicate. For many of the electronic devices used, there are also new words. Some of these words, for example, 'fax' and 'computer', use only English terminology, whereas others use both English and Swahili terminology. For example the word 'internet' is used alongside '*mtandao*', and the word 'mobile' is used alongside '*simu ya mkononi*'. When exchanging letters over the computer, we can either say writing a '*barua umeme*', or writing an 'email'. At present, there is no problem with having two words for the same thing, but it is likely that in the future it will be only one word used throughout.

Unit 14

Dialogue 1

1 Ibrahim felt sad after hearing the lyrics of the song. **2** Leo felt angry. **3** Despite their feelings, they both liked the song.

Exercise 1

1 Ibrahim anaupenda wimbo. **2** Baada ya kusikia wimbo huo, Ibrahim anasikitika (kidogo). **3** Wimbo huo unauliza swali: 'Kwa nini tunagombana?' **4** Katika wimbo huo haiwezekani kupata chakula kwa mkopo. **5** Ndiyo, silaha zinapatikana kwa mkopo. **6** Mtunzi wa wimbo huo anataka watu wawe na ufahamu juu ya mambo kama hayo.

Exercise 2

1 Chakula hakipatikani kwa mkopo, lakini silaha zinapatikana kwa mkopo. **2** Mtunzi anajulikana sana. **3** Inawezekana kupata chakula kwa fedha taslimu. **4** Haiwezekani kupata chakula kwa mkopo. **5** Maendeleo yanaonekana, watu wanapatana. **6** Maendeleo hayaonekani, watu wanagombana.

Dialogue 2

1 Nick noticed a variety of musical instruments. **2** Kathy was curious about the women's choir who sat on the right-hand side.

Exercise 3

1 Mzee Athumani aliwaleta Bw. Nick na Bi. Kathy waone kikundi cha tarab kinafanya mazoezi ya muziki. **2** Ndiyo, kati ya ala za muziki walizoziona kulikuwa na kodiani. **3** Wanawake hao waliokuwa wamekaa pale upande wa kulia walikuwa kikundi cha waimbaji wanaoimba kwa pamoja. **4** Bi. Kathy alifurahi kwa sababu alipata nafasi ya kuona muziki wa tarab Unguja. **5** Ndiyo, Bw. Nick alifurahi pia. **6** Katika sentensi ya mwisho ya mazungumzo haya Mzee Athumani alisema: 'Karibuni tena.'

Dialogue 3

1 Kathy likes rap, reggae, pop and tarab. **2** Amos likes African music, particularly Congolese disco music. **3** Kathy refused to go to the nightclub because she was tired.

Exercise 4

1 Si kweli. **2** Kweli. **3** Si kweli. **4** Si kweli. **5** Kweli. **6** Si kweli. **7** Kweli. **8** Si kweli. **9** Kweli. **10** Si kweli.

Exercise 5

1 Wakati wa asubuhi mabasi mengi yana*jaa* watu wanaokwenda kazini. **2** Basi limejaa kwa hiyo kuna watu wengi ambao wame*simama*. **3** Watu hawa wame*kaa* vitini. **4** Leo nilimwona mwanamume ambaye ame*vaa* kanzu. **5** Baada ya kula chakula nime*shiba*. **6** Kathy hawezi kufika klabuni, ame*choka*. **7** Sasa Kathy ame*lala*. **8** Watu wana*kasirika* kwa hiyo wanaanza kugombana. **9** Vikombe vyote vime*vunjika*. **10** Baada ya kusikia habari nzuri wame*furahi*.

Exercise 6

1 During the morning, many buses are filled with people who are going to work. **2** The bus is full, so there are many people who are standing. **3** These people are sitting on the chairs. **4** Today I saw the man who is wearing the *kanzu*. **5** After eating the food I am full. **6** Kathy can't reach the club, she's tired. **7** Now Kathy is sleeping. **8** The people are angry, so they're starting to quarrel. **9** All the cups are broken. **10** After hearing the good news, they're happy.

Reading: Rukiza Okera

Rukiza Okera is the music artist who composed and sang the song 'We're Bickering'. He was born in Guyana, South America, and at present he lives in London, England.

His musical career began in church where he played guitar and composed songs for the Sunday school. In the early 1980s Rukiza was given an award by the Guyana Festival of Arts for poetry, vocal rendition, musical composition and for playing the guitar. Also, Rukiza and his three other companions were praised by the President of Guyana for their anthology of poems against apartheid.

Although his first language is English, Rukiza has decided to sing in Swahili. So far he has recorded two albums, *Jambo Mama Jambo Baba* ('Hello Mother Hello Father') and *Shamba* ('Farm'). His album *Shamba* reached no 1 in Tanzania's music chart. He has performed with the Shikamoo Jazz Band in Tanzania, and he has performed in Mombasa, Kenya.

Swahili–English glossary

A

acha (*v.*)   leave, leave behind (stop, quit, give up)

adhuhuri   noontime, 12–2 p.m.

afadhali   better, preferable

Afrika   Africa

Agosti   August

ajali   accident

akili   intelligence, brains, a good mind, ingenuity

ala   instrument (scabbard)

alama   sign, symbol, mark, pockmark, scar

alasiri   afternoon (3–5 p.m.)

albamu   album

alfajiri   dawn, daybreak

Alhamisi   Thursday

alika (*v.*)   invite someone

ambia (*v.*)   tell

amu   paternal uncle(s)

amka (*v.*)   wake up, get up

amkiana (*v.*)   greet each other

amua (*v.*)   decide,

andika (*v.*)   write

angalia (*v.*)   look at

anguka (*v.*)   fall

anza (*v.*)   begin, start

Aprili   April

arobaini   forty

arusi   wedding

asante   thanks

asilimia   per cent

askari   policeman, guard

asubuhi   morning

athiri (*v.*)   affect

azimio (ma)   declaration

B

baada ya   after

baadaye   afterwards, later on

baba mdogo   father's younger brother

baba mkubwa   father's elder brother

baba mkwe   father-in-law

baba wa kambo   stepfather

baba   father

badala ya   instead of

badilika (*v.*)   be changed

badilisha (*v.*)   change, exchange

bado   not yet (still)

Bahari ya Hindi   the Indian Ocean

bahari   sea, ocean

bahati	luck, chance, fate	**changanya** (*v.*)	mix, combine
bali	but, however	**changia** (*v.*)	contribute to
barabara	perfectly, flawlessly precisely, exactly	**chati**	chart
		cheka (*v.*)	laugh
		chekesha (*v.*)	be funny (make someone laugh)
baridi (*adj.*)	cold, cool (mild)		
bariki (*v.*)	bless	**chemka** (*v.*)	be boiling
barua	letter	**chemshabongo**	crossword(s)
basi	so, well	**cheo** (vy)	rank, status
-baya (*adj.*)	bad, evil, ugly	**chini**	down (under/ below)
bega (ma)	shoulder		
behewa (ma)	train carriage	**choka** (*v.*)	be tired
bei	price	**chomwa** (*v.*)	be roasted/ burnt
bendi	musical band		
biashara	business, trade	**choo** (vy)	toilet
bibi	Miss, Mrs, lady (grandmother)	**chukua** (*v.*)	carry, take away
		chuo kikuu (vy)	university
bidi (*v.*)	be necessary		
bila	without		
binafsi (*adj.*)	personal(ly), private(ly)	**D**	
		dada	sister(s)
bingirisha (*v.*)	cause to roll	(and ma *pl.*)	
bishana (*v.*)	argue	**dakika**	minute(s) of time
Bonde la Ufa	the Rift Valley		
bondia (ma)	a boxer	**daladala**	local minibus
bora (*adj.*)	best, excellent	**danganywa** (*v.*)	be deceived/ cheated
buluu	blue		
burudani	entertainment, recreation	**daraja** (ma)	bridge
		daraja	rank, position
busara	wisdom	**darasa** (ma)	classroom, lesson, class period
bwana (ma)	sir, mister, husband		
		deni (ma)	debt, loan
bweni (ma)	hall of residence	**Desemba**	December
		desturi	custom(s), way(s)
C		**dhani** (*v.*)	think, suppose
		dhidi ya	against
chai	tea	**diwani**	collected works
chakula (vy)	food	**-dogo** (*adj.*)	small, little
chanda (vy)	finger	**duka** (ma)	shop
chanda cha mguu (vi)	toe		

E

-ekundu (*adj.*)	red/reddish
elekea (*v.*)	be directed towards, face towards
eleza (*v.*)	explain
elfu	thousand
elimu	education
-ema (*adj.*)	good, kind
-embamba (*adj.*)	thin, narrow
endelea (*v.*)	continue, progress
endesha (*v.*)	manage, drive
eneo (ma)	area
-enye (*adj. + prefix*)	with, having
eti!	listen here!
-eupe (*adj.*)	white, clear
-eusi (*adj.*)	black, dark

F

fa/kufa (*v.*)	die
faa (*v.*)	be useful, be proper
fahamu (*v.*)	know, be familiar with, understand, be aware of
fanya (*v.*)	do, make
fanyika (*v.*)	be made
fariki (*v.*)	die, pass away
Februari	February
fedha	silver metal, money, currency, finance
fidla	fiddle/violin
fika (*v.*)	arrive, come to
filimbi	flute, whistle
fizi (*sing.* **ufizi**)	gums
fuata (*v.*)	follow, come next

fulani (*adj.*)	certain, unnamed
fundi (ma)	craftsman, technician
fundisha (*v.*)	teach
funga	close, lock, fasten
-fupi (*adj.*)	short, brief
fupisha (*v.*)	shorten, abbreviate
furahi (*v.*)	be happy/ delighted

G

gambusi	Arabic instrument similar to a banjo or mandolin
gandana (*v.*)	be stuck together, hardened fast (frozen)
gani?	what? what kind of?, which?
gari (ma)	car, vehicle
gawana (*v.*)	share alike
gawanya (*v.*)	divide
gawia (*v.*)	divide among, distribute to
geuka (*v.*)	turn, turn away
gitaa	guitar
gombana (*v.*)	quarrel, argue
gongana (*v.*)	collide with, bump into one another
goti (ma)	knee
-gumu (*adj.*)	hard, difficult
gunia (ma)	bag, sack
gusa (*v.*)	touch

H

habari	news, information
Habeshi	Ethiopia

hadi until, up to
haki justice/right(s)
hakika fact, certainty
hakikisha (*v.*) make sure, make certain
hali state, condition, situation, event
hali while, seeing that, when
hali ya hewa the weather
Halo! Hello!
hama (*v.*) move away, emigrate, vacate
hamia (*v.*) move into, immigrate, settle at
Hamjambo? How are you? (*pl.*)
hamsini fifty
hao those (of people/ animals)
hapa here, this place
hapana there is not/are not
hapana no
hapo there, just there
haraka haste, hurry
haribika (*v.*) be damaged/ ruined
hasa especially
hata even, until, to
Hatujambo We are fine
hawa these (of people/ animals)
hebu! 'Hey there!'
heri happiness
heri it's preferable
hisa stock(s), share(s)
hisi (*v.*) sense, feel, perceive
hisia feeling(s)
hitaji (*v.*) need

hivi approximately, this way
hodari (*adj.*) hardworking, brave
homa fever
hongera congratulations
hoteli hotel
hudhuria (*v.*) attend, be present
Hujambo? How are you?
huko there, over there
huku here, while (hereabouts)
humo in there, there inside
humu in here, here inside
husika (*v.*) be involved
husikana na (*v.*) be concerned with
husu (*v.*) concern, about
huyo that person
huyu this (person/ animal)
huzuni sadness

I

idadi total, total number
Ijumaa Friday
ila except
inama (*v.*) bend, bow
ingawa although
ingia (*v.*) enter
-ingine (*adj.*) another, other(s)
Inshallah! God willing!
ishi (*v.*) live, live at
ishirini twenty
istilahi terminology, terms
ita (*v.*) call, name someone

itika (*v.*)   reply, answer
itwa (*v.*)   be called, be named

J

ja/kuja (*v.*)   come
jaa (*v.*)   be full
jamaa   family, relative(s)
jamani!   'My goodness!'
jambo   thing, matter,
   (*pl.* **mambo**)   affair
jamhuri   republic
jamii   society/community
jana   yesterday
Januari   January
jaza (*v.*)   fill up
je, …?   *Clarifies a question is being asked*
jengwa (*v.*)   be built
jeruhiwa (*v.*)   be injured
jibu (ma)   an answer, a reply
jibu (*v.*)   answer, reply
jicho (*pl.*   eye
   macho)
jifunza (*v.*)   learn
jiji (ma)   city
jiko (*pl.* **meko**)   cooking place, stove, kitchen
jina (ma)   name
jino (*pl.* **meno**)   tooth
jinsi + vyo   as, how, the way
   (*in verb*)
jinsi   way, manner (kind, sort, species)
jinsia   gender, sex
jioni   evening
jirani (ma)   neighbour
jisifu (*v.*)   boast, praise oneself

jiwe (ma)   stone
joto (ji)   hot weather, heat
jua (ma)   sun
jua (*v.*)   know
Julai   July
julikana (*v.*)   be known
julisha (*v.*)   inform (introduce someone)
Jumamosi   Saturday
Jumanne   Tuesday
Jumapili   Sunday
Jumatano   Wednesday
Jumatatu   Monday
jumba (ma)   building
Juni   June
juu ya   on, above, about
juzi, majuzi   two days ago, recently

K

kaa (*v.*)   sit, stay
kadha (*adj.*)   certain, various
kahawa   coffee
kaka   older brother
kalamu   pen, pencil
-kali (*adj.*)   sharp, fierce, stern
kalia (*v.*)   sit on, sit at, occupy
kama + vyo   as
   (*in verb*)
kama   like, as, as if
kamili (*adj.*)   exactly (perfect(ly), complete(ly))
Kanada   Canada
kando ya   next to, beside, alongside
kanisa (ma)   church
kanzu   man's long white robe

karani (ma)	clerk	**kilele** (vi)	summit, peak, climax
karibisha (*v.*)	welcome, invite	**kilimo** (ki)	agriculture
karibu!	welcome!	**kimbia** (*v.*)	run, run away
karibuni!	welcome all!	**kimbilia** (*v.*)	run to
kasirika (*v.*)	be angry	**kinanda** (vi)	keyboard instrument, piano, harmonica
kaskazini	north		
kasoro	less (minus)		
kasorobo	less a quarter	**kinywa** (vi)	inner mouth
kata (*v.*)	cut	**kinywaji** (*v.*)	drink, beverage
kataa (*v.*)	deny, refuse, reject	**kipofu** (vi)	blind person
		kisha	then, afterwards
kataza (*v.*)	forbid	**kisigino** (vi)	the heel
kati ya	between, among	**kisima** (vi)	water hole/well
katika	in, into	**kisiwa** (vi)	island
katuni	cartoon(s)	**kisu** (vi)	knife
kazi	work, job(s)	**kitabu** (vi)	book
kelele (ma)	noise, shouting	**kitambaa** (vi)	fabric, cloth
kesho	tomorrow	**kitanda** (vi)	bed
keshokutwa	day after tomorrow	**kiti** (vi)	chair
		kitu (vi)	thing
Kiafrika (*adj.*)	African	**kituo** (vi)	a station/stop
kibanda (vi)	hut	**kiu** (ki)	thirst
kichwa (vi)	the head	**kiuno** (vi)	the waist
kidevu (vi)	chin	**kiwiko** (vi)	elbow
kidogo	a little, a bit	**kiwiliwili** (vi)	torso
kidole (vi)	finger	**klabu/kilabu** (vi)	club, nightclub
kidole cha mguu (vi)	toe		
kidole gumba (vi)	thumb	**kobe** (ma)	tortoise
		kodiani	accordion
kifua (vi)	the chest	**kofia**	hat, cap
kifundo (vi)	joint of the body	**komesha** (*v.*)	make stop, bring to an end
kifundo cha mkono (vi)	wrist	**koo**	throat
kiganja (vi)	palm of the hand	**kope**	eyelid(s)/ eyelash(es)
kigasha (vi)	forearm	**koroga** (*v.*)	stir, stir up, mix ingredients
kijana (vi)	youth		
kijiji (vi)	village	**kosea** (*v.*)	be mistaken/ wrong, make a mistake
kikapu (vi)	small basket		
kikombe (*v.*)	cup		
kila	each, every	**kubali** (*v.*)	agree

kubaliana (*v.*)	be in agreement	**lakini**	but, however
-kubwa (*adj.*)	big, large	**lala** (*v.*)	sleep/lie down
kuja/ja	to come	**laza** (*v.*)	set down, put to
kuku	chicken(s)		bed
kule	there	**lazima**	a necessity/must
kulia	the right (side/	**leo**	today
	hand)	**leta** (*v.*)	bring
kuliko	than (comparison)	**lia** (*v.*)	eat with or in
kumbuka (*v.*)	remember, recall	**lia** (*v.*)	cry, ring, roar
kumbusha (*v.*)	remind	**lima** (*v.*)	cultivate
kumi	ten	**lini?**	when?
kushoto	the left (side/	**lipa** (*v.*)	pay
	hand)	**lipisha, lipiza**	force payment,
kusini	south, in/to south	(*v.*)	avenge
kuto	not to	**Loh!**	expresses surprise
+ *verb stem*			
kutokana na	as a result of	**M**	
kutwa	all day long		
-kuu	great, big,	**maadili** (*pl.*)	ideals, ethics
	important	**maalum(u)**	special, famous
kwa	to, from, for, with,	(*adj.*)	
	by	**maandazi** (*pl.*)	doughnuts,
kwa hiyo	therefore, thus, so		pastries
kwa maana	because, since,	**mabishano** (*pl.*)	dispute
	that is to say	**Machi**	March
kwa mfano	for example	**maendeleo** (*pl.*)	progress,
kwa umbali	from a distance,		development
	afar	**mafanikio** (*pl.*)	success,
kwaheri	goodbye (*sing.*)		achievement(s)
kwaherini	goodbye (*pl.*)	**mafua** (*pl.*)	the flu, a cold
kwamba	that	**mafuta** (*pl.*)	oil
kwanza	first, firstly	**magharibi**	the west, sunset
kwapa (ma)	armpit	**mahakama**	court of law
kweli	true	**mahali**	place, location
kwenye	at, in, on	**majani**	leaves/grass
kwetu	at our place, us	(*sing.* **jani**)	
		majeraha	injuries, wounds
L		(*sing.* **jeraha**)	
la	no	**maji** (*pl.*)	water
labda	perhaps, maybe	**makala**	article
laki	hundred thousand	**makalio** (*pl.*)	buttocks
		maktaba	library

mali	wealth, goods	**maziwa** (*pl.*)	milk
malipo (*pl.*)	payment	**maziwa**	lakes, breasts
mama	mother	(*sing.* **ziwa**)	
mama mdogo	mother's younger sister	**mazoezi** (*pl.*)	exercise(s), practice
mama mkubwa	mother's elder sister	**mbali**	far, distant, apart
		mbegu	seed(s)
mama mkwe	mother-in-law	**mbele**	ahead/forward/
mama wa kambo	stepmother		in front
		mbili	two
mandhari	scenery, landscape	**mbio**	speed, sprint
mapacha	twins, Gemini	**mboga**	vegetable(s)
mapema	early	**mbona**	why, how come
mara	times	**mchana**	daytime
Marahaba	reply to **Shikamoo**	**mchanga** (mi)	sand
marehemu	deceased person	**mchele** (mi)	husked rice
Marekani	America	**mchopozi** (wa)	pickpocket
masaa (*pl.*)	hours	**mchumba** (wa)	fiancé(e)
masafa (*pl.*)	range, distance	**mchungwa** (mi)	orange tree
mashariki	the east, dawn	**mdomo** (mi)	the mouth, beak
masharubu (*pl.*)	moustache		of a bird
		Mei	May
mashuhuri (*adj.*)	famous	**meya**	mayor of a city
		meza	table(s)
masimulizi (*pl.*)	narrations/tales	**meza** (*v.*)	swallow something
maskini	poor/unfortunate person	**mfano**	example
		mfanyakazi (wa)	worker
masomo (*pl.*)	studies	**Mfaransa** (wa)	French person
matangazo (*pl.*)	announcements, advertisements	**mgeni** (wa)	guest, foreigner, stranger
matatizo (*sing.* **tatizo**)	difficulties, complications	**Mghana** (wa)	Ghanaian
		Mgiriki (wa)	Greek person
matatu (*pl.*)	minibus	**mgomba** (mi)	banana plant
matengenezo (*pl.*)	repairs, maintenance	**mgongo** (mi)	the back (a pension)
matibabu	medical treatment	**mgonjwa** (wa)	sick person, patient
matokeo (*pl.*)	results/outcomes		
matumizi (*pl.*)	use(s), expenses	**Mhabeshi** (wa)	an Ethiopian
mawasiliano (*pl.*)	communication	**mguu** (mi)	foot, leg
		mhandisi (wa)	engineer
mazingira (*pl.*)	the environment	**mhariri** (wa)	editor

Mhindi (wa)	an Indian, a Hindu	**mpwa** (wa)	sister's child/
mhitimu (wa)	graduate		nephew
mhudumu (wa)	waiter, attendant	**mrithi** (wa)	inheritor
mia	hundred	**msaada** (mi)	help, assistance
milele	forever, eternally	**msaidizi** (wa)	assistant
milioni	million	**msanii** (wa)	artist
mimi	I, me	**msemaji** (wa)	speaker
Mjapani (wa)	Japanese person	**mshahara** (mi)	salary
Mjerumani	German person	**mshairi** (wa)	poet
(wa)		**msiba** (mi)	bereavement
mji (mi)	town, city	**msichana** (wa)	girl
mji mkuu	capital city	**msikiti** (mi)	mosque
mke (wa)	wife	**Msomali** (wa)	a Somalian
Mkenya (wa)	Kenyan person	**mstari** (mi)	line
mkimbiaji (wa)	runner	**Msumbiji**	Mozambique
mkingamo (mi)	barrier, cross-	**Mswidi** (wa)	a Swede
	roads	**mtaa** (mi)	street/avenue
mkoa (mi)	state, province	**mtalaka** (wa)	divorcee
mkoloni (wa)	colonialist	**Mtanzania** (wa)	a Tanzanian
mkondo (mi)	current	**mtazamo**	viewpoint, attitude
mkono (mi)	arm, hand	**mti** (mi)	tree
mkopo (mi)	loan, credit	**mto** (mi)	river, pillow
mkulima (wa)	farmer	**mtoto** (wa)	child
mkurugenzi	director	**mtu** (wa)	person
(wa)		**mtunzi** (wa)	composer, author
mle	there inside	**muda** (mi)	time, period of
mlima (mi)	mountain		time
mlinzi (wa)	guard	**muhimu** (*adj.*)	important
mnara (mi)	tower	**mume**	husband
mnazi (mi)	coconut palm	(*pl.* **waume**)	
mno	too much, to	**Mungu**	God
	excess	**mvua**	rain
moja	one	**mvulana** (wa)	boy
moja kwa	straight on/ahead	**mvuvi** (wa)	fisherman
moja		**Mwafrika** (wa)	an African
-mojawapo	one of	**mwaka** (mi)	year
(*adj.*)		**mwaliko** (mi)	invitation
motokaa	motorcar	**mwalimu** (wa)	teacher
mpaka (mi)	border	**mwana**	son, daughter (*lit.*
mpaka	until, to	(*pl.* **wana**)	one's own child)
mpango (mi)	arrangement, plan	**mwanafunzi**	student
mpendwa	dear, beloved	(wa)	

mwanamke	woman
mwanamuziki (wa)	musician
mwangalifu (wa)	careful person
mwanzo (mi)	beginning/start
mwanzoni mwa	at/in the beginning
mwembe (mi)	mango tree
mwenye (*pl.* **wenye**)	someone with/ having, owner
mwenzi (*pl.* **wenzi**)	companion, colleague
mwerevu (*pl.* **werevu**)	clever/cunning person
mwezi (*pl.* **miezi**)	month, moon
mwili (*pl.* **miili**)	the body
mwimbaji (wa)	singer
Mwingereza (wa)	English person
mwisho (mi)	end
mwishoni mwa	at the end of
mwuguzi (wa)	nurse
mzee (wa)	old man, an elder, parent
mzima (wa)	healthy, mature person

N

na	and, with, by
nafasi	opportunity, space
nafuu	improvement
nane	eight
nani?	what person(s), who?
nchi	country(ies)
ndani	inside
ndege	bird, plane
ndevu	beard

ndi- + *suffix*	is/are
ndiyo	yes, that is so
ndizi	banana(s) (savoury or sweet)
ndoa	marriage
ndoto	dream(s)
ndugu	relative, brother/ sister
-ngapi? (*adj.*)	how much?/many?
Ngazija	Comoro Islands
ngojea (*v.*)	wait for
ngoma	drum(s), traditional dance
ng'ombe	cow(s)
ngumi	fist
nguyu	ankle
ni	am, is, are, it is
nini?	what?
njaa	hunger, famine
nje	outside
njia	path, way, road
njia panda	crossroad/ junction
njooni!	come everyone!
njoo!	come!
nne	four
Novemba	November
nunua (*v.*)	buy
nunuliwa (*v.*)	be bought
nusu	half, semi
nyama	meat
nyinyi	you (*pl.*)
nyonga (*v.*)	strangle someone
nyota	star(s)
nyuma	back, behind
nyumba	house(s)
nyusi (*sing.* **usi**)	eyebrows
nywele (*sing.* **unywele**)	hair

O

oa (*v.*)	marry
ogopesha (*v.*)	frighten, scare
Oktoba	October
olewa (*v.*)	be married
omba (*v.*)	ask for, pray for
ombi (ma)	request, prayer
ona (*v.*)	see
onana (*v.*)	see each other
ondoka (*v.*)	leave, depart
onekana (*v.*)	seem, appear
ongoza (*v.*)	lead, guide
onja (*v.*)	taste
onya (*v.*)	warn
onyesha (*v.*)	show, demonstrate
onywa (*v.*)	be warned
orodha	list, catalogue
ota (*v.*)	dream
-ote (*adj.*)	all, whole

P

paja (ma)	thigh
paji (ma)	forehead
paka (*v.*)	apply, smear
pale	there
pamba	cotton, cotton wool
pamoja	together
-pana (*adj.*)	wide, broad
pana (*v.*)	there is
panda (*v.*)	plant, sow
panda (*v.*)	climb, go up, mount, board
pandishwa (*v.*)	be raised, uplifted
pandwa (*v.*)	be planted
Pasaka	Easter
pasi	passport(s)
pasi	clothes iron
pata (*v.*)	get

patana (*v.*)	be compatible
patikana (*v.*)	be available
patwa na (*v.*)	come down with
peke yako	by yourself (**peke yangu**, by myself, etc)
peleka (*v.*)	send, transmit
penda (*v.*)	like, love
pendeza (*v.*)	be pleasing
pengine	sometimes, perhaps
penya (*v.*)	penetrate
pesa	money
piga gitaa (*v.*)	play the guitar
piga muziki (*v.*)	play music
piga simu (*v.*)	make a phone call
pigia simu (*v.*)	phone someone
pika (*v.*)	cook
pili	second, secondly, next
pima (*v.*)	test, examine, assess
pinda (*v.*)	bend, fold
pinga (*v.*)	oppose, obstruct
pita (*v.*)	pass, make a turn
pitia (*v.*)	pass by/at/near
pochi	wallet/purse
pokea (*v.*)	receive, accept, take
pole!	my sympathy!
polepole	slowly, carefully
polisi (and ma *pl.*)	policeman, the police
pombe	beer
popote	anywhere, wherever
posta	post office
potea (*v.*)	get lost, go astray (wander, be ruined)
pua	nose

pumzika (*v.*)   rest
pungua (*v.*)   decrease
punguzwa (*v.*)   be reduced
puuzwa (*v.*)   be disregarded
pwani   coast
-pya (*adj.*)   new

R

radhi   pardon
rafiki   friend(s)
   (and ma/*pl.*)
rahisi (*adj.*)   easy, cheap
raia   citizen(s)
rangi   colour, dye, paint
-refu (*adj.*)   tall, long
reli   railway, rails
ridhika (*v.*)   be satisfied
rika (ma)   age group
riziki   daily needs, God's blessings
robo   one quarter
rudi   return, reverse, come back
rudiana   return to/with, reunite with
Rumi   Rome

S

saa   hour(s), clock(s), watch(es)
saba   seven
sabini   seventy
sabuni   soap(s)
safari   journey, occasion
safi (*adj.*)   clean, pure
safiri (*v.*)   travel
safisha (*v.*)   clean
sahau (*v.*)   forget
saidiana (*v.*)   help each other

salama salimini   safe and sound
salama   safely, securely
salama   safety, peace, good health
salimia (*v.*)   give regards to
samahani!   excuse me! I'm sorry!
samaki   fish
samehe (*v.*)   forgive, pardon
sanaa   art(s), handi-craft(s)
sasa   now
sawa   correct, OK, equal
sehemu   part, section
sekunde   second of time
sema (*v.*)   say, speak
semea (*v.*)   speak to/for
Septemba   September
sera   policy
serikali   government
shairi (ma)   poem
shaka   doubt(s)
   (and ma/*pl.*)
shamba (ma)   field, farm
shangaa (*v.*)   be amazed/surprised
shangazi   paternal aunt
shauri (ma)   advice
shauriwa (*v.*)   be advised
shavu (ma)   the cheek
shawishi (*v.*)   urge, persuade
sherehe   celebration(s)
sheria   law(s); justice
shiba (*v.*)   satisfied with food
shida   problem, difficulty
shika   hold, grasp
Shikamoo   My respects! (reply is **Marahaba!**)
shimo (ma)   hole, pit
shindwa (*v.*)   be beaten, fail
shingo   neck

shughuli	business, preoccupations
shughulisha (*v.*)	keep someone busy
shuka (*v.*)	descend, get off
shukrani	thanks, gratitude
shukuru (*v.*)	be grateful/ thankful
shule	school
si	am not, are not, isn't
siasa	politics
sifiwa (*v.*)	be praised
sifuri	zero, nil
sigara	cigarette(s)
Sijambo	I am fine
sikia (*v.*)	hear, feel
sikika (*v.*)	be heard, be audible
sikio (ma)	ear
sikitika (*v.*)	be sad/sorry, disappointed
siku	day(s)
siku zote	always
silaha	weapon(s), arms
simama (*v.*)	stop, stand, rise up
simba	lion
simu	telephone, telegram, telex
simulia (*v.*)	tell a story, narrate
sindikiza (*v.*)	see someone off, escort someone
sinema	cinema
sisi	we (**sisi sote**, all of us)
sita	six
sitini	sixty
sivyo!	that's not so! not that way!

siyo hivyo	that's not right, not that way
siyo	it is not so, no
soko (ma)	market
soma (*v.*)	read, study
somesha (*v.*)	teach, educate
starehe (*v.*)	be comfortable, rest easy (have a good time)
stesheni	railway station(s)
sungura	hare(s), rabbit(s)
swali (ma)	question

T

taabu	problem(s), trouble(s)
taarifa	statement, report, announcement
tabia	character, characteristics, nature
tafadhali	please
tafrija	party, reception
taifa (ma)	nation, nationality
taka (*v.*)	want
takwimu	statistic(s)
talaka	divorce
tamasha	festivity, spectacle
tambiana (*v.*)	brag/boast to one another
tambua (*v.*)	realize, recognize
tambuka reli	level crossing
tangawizi	ginger, ginger beer
tano	five
tanzia	obituary (-ies)
tarab(u)	Swahili/Arab music
tarehe	date
taslimu (*adj.*)	prompt (cash) payment

tatu	three
taya (ma)	jaw
tazama (*v.*)	look at, watch
tegemea (*v.*)	expect, rely on
tekelezwa (*v.*)	be implemented
teknolojia	technology
teksi	a taxi
tele (and *adj.*)	plenty of, a lot
tembea (*v.*)	walk, travel around
tembelea (*v.*)	visit, walk with
tengana (*v.*)	be separated
tengeneza (*v.*)	repair, manufacture, prepare
teremka (*v.*)	descend, get off
tetemeka (*v.*)	tremble, shake
thelathini	thirty
themanini	eighty
tia (*v.*)	put, put in, place
tiba	medicine, treatment
tibiwa (*v.*)	be medically treated
timu	team
tisa	nine
tisini	ninety
tofauti	difference
tofautiana (*v.*)	be different
toka (*v.*)	come from, out of
tokana na (*v.*)	result, stem from
tokea (*v.*)	happen, occur
toweka (*v.*)	disappear, vanish
treni	train
tu	only, just
tuhumiwa (*v.*)	be suspected (of)
tumai, tumaini (*v.*)	hope, expect
tumbo (ma)	stomach
tumia (*v.*)	use
tumiwa (*v.*)	be used

tunda (ma)	a fruit
tunga (*v.*)	compose, arrange
twaa (*v.*)	take, pick up

U

ua (ma)	flower
ua (*pl.* nyua)	courtyard
ubaguzi	discrimination
ubalozi	embassy
ubao (*pl.* mbao)	board
Ubelgiji	Belgium
ubingwa	championship, expertise
uchumi	economy, economics
udi	Arab lute
ufagio (*pl.* fagio)	broom
ufahamu	consciousness, comprehension
ufunguo (*pl.* funguo)	key
ugali	cooked maize meal
Ugiriki	Greece
ugonjwa (*pl.* magonjwa)	illness
Uhabeshi	Ethiopia
Uholanzi	Holland
uhuru	independence, freedom
Uingereza	England, Britain
ujenzi	building, construction, architecture
Ujerumani	Germany
ujinga	ignorance
ujumbe	message, delegation
ukoloni	colonialism
ukucha (*pl.* kucha)	fingernail, toenail

ukurasa — page
(*pl.* **kurasa**)

ukuta — wall
(*pl.* **kuta**)

ukweli — truth

Ulaya — Europe

ulimi — tongue
(*pl.* **ndimi**)

ulimwengu — world, universe

uliza (*v.*) — ask question(s)

uma (*v.*) — bite, hurt

umeme — electricity

Umoja wa — The United
Mataifa — Nations

umri — age

umuhimu — importance

umwa (*v.*) — be in pain

ungana (*v.*) — be joined

unganisha (*v.*) — merge, connect

Unguja — Zanzibar

unyonga — hip
(*pl.* **nyonga**)

upande — side
(*pl.* **pande**)

upanga — sword
(*pl.* **panga**)

upesi — quickly

upimaji — assessment

upinzani — opposition

Ureno — Portugal

urithi — inheritance/
heritage

Urusi — Russia

ushairi — poetry

usiku — night, at night

usiku kucha — all night long

uso (*pl.* **nyuso**) — face

utaifa — nationhood

uvumulivu — patience, tolerance

uza (*v.*) — sell

uzazi — birth, childbearing

uzuri — beauty, goodness

V

vidonge (ki) — pills, tablets

vifaa (ki) — supplies,
equipment

vimba (*v.*) — swell

vipindi (ki) — periods of time,
programmes

vita — war

vitambaa (ki) — cloths, materials
(fabric)

viza — visa(s)

vua (*v.*) — fish, catch fish

vuka (*v.*) — cross over (sail)

vuma (*v.*) — cause a stir

vumbi (ma) — dust

vunjika (*v.*) — be broken

vutia (*v.*) — fascinate, attract

vyombo vya — kitchenware
jikoni

W

Waafrika — Africans

wahi (*v.*) — manage to,
be on time for

wakati — time
(*pl.* **nyakati**)

wakati ujao — the future

walakini — but, however

wale — those (of people/
animals)

wali — cooked rice

wananchi (*pl.*) — fellow country-
men, citizens

wao — they, their,
theirs

wapi? — where?

washa (*v.*) — itch (light, ignite)

wasia — will, testament

wasiliana (*v.*) — be in contact,
communicate

wayo (*pl.* — sole of the foot
nyayo)

weka (*v.*)   put, place, keep
wembe   razor
  (*pl.* **nyembe**)
wewe   you
weza (*v.*)   can, be able
-wezekana (*v.*)   be possible
wiki   week
wimbo   song
  (*pl.* **nyimbo**)
woga (u)   fear, cowardice

Y

yai (ma)   egg
yaliyomo   table of contents
yeye   she, he, her, him
yule   that (person/
    animal)

Z

zaa (*v.*)   give birth, bear
    fruits
zahanati   dispensary
zaidi   more
zaliwa (*v.*)   be born
zamani   in the past
zawadiwa (*v.*)   be awarded
zidi (*v.*)   increase
zidishwa (*v.*)   be increased
-zima (*adj.*)   whole, well,
    adult
ziwa (ma)   lake, breast
zuia (*v.*)   prevent
-zuri (*adj.*)   good, beautiful

English–Swahili glossary

A

English	Swahili
able (be)	**-weza** (*v.*)
above	**juu**
abundance	**wingi**
accident	**ajali**
accompany	**-fuatana** (*v.*)
accompany part way	**-sindikiza** (*v.*)
address	**anwani**
advertisement	**tangazo** (ma)
advice	**shauri** (ma)
advise	**-shauri** (*v.*)
affair	**jambo** (*pl.* **mambo**)
afraid (be)	**-ogopa** (*v.*)
Africa	**Afrika**
after	**baada ya**
afternoon	**alasiri**
afterwards	**baadaye**
again	**tena**
age	**umri**
agree	**-kubali** (*v.*)
agreement (be in)	**-kubaliana** (*v.*)
agriculture	**kilimo**
ahead	**mbele**
AIDS	**ukimwi**
air	**hewa**
all	**-ote** (*adj.*)
allow	**-ruhusu** (*v.*)
alone	**peke -angu/ -ako**, etc.
also	**pia, vilevile**
although	**ingawa**
am	**ni**
America	**Marekani**
American (person)	**Mmarekani**
among	**miongoni mwa, kati ya**
amount	**kiasi**
and	**na, tena, -ka-**
angry	**-kasirika** (*v.*)
animal	**mnyama** (wa)
announcement	**tangazo** (ma)
another	**-ingine** (*adj.*)
answer	**jibu** (ma)
any	**-o -ote** (*adj.*)
appearance	**sura**
April	**Aprili**
approach (something)	**-karibia** (*v.*)
are	**ni**
area	**eneo** (ma)
arm	**mkono** (mi)
arrive	**-fika** (*v.*)
art	**sanaa**
article (written)	**makala**
asset(s)	**mali**
aside	**kando**
ask	**-uliza** (*v.*)
assistant	**msaidizi** (wa)
at	**kwa, kwenye**
attend	**-hudhuria** (*v.*)

aunt (maternal)	**mama mdogo**
aunt (paternal)	**shangazi**

B

baby	**mtoto mchanga**
back (of the body)	**mgongo** (mi)
bad	**-baya** (*v.*)
badly	**vibaya**
badness	**ubaya**
bag	**mfuko** (mi)
banana	**ndizi**
banana plant	**mgomba** (mi)
bar (for drinks)	**baa** (ma)
basket	**kikapu** (vi)
be (to)	**-wa/-kuwa** (*v.*)
bean	**haragwe** (ma)
beat	**-piga** (*v.*)
because	**kwa sababu**
bed	**kitanda** (vi)
beer	**pombe, bia**
before	**kabla**
beg	**-omba** (*v.*)
beggar	**mwombaji** (wa)
begin	**-anza** (*v.*)
beginning	**mwanzo** (mi)
behind	**nyuma**
bend	**-pinda** (*v.*)
best	**bora** (*adj.*)
better (get)	**-pona** (*v.*)
betterment	**nafuu**
between	**kati ya, baina ya**
big	**-kubwa** (*adj.*)
bicycle	**baiskeli**
birth (give)	**-zaa** (*v.*)
black	**-eusi** (*adj.*)
blackboard	**ubao** (*pl.* **mbao**)
bleed	**-toka damu**
bless	**-bariki** (*v.*)

blessing	**baraka**
blind person	**kipofu** (vi)
blood	**damu**
blue	**buluu**
board	**ubao** (*pl.* **mbao**)
board (a bus etc.)	**-panda** (*v.*)
body	**mwili** (mi)
boil (something)	**-chemsha** (*v.*)
boiling (be)	**-chemka** (*v.*)
book	**kitabu** (vi.)
border	**mpaka** (mi)
box	**sanduku** (ma)
boy	**mvulana** (wa)
boy-child	**mtoto wa kiume** (wa)
bread	**mkate** (mi)
break	**-vunja** (*v.*)
bride	**biarusi** (ma)
bridegroom	**bwana arusi** (ma)
bring	**-leta** (*v.*)
Britain	**Uingereza**
British person	**Mwingereza** (wa)
broken (be)	**-vunjika** (*v.*)
broom	**ufagio** (*pl.* **fagio**)
brother	**kaka**
build	**-jenga** (*v.*)
building	**jumba** (ma)
burn	**-waka** (*v.*)
bus	**basi** (ma)
buy	**-nunua** (*v.*)

C

call	**-ita** (*v.*)
car	**gari** (ma), **motokaa**
care for	**-tunza** (*v.*)
carry	**-chukua/-beba** (*v.*)

cassette	**kanda**	company	**kampuni** (ma)
cat	**paka**	compete	**-shindana** (*v.*)
certainty	**hakika**	competition	**mashindano**
certificate	**cheti** (vy)		(*pl.*)
chair	**kiti** (vi)	complete(ly)	**kamili**
chat	**-zungumza/**	computer	**kompyuta**
	-ongea (*v.*)	concerning	**juu ya, -husu**
cheap	**rahisi** (*adj.*)		(*v.*)
chest (of the body)	**kifua** (vi)	condition	**hali**
chicken	**kuku**	conference	**mkutano** (mi)
child	**mtoto** (wa)	congratulations	**hongera**
childhood	**utoto**	construct	**-unda** (*v.*)
China	**Uchina**	continue	**-endelea** (*v.*)
Chinese person	**Mchina** (wa)	cook	**-pika** (*v.*)
Christian person	**Mkristo** (wa)	cook	**mpishi** (wa)
church	**kanisa** (ma)	cooking pot	**sufuria,**
city	**jiji** (ma)		**chungu** (vy)
clap	**-piga makofi**	cool (become)	**-poa** (*v.*)
	(*v.*)	corner	**pembe**
class (position)	**daraja**	correct	**sawa** (*adj.*)
class (room/period)	**darasa** (ma)	count	**-hesabu** (*v.*)
clean	**-safisha** (*v.*)	country(-ies)	**nchi**
clean	**safi** (*adj.*)	cow(s)	**ng'ombe**
clerk	**karani** (ma)	create	**-umba** (*v.*)
climb	**-panda** (*v.*)	crop	**zao** (ma)
clock	**saa**	cross	**-vuka** (*v.*)
close	**-funga** (*v.*)	cultivate	**-lima** (*v.*)
cloth	**kitambaa** (vi)	cunning	**-erevu** (*adj.*)
clothes	**nguo**	cup	**kikombe** (vi)
cloud	**wingu** (ma)	cure	**-ganga/-ponya**
coast	**pwani**		(*v.*)
coconut	**nazi**	custom	**desturi,**
coconut palm	**mnazi** (mi)		**kawaida**
coffee (drink)	**kahawa**	customer	**mteja** (wa)
cold	**baridi** (*adj.*)	customs office	**forodha**
collide	**-gongana** (*v.*)	cut	**-kata** (*v.*)
colour	**rangi**		
come	**-ja/-kuja** (*v.*)	**D**	
come!	**njoo!**		
comfort	**raha**	damage	**-haribu** (*v.*)
companion	**mwenzi**	dance	**-cheza ngoma**
	(*pl.* **wenzi**)		(*v.*)

dance	**ngoma, dansi**	dream	**ndoto**
danger	**hatari**	drink	**-nywa/-kunywa**
date (calendar)	**tarehe**		(*v.*)
daughter	**mwana** (wa),	drink (beverage)	**kinywaji** (vi)
	binti	drive	**-endesha** (*v.*)
dawn	**alfajiri**	driver	**dereva** (ma)
day (24 hrs)	**siku**	drug	**dawa** (and ma
daytime	**mchana**		*pl.*)
debt	**deni** (ma)	drum	**-piga ngoma**
December	**Desemba/**		(*v.*)
	Disemba	drum	**ngoma**
decline (invitation)	**-kataa** (*v.*)	drunk (be)	**-lewa** (*v.*)
decrease	**-pungua** (*v.*)	drunkard	**mlevi** (wa)
decrease	**-punguza** (*v.*)	during	**wakati wa**
(something)		duties	**shughuli**
definitely	**kabisa**		
depend (on)	**-tegemea** (*v.*)	**E**	
descend	**-shuka/**		
	-teremka (*v.*)	each	**kila**
despair	**-kata tamaa**	ear	**sikio** (ma)
	(*v.*)	early	**mapema**
destroy	**-haribu** (*v.*)	east	**mashariki**
development	**maendeleo** (*pl.*)	easy	**rahisi**
die	**-fa/-kufa/fariki**	eat	**-la/-kula** (*v.*)
	(*v.*)	editor	**mhariri** (wa)
differ	**-tofautiana** (*v.*)	egg	**yai** (ma)
difference	**tofauti**	Egypt	**Misri**
difficulty	**taabu, tatizo**	eight	**-nane**
	(ma)	eighty	**-themanini**
dispensary	**zahanati**	either	**au, ama**
distress	**taabu**	elder	**mzee** (wa)
divide	**-gawa/-gawanya**	electricity	**umeme**
	(*v.*)	elephant(s)	**tembo, ndovu**
do	**-fanya** (*v.*)	end	**mwisho** (mi)
doctor	**daktari** (ma),	in the ~	**mwishoni,**
	mganga (wa)		**mwishowe**
dog	**mbwa**	enough (be)	**-tosha** (*v.*)
door	**mlango** (mi)	enter	**-ingia** (*v.*)
doubt	**shaka** (ma)	envelope	**bahasha**
doughnut	**andazi** (ma)	error	**kosa** (ma)
down/downwards	**chini**	especially	**hasa**
dream	**-ota** (*v.*)	Europe	**Ulaya**

European (person)	**Mzungu** (wa)	fifty	**hamsini**
evening	**jioni**	fight	**-pigana** (*v.*)
every	**kila**	fighting	**mapigano** (*pl.*)
exactly	**kamili**	fill	**-jaza** (*v.*)
example	**mfano** (mi)	final	**-a mwisho**
except	**ila**	finally	**hatimaye,**
expect	**-tegemea** (*v.*)		**mwishowe**
expensive	**ghali**	find	**-kuta** (*v.*)
expert	**mtaalam(u)** (wa)	finger	**kidole** (vi), **chanda** (vy)
explain	**-eleza** (*v.*)	finish	**-maliza** (*v.*)
explanation	**maelezo** (*pl.*)	finished (be)	**-isha/-kwisha** (*v.*)
extent	**kadiri**		
extremely	**mno**	fire	**moto** (mi)
eye	**jicho** (*pl.* **macho**)	first	**-a kwanza** (*adj.*)
		firstly	**kwanza**
F		follow	**-fuata** (*v.*)
		food	**chakula** (vy)
fabric	**kitambaa** (vi)	foot	**mguu** (mi)
face	**uso** (*pl.* **nyuso**) **sura**	forbid	**-kataza** (*v.*)
		force	**nguvu**
faeces	**choo** (vy)	foreigner	**mgeni** (wa)
family	**familia**	forest	**msitu** (mi), **mwitu** (mi)
fan (fanatic)	**mshabiki** (wa)		
far	**mbali**	forget	**-sahau** (*v.*)
farm	**shamba** (ma)	forgive	**-samehe** (*v.*)
fast (from food)	**-funga** (*v.*)	fork	**uma** (*pl.* **nyuma**)
fasten	**-funga** (*v.*)		
fat (humans)	**-nene** (*adj.*)	form (school)	**kidato** (vi)
fat (animals/ things)	**-nono** (*adj.*)	forty	**arobaini**
		foundation	**msingi** (mi)
father	**baba** (and ma *pl.*)	four	**-nne**
		France	**Ufaransa**
February	**Februari**	French person	**Mfaransa** (wa)
feed	**-lisha** (*v.*)	Friday	**Ijumaa**
feel (hungry/ cold etc.)	**-ona** (*v.*), **-sikia** (*v.*)	friend(s)	**rafiki, mwenzi** (*pl.* **wenzi**)
female	**-ke, -a kike** (*adj.*)	frog	**chura** (vy)
		from	**-toka** (*v.*)
few	**-chache** (*adj.*)	front	**mbele**

front (in ~ of)	**mbele ya**	green	**kijani** (*adj.*)
fruit	**tunda** (ma)	greet (someone)	**-salimu** (*v.*)
full (be)	**-jaa** (*v.*)	greetings	**salaam/salamu**
		group	**kikundi** (vi),
G			**kundi** (ma)
		guard	**-linda** (*v.*)
game	**mchezo** (mi)	(something)	
game-park	**mbuga ya**	guard	**mlinzi** (wa)
(reserve)	**wanyama**	guest	**mgeni** (wa)
garden	**bustani**		
gazelle	**paa**	**H**	
Gemini	**Mapacha**		
(star sign)		hair (*pl.*)	**nywele** (*sing.*
gentleman	**bwana** (ma)		**unywele**)
genuine	**halisi** (and *adj.*)	hat	**kofia** (ma)
geography	**jiografia**	have	**-kuwa na** (*v.*)
German person	**Mjerumani** (wa)	having	**-enye** (*adj.*)
Germany	**Ujerumani**	he	**yeye, -a**
get	**-pata** (*v.*)	head	**kichwa** (vi)
gift	**zawadi**	hear	**sikia** (*v.*)
giraffe	**twiga**	heart	**moyo** (mi)
girl	**msichana** (wa)	heat	**joto**
girl-child	**mtoto wa kike**	heavy	**-zito** (*adj.*)
	(wa)	height	**urefu**
give	**-pa/-kupa** (*v.*)	help	**saidia** (*v.*)
go	**-enda/kwenda** (*v.*)	hen(s)	**kuku**
go!	**nenda!**	her(s)	**yeye, -ake, -m-**
go (about)	**-tembea** (*v.*)	here	**hapa, huku**
go (around)	**-zunguka** (*v.*)	herself	**mwenyewe**
go (up)	**-panda** (*v.*)	hippopotamus	**kiboko** (vi)
goat(s)	**mbuzi**	his	**-ake**
God	**Mungu**	hit	**piga** (*v.*)
good	**-ema/-zuri** (*adj.*)	hold	**shika** (*v.*)
goodbye	**kwaheri**	holiday	**likizo, livu**
goodness	**wema**	hope	**tumaini** (*v.*)
government	**serikali**	hot	**moto**
grandmother	**bibi** (ma)	hotel	**hoteli**
grasp	**-shika** (*v.*)	hour	**saa**
grass	**majani** (*pl.*)	house	**nyumba**
great	**-kuu** (*adj.*)	how?	**vipi? -je?**
Greece	**Ugiriki**	how many?	**-ngapi?**
Greek person	**Mgiriki** (wa)	human being	**binadamu**

hundred	**mia**	judgement	**hukumu**
hunger	**njaa**	July	**Julai**
hunt	**-winda** (*v.*)	jump	**-ruka** (*v.*)
hurt	**-uma** (*v.*)	June	**Juni**
husband	**mume** (wa)		
hut	**kibanda** (vi)		
hyena	**fisi**		

K

kebab	**mshikaki** (mi)
key	**ufunguo** (*pl.* **funguo**)

I

I	**mimi, ni-**	kill	**-ua** (*v.*)
idea	**wazo** (ma)	kitchen	**jiko** (*pl.* **meko**)
if	**ikiwa, kama**	knee	**goti** (ma)
ignite	**-washa** (*v.*)	kneel	**-piga magoti** (*v.*)
ill (become)	**ugua** (*v.*)	knife	**kisu** (vi)
illness	**ugonjwa**	knock	**-gonga** (*v.*)
immediately	**mara moja, sasa hivi**	know	**-jua** (*v.*)
improvement	**nafuu**	knowledge	**maarifa** (*pl.*)
increase	**-ongeza** (*v.*)		
India	**Bara Hindi**		

L

Indian (person)	**Mhindi** (Wa)	lady	**bibi** (ma)
injured (be)	**umia** (*v.*)	lamp(s)	**taa**
injury	**jeraha** (ma)	land (set down)	**-tua** (*v.*)
insect	**mdudu** (wa)	land(s)	**ardhi**
inside	**ndani**	language(s)	**lugha**
instead (of)	**badala ya**	last (position)	**-a mwisho**
intend	**kusudia** (*v.*)	late (be)	**-chelewa** (*v.*)
invite	**alika/karibisha** (*v.*)	later (on)	**halafu**
iron (something)	**piga pasi** (*v.*)	lead	**-ongoza** (*v.*)
		leader	**kiongozi** (vi)
iron	**pasi**	leaf	**jani** (ma)
is	**ni**	learn	**-jifunza** (*v.*)
its	**-ake**	leave	**-ondoka/-toka** (*v.*)
		left (direction)	**kushoto**
		leg	**mguu** (mi)

J

		lemon	**limau** (ma)
January	**Januari**	lemon tree	**mlimau** (mi)
join	**-unga** (*v.*)	length	**urefu**
journalist	**mwandishi wa habari** (wa)	leopard(s)	**chui**
		lesson	**somo** (ma)
journey	**safari**	letter(s)	**barua**

library	**maktaba**	marry (men)	**-oa** (*v.*)
light (ignite)	**-washa** (*v.*)	marry	**-olewa** (*v.*)
like	**-penda** (*v.*)	(women)	
like	**kama**	match (lighter)	**kiberiti** (vi)
line	**mstari** (mi)	match	**mashindano** (*pl.*)
lip	**mdomo** (mi)	(competition)	
listen	**-sikiliza** (*v.*)	matter	**jambo**
live	**-kaa/-ishi** (*v.*)		(*pl.* **mambo**)
load	**mzigo** (mi)	mattress	**godoro** (ma)
loaf	**mkate** (mi)	May	**Mei, Mai**
local (person)	**mwenyeji**	me	**mimi**
	(*pl.* **wenyeji**)	meaning	**maana**
long	**-refu** (*adj.*)	meat	**nyama**
long ago	**zamani**	medicine(s)	**dawa** (and ma *pl.*)
look (after)	**-tunza/-angalia**	meet	**-kutana** (*v.*)
	(*v.*)	meeting	**mkutano** (mi)
look (at)	**-tazama,**	message	**ujumbe**
	-angalia (*v.*)	metre	**mita**
look (for)	**-tafuta** (*v.*)	midday	**adhuhuri**
lorry	**lori** (ma)	middle (in the)	**katikati**
loser	**mshindwa** (wa)	mini bus	**daladala,**
lost (be)	**-potea** (*v.*)		**matatu**
love	**-penda** (*v.*)	minute(s)	**dakika**
love	**upendo**	miss	**-kosa** (*v.*)
luck	**bahati**	(something)	
luggage	**mzigo** (mi)	mistake (make)	**-kosea** (*v.*)
		mistake	**kosa** (ma)
M		money	**pesa, fedha,**
			hela
machete	**panga** (ma)	monkey	**kima** (and *pl.*)
make	**-fanya,**	month	**mwezi** (mi)
	-tengeneza (*v.*)	moon	**mwezi** (mi)
male	**-ume,**	more	**zaidi**
	-a kiume (*adj.*)	morning	**asubuhi**
man	**mwanamume**	mosque	**msikiti** (mi)
	(*pl.* **wanaume**)	mosquito(es)	**mbu**
mango	**embe** (ma)	mosquito net	**chandalua**
mango tree	**mwembe** (mi)		**/chandarua** (vy)
many	**-ingi**	mother	**mama**
map(s)	**ramani**	motorcycle(s)	**pikipiki**
March	**Machi**	mountain	**mlima** (mi)
market	**soko** (ma)	mouth	**mdomo** (mi)

mouth (inner)	**kinywa** (vi)		number(s)	**namba, nambari**
Mozambique	**Msumbiji**		numeral(s)	**tarakimu**
museum	**makumbusho** (*pl.*)		nurse	**mwuguzi** (wa)
music	**muziki** (mi)			
Muslim person	**Mwislamu** (wa)			
my	**-angu**			

N

O

name	**jina** (ma)
narrow	**-embamba** (*adj.*)
nation	**taifa**
nationhood	**utaifa**
near	**karibu**
necessary	**lazima**
necessities	**mahitaji**
need (something)	**-hitaji** (*v.*)
need	**uhitaji, haja**
neighbour	**jirani** (ma)
neck(s)	**shingo**
net	**wavu** (*pl.* **nyavu**)
new	**-pya** (*adj.*)
news	**habari**
newspaper	**gazeti** (ma)
next (to)	**kando ya, karibu na**
night	**usiku**
nil	**sifuri**
nine	**tisa**
no	**hapana, la, siyo**
nonsense	**upuuzi**
north	**kaskazini**
nose	**pua**
note	**cheti** (vy)
notice	**tangazo** (ma)
notify	**-tangaza/-arifu** (*v.*)
not (yet)	**bado, -ja-**
nought	**sifuri**
November	**Novemba**
now	**sasa**

observe	**-angalia** (*v.*)
obtainable (be)	**-patikana** (*v.*)
occur	**-tokea** (*v.*)
ocean	**bahari**
October	**Oktoba**
of	**-a**
office	**ofisi**
oil	**mafuta**
old (people)	**-zee** (*v.*)
old (become)	**-zeeka** (*v.*)
on	**juu ya**
once	**mara moja**
only	**tu**
open	**-wazi** (*v.*)
operation	**operesheni**
opportunity	**nafasi**
oppose	**-pinga** (*v.*)
or	**au, ama**
orange	**chungwa** (ma)

P

parent	**mzazi** (wa), **mzee** (wa)
park (vehicle)	**-egesha** (*v.*)
park	**bustani**
part(s)	**sehemu**
particularly	**hasa**
party (political)	**chama** (vy)
pass	**-pita** (*v.*)
passenger(s)	**abiria**
passerby	**mpita njia** (wa)
path(s)	**njia**
patience	**subira**
patient (be)	**-subiri** (*v.*)
patient	**mgonjwa**

pay	-lipa (v.)	pray	-omba/-sali (v.)
peak	kilele (vi)	preferable	afadhali
pepper	pilipili	prepare	-tayarisha (v.),
perhaps	labda, huenda		-tengeneza (v.)
period	muda (mi),	president	rais
	kipindi (vi)	prevent	-zuia (v.)
permission	ruhusa	price	bei
permit	-ruhusu (v.)	print	-piga chapa (v.)
petrol	petroli	private(ly)	binafsi (and adj.)
photograph	-piga picha (v.)	problem	tatizo (ma), shauri
(take a)		produce	-zaa (v.)
photograph(s)	picha	progress	maendeleo (pl.)
piece	kipande (vi)	progress	-endelea (v.)
pick up	-twaa (v.)	promise (to)	-ahidi (v.)
pillow	mto (mi)	promise	ahadi
pineapple	nanasi (ma)	pronunciation	matamshi (pl.)
pineapple	mnanasi (mi)	property	mali
plant		provisions	manufaa (pl.)
place	mahali	pull	-vuta (v.)
plantation	shamba (ma)	push	-sukuma (v.)
please	tafadhali	put	-tia/-weka (v.)
please (to)	-pendeza (v.)		
plenty	wingi, tele	**Q**	
pluck	-chuma (v.)		
plug	-ziba (v.)	quarrel	-gombana (v.)
(something)		quarrelling	ugomvi
plug	kizibo (vi)		(pl. magomvi)
pocket	mfuko (mi)	quarter	robo
policeman/	polisi, askari	question	swali (ma)
woman		quickly	kwa haraka, upesi,
police station	kituo cha polisi		mbio
poor	maskini	quiet (be)	-nyamaa (v.),
port	bandari		-nyamaza (v.)
porter	mpagazi (wa)	quiet	kimya, -tulivu
possible (be)	-wezekana (v.)		(adj.)
post office	posta	quietness	kimya, utulivu
postage stamp	stempu		
potato	kiazi (vi)	**R**	
pound	pauni		
(currency)		race	shindano (ma)
poverty	umaskini, ufukara	rain	-nyesha (v.)
power	nguvu	rain	mvua

read	**-soma** (*v.*)
ready (get)	**-tayarisha** (*v.*)
ready	**tayari**
real	**halisi** (and *adj.*)
reason	**sababu, maana**
receive	**-pokea** (*v.*)
recently	**juzijuzi**
reception	**mapokezi** (*pl.*)
(hotel)	
red	**-ekundu** (*adj.*)
reduce	**-punguza** (*v.*)
refuse	**-kataa** (*v.*)
region	**mkoa** (mi)
relative(s)	**ndugu**
remain	**-baki** (*v.*)
remember	**-kumbuka** (*v.*)
remove	**-ondoa** (*v.*)
repair	**-tengeneza** (*v.*)
repairs	**matengenezo** (*pl.*)
reply	**-jibu** (*v.*)
research	**utafiti**
responsibilities	**madaraka** (*pl.*)
rest	**-pumzika** (*v.*)
return	**-rudi** (*v.*)
return	**-rudisha** (*v.*)
(something)	
rhinoceros	**kifaru** (vi)
rice (plant)	**mpunga**
(husked)	**mchele**
(cooked)	**wali**
riddle	**kitendawili** (vi)
right (direction)	**kulia**
ring	**pete**
river	**mto** (mi)
road(s) (main)	**njia, barabara**
roof	**paa** (ma)
room	**chumba** (vy)

S

sack	**gunia** (ma)
safely	**salama**

safety	**usalama**
salt	**chumvi**
satisfied	**-shiba** (*v.*)
(be full)	
Saturday	**Jumamosi**
saucepan	**sufuria**
say	**-sema** (*v.*)
sea	**bahari**
search	**-tafuta** (*v.*)
season	**majira** (*pl.*)
(time of year)	
second	**sekunde, nukta**
(of time)	
second	**-a pili** (*adj.*)
secondly	**pili**
secretary	**karani** (ma),
	mhazili (wa)
section(s)	**sehemu**
see	**-ona** (*v.*)
self	**-enyewe**
sell	**-uza** (*v.*)
seller	**mwuzaji** (wa)
send	**-peleka/-tuma** (*v.*)
September	**Septemba**
servant	**mtumishi** (wa)
seven	**saba**
seventy	**sabini**
sew	**-shona** (*v.*)
shade	**kivuli** (vi)
shadow	**kivuli** (vi)
shave	**-nyoa** (*v.*)
she	**yeye, a-**
sheet (bed)	**shuka** (ma)
shilling(s)	**shilingi**
shirt	**shati** (ma)
shoe	**kiatu** (vi)
shop	**duka** (ma)
short	**-fupa** (*adj.*)
shoulder	**bega** (ma)
show	**-onyesha** (*v.*)
side	**upande**
	(*pl.* **pande**)

silence	**kimya**	specialist	**mtaalam(u)** (wa)
silver	**fedha**	speed	**mwendo** (mi)
since	**tangu, toka**	spice	**kiungo** (vi)
sing	**-imba** (*v.*)	split	**-pasua** (*v.*)
singer	**mwimbaji** (wa)	spoon	**kijiko** (vi)
singly	**-moja -moja**	stage	**jukwaa** (ma)
sister	**dada**	stand	**-simama** (*v.*)
sit	**-kaa** (*v.*)	standard	**sanifu** (*adj.*)
situation	**hali**	start	**-anza** (*v.*)
six	**sita**	state	**hali**
sixty	**sitini**	station	**stesheni**
size	**ukubwa**	stay	**-kaa** (*v.*)
skilled worker	**fundi** (ma)	steal	**-iba** (*v.*)
sleep	**-lala usingizi** (*v.*)	steam	**moshi** (mi)
slightly	**kidogo**	still (on-going)	**bado**
slowly	**polepole**	stir	**-koroga** (*v.*)
small	**-dogo** (*adj.*)	stomach	**tumbo** (ma)
smoke	**moshi** (mi)	stone	**jiwe** (*pl.* **mawe**)
smooth	**laini** (*adj.*)	stop	**-simama** (*v.*)
snake	**nyoka**	stopper	**kizibo** (vi)
sneeze	**-piga chafya** (*v.*)	(bottle)	
snow	**theluji**	storey	**ghorofa**
socks	**soksi**	story	**hadithi**
soft	**laini** (*adj.*)	straight (on)	**moja kwa moja**
soft drink	**soda**	stranger	**mgeni** (wa)
soil	**udongo**	strength	**nguvu**
soldier	**askari,**	student	**mwanafunzi** (wa)
	mwanajeshi (wa)	studies	**masomo** (*pl.*)
some (part of)	**baadhi (ya)**	study	**-soma** (*v.*)
some (part)	**-ingine**	stupid	**-jinga** (*adj.*)
son	**mwana** (*pl.* **wana**)	stupidity	**ujinga**
song	**wimbo**	style	**mtindo** (mi)
	(*pl.* **nyimbo**)	succeed	**-fana/-faulu** (*v.*)
sorry (be)	**-sikitika** (*v.*)	success	**fanaka,**
sorry!	**samahani!, pole!**		**mafanikio** (*pl.*)
sort (type)	**aina, namna,**	sudden	**-a ghafula**
	jinsi	suddenly	**kwa ghafula**
sound	**sauti**	sugar	**sukari**
south	**kusini**	sugar cane	**muwa** (mi)
space	**nafasi**	suitable (be)	**-faa** (*v.*)
Spain	**Hispania**	summit	**kilele** (vi)
speak	**-sema** (*v.*)	sun	**jua** (ma)

sweep	**-fagia** (*v.*)	thirty	**telathini**
swell	**-vimba** (*v.*)	this (person/	**huyu**
swim	**-ogelea** (*v.*)	animal)	
sympathy! (my)	**pole!**	this (thing)	**hii, hiki,** etc.
		those	**-le** + *prefix*
T		thousand	**elfu** (ma)
		three	**-tatu**
tailor	**mshonaji** (wa)	throat	**koo** (ma)
take	**chukua** (*v.*)	throw	**-tupa** (*v.*)
take (away)	**onda** (*v.*)	Thursday	**Alhamisi**
talk	**-zungumza/-ongea**	ticket	**tiketi**
	(*v.*)	tie (to)	**-funga** (*v.*)
tall	**-refu**	time	**saa, wakati**
Tanzanian	**Mtanzania** (wa)	timetable	**ratiba**
(person)		tired (be)	**-choka** (*v.*)
taxi	**teksi**	today	**leo**
tea	**chai**	toe	**kidole cha mguu**
teach	**-fundisha/-funza**		(vi)
	(*v.*)	together	**pamoja**
teacher	**mwalimu** (wa)	tomato	**nyanya**
teaching	**mafundisho**	tomorrow	**kesho**
tear	**-pasua** (*v.*)	too (much)	**mno**
telephone (to)	**-piga simu** (*v.*)	tool	**kifaa** (vi)
telephone	**simu**	tooth	**jino** (*pl.* **meno**)
tell	**-ambia** (*v.*)	top	**-a juu**
ten	**kumi**	topic	**mada**
terminus	**kituo** (vi)	total	**jumla**
thank	**-shukuru** (*v.*)	tourist	**mtalii** (wa)
thanks	**asante**	town	**mji** (mi)
that	**-le** + *prefix*	trade	**biashara**
their(s)	**-ao** + *prefix*	trade (do)	**-fanya biashara**
them	**wao, -wa-**		(*v.*)
then	**halafu, ndipo**	trader	**mfanyabiashara**
there	**kule, pale,**		(wa)
	huko	train	**treni**
these (people)	**hawa**	train (steam)	**garimoshi** (ma)
these (things)	**hizi, hivi,** etc.	travel	**-safari** (*v.*)
they	**wao, -wa-**	traveller	**msafiri** (wa)
thief	**mwizi** (**wezi**)	treat (illness)	**-tibu/-ganga** (*v.*)
thing	**kitu** (vi)	tree	**mti** (mi)
think	**-fikiri/-waza** (*v.*)	tribe	**kabila** (ma)
thirst	**kiu**	trouble	**taabu, shida**

trousers	**suruali**	vegetables	**mboga**
truck	**lori**	vehicle	**gari** (ma)
true	**kweli**	very	**sana**
truly	**kweli, kwa kweli**	video	**video**
Tuesday	**Jumanne**	village	**kijiji** (vi)
turn	**-pinda** (*v.*)	visible (be)	**-onekana** (*v.*)
twenty	**ishirini**	visit	**-tembelea** (*v.*)
twice	**mara mbili**	voice	**sauti**
two	**mbili, -wili-**	vomit	**-tapika** (*v.*)
type	**aina, jinsi, namna**	vote	**kupiga kura** (*v.*)

U

Ugandan (person)	**Mganda** (wa)
umbrella	**mwavuli** (mi)
uncle (maternal)	**mjomba** (wa)
uncle (paternal)	**baba mdogo**
under	**chini ya**
understand	**-elewa** (*v.*)
undress	**-vua** (*v.*)
unfold	**-kunjua** (*v.*)
university	**chuo kikuu** (vy)
untangle	**-tatua** (*v.*)
untie	**-fungua** (*v.*)
until	**mpaka, hadi, hata**
up	**juu**
up (to)	**mpaka**
us	**sisi, -tu-**
USA	**Marekani**
useful (be)	**-faa** (*v.*)
usefulness	**manufaa**
useless	**bure**
usually	**kwa kawaida, hu-**

V

vacation	**likizo, livu, mapumziko**
various	**mbalimbali**

W

wake (up)	**-amka** (*v.*)
walk	**-tembea** (*v.*), **-enda/-kwenda** (*v.*)
walk (stroll)	**matembezi**
wall	**ukuta** (*pl.* **kuta**)
want	**-taka** (*v.*)
warn	**-onya** (*v.*)
wash (clothes)	**-fua**
wash (hands)	**-nawa** (*v.*)
whole	**-zima** (*adj.*)
why?	**kwa nini?**
why! (emphatic)	**mbona!**
wide	**-pana** (*v.*)
wife	**mke** (wa)
win (to)	**-shinda** (*v.*)
window	**dirisha** (ma)
wine	**divai, mvinyo**
with	**na, kwa, pamoja na**
woman	**mwanamke** (*pl.* **wanawake**)
woodland	**msitu** (mi)
word	**neno** (ma)
work (to)	**-fanya kazi** (*v.*)
work	**kazi**
worker	**mfanyakazi** (wa)
worry	**wasiwasi**

wound	**jeraha** (ma)	you	**wewe, u-, -ku-**
write (to)	**-andika** (*v.*)	you (*pl.*)	**ninyi, m-, -ku-**
writer	**mwandishi**		**+ ni, -wa-**
		young	**-changa** (*adj.*)

Y

		youth	**kijana** (vi)
yawn (to)	**-piga miayo** (*v.*)	your (*sing.*)	**-ako**
year	**mwaka** (mi)	your (*pl.*)	**-enu**
yellow	**manjano**		
yes	**ndiyo**		

Z

yes!	**naam!** (*used by men*)	Zanzibar	**Unguja, Zanzibar**
		zebra	**punda milia**
yesterday	**jana**	zero	**sifuri**
yet	**bado**		

Language structure index